旅 游 线 路 设 计

（第2版）

张振家　主　编

王　璐　副主编

清華大學出版社

北　京

内 容 简 介

作为旅游管理专业的一门专业课,"旅游线路设计"的课程内容是长期以来旅游管理工作经验的总结与凝练,具有很强的实践性。同时,该课程与旅游经济学、旅游市场营销和旅行社经营管理等课程关系密切。

本教材重点阐述了旅游线路和旅游线路设计的概念、特征、类型、组合方式与意义,分析了旅游者消费行为、旅游活动六要素对旅游线路设计的影响,旅游线路设计的思路与步骤,旅游线路产品的市场销售策略,加入了旅游市场调研内容以及旅游线路设计实训,将理论与实践相结合,力图使学生学习本教材后有所收获。

本教材可作为高等教育本科院校及高职高专院校旅游管理专业教材,也可作为旅游企业从业人员的专业参考书。

图书在版编目(CIP)数据

旅游线路设计 / 张振家主编. —2版. —北京:清华大学出版社,2023.4(2025.2重印)
ISBN 978-7-302-63087-6

Ⅰ. ①旅… Ⅱ. ①张… Ⅲ. ①旅游路线—设计—高等学校—教材 Ⅳ. ①F590.63

中国国家版本馆 CIP 数据核字(2023)第 043445 号

责任编辑:施 猛 王 欢
封面设计:常雪影
版式设计:孔祥峰
责任校对:马遥遥
责任印制:刘海龙

出版发行:清华大学出版社
　　　　网　　　址:https://www.tup.com.cn,https://www.wqxuetang.com
　　　　地　　　址:北京清华大学学研大厦 A 座　　　　邮　　编:100084
　　　　社 总 机:010-83470000　　　　　　　　　　邮　　购:010-62786544
　　　　投稿与读者服务:010-62776969,c-service@tup.tsinghua.edu.cn
　　　　质 量 反 馈:010-62772015,zhiliang@tup.tsinghua.edu.cn
印 装 者:三河市天利华印刷装订有限公司
经　　销:全国新华书店
开　　本:185mm×260mm　　　印　　张:15.75　　　字　　数:354 千字
版　　次:2017 年 12 月第 1 版　　2023 年 5 月第 2 版　　印　　次:2025 年 2 月第 3 次印刷
定　　价:49.00 元

产品编号:096981-02

前 言(第2版)

"旅游线路设计"是旅游管理专业的一门专业课。目前已出版的旅游线路设计相关教材大多适合高职高专教学，针对本科层次的教材相对较少。因此，顺应高校旅游专业教学需求，结合旅游管理专业的特点编写一本合适的教材是非常必要的。

作为旅行社产品的核心表现形式，旅游线路设计与推广事关旅行社等旅游企业的生存与发展。旅游线路对于整个旅游行业来说正如一根"引线"，串联起为游客提供"食、住、行、游、购、娱"各项产品与服务的商家。《"十四五"文化与旅游发展规划》提出："要坚持正确方向、坚持以人民为中心、坚持创新驱动、坚持深化改革开放、坚持融合发展，大力实施社会文明促进和提升工程，加快建设新时代艺术创作体系、文化遗产保护传承利用体系、现代公共文化服务体系、现代文化产业体系、现代旅游业体系、现代文化和旅游市场体系、对外和对港澳台文化交流和旅游推广体系，提高文化和旅游发展的科技支撑水平，优化文化和旅游发展布局。力争到2025年，我国社会主义文化强国建设取得重大进展，文化事业、文化产业和旅游业高质量发展的体制机制更加完善，人民精神文化生活日益丰富，中华文化影响力进一步提升，中华民族凝聚力进一步增强，文化事业、文化产业和旅游业成为经济社会发展和综合国力竞争的强大动力和重要支撑。"在具体工作中要提高旅游业对国民经济综合贡献度，深入发展大宗旅游，提高旅游及相关产业增加值占GDP比重，稳步增加国内旅游和入境旅游人次，规范出境旅游市场健康发展。党的二十大报告提出："加大文物和文化遗产保护力度，加强城乡建设中历史文化保护传承，建好用好国家文化公园。坚持以文塑旅、以旅彰文，推进文化和旅游深度融合发展。"基于我国丰富的旅游文化资源，进一步创新旅游线路设计不仅是旅游企业以及旅游行业的发展诉求，也是提升我国旅游业国际竞争力的核心路径之一。

结合时代发展需要以及旅游行业发展趋势，着重突出实训环节是本教材最大的特点与亮点。围绕国家重大经济发展战略和战略试验区的建设，本教材在每一章的章末都设计了实训练习。第六章列举了一些旅游线路设计实例，包括新常态下辽宁沿海经济带低碳旅游产品设计、沈阳经济区精品旅游线路设计、海南全域旅游线路设计、陕甘宁红色旅游线路设计、台湾半自助旅游线路设计、新疆"一带一路"旅游线路开发、康养旅游线路设计以及其他经典旅游线路设计。一方面，突出了旅游线路设计与国家战略试验区发展需求相结合；另一方面，力争让学生了解旅游线路设计的市场基础与政策导向，帮助学生掌握旅游线路设计的方法以及相关的统计与分析方法，从而提升动手能力。

此外，本教材的另一个特色是每章设置多个小资料、小案例作为补充内容，力求通俗易懂、生动有趣，帮助学生更好地理解相关知识，拓展思路，学以致用。

本次教材修订工作是在我国地方高校转型发展的背景下完成的，秉承不拖沓、直奔主题、重视实践性的原则，力图使每一章的内容翔实并具有可读性。本教材主要包括六章：第一章为导论，重点介绍旅游线路与旅游线路设计的概念、特征、类型、组合方式与意义；第二章为旅游者消费行为分析与旅游市场调研，重点介绍旅游者消费动机、消费构成及特点、购买决策过程、目标市场选择与调研等；第三章为旅游活动六要素对旅游线路设计的影响，重点介绍旅游线路设计过程中如何选择餐饮服务、酒店、交通、景区、购物店以及娱乐设施等；第四章为旅游线路设计的思路与步骤，重点介绍旅游线路设计思想、原则、方式与步骤；第五章为旅游线路市场销售策略，重点介绍旅游线路的定价、销售渠道以及促销手段等；第六章为旅游线路设计实训，重点介绍基于国家战略与旅游业发展趋势的旅游线路的设计背景、意义以及具体内容，在此基础上，引导学生自主设计旅游线路，在课堂上展示，并回答其他小组学生的提问等。教材最后附上七个附录，不仅可以拓展学生的知识面，而且可以为学生更好地进行实训环节的操作提供素材。

本教材由沈阳大学张振家教授主编，并由其完成下列工作：第一，撰写第一章、第二章、第四章、第五章、第六章的第一节、第七节和第九节内容；第二，更新原版教材各个章节所包含的小资料、小案例、课后习题、实训练习及其评分标准、部分附录以及参考文献；第三，更新并修改了原版教材各个章节中相对陈旧的内容和数据以及少量文字错误；第四，制作完成随书附赠教师教学使用的电子课件。来自沈阳大学的王璐老师担任本教材副主编，并负责撰写本教材的第三章、第六章的第二节至第六节和第八节的内容以及附录A、B和C。

在原版教材基础上，编者对第2版教材做出如下修订：教材内容的编写体现了中国共产党第二十次全国代表大会会议精神与《"十四五"旅游业发展规划》所包含的重要思政理念；参照最新文献资料更新了书中个别核心概念；更新了各章节中相对陈旧的小案例、小资料，尽可能拓宽案例和资料来源以飨全国各地读者；更新了相关地区的旅游收入、旅游人次等数据，重新测算了第六章第一节中的辽宁沿海经济带旅游碳足迹数据；第六章增加实训任务设计，具体包括实训项目、实训报告撰写内容与评分表；更新了全部附录，替换和补充了一些参考文献。

由于编者水平有限，书中缺点与疏漏在所难免，期待读者的批评与建议，以便在修订时加以改正。反馈邮箱：wkservice@vip.163.com。最后，我们要衷心感谢清华大学出版社及该社编辑老师们的指导与帮助，使我们受益匪浅。

编 者

2023年2月

前　言(第1版)

　　"旅游线路设计"是旅游管理专业的一门专业课。目前已出版的《旅游线路设计》相关教材大多适合高职高专教学，针对本科的教材相对较少。因此，顺应高校转型发展的改革趋势，结合旅游管理专业的特点编写一本合适的教材是非常必要的。

　　作为旅行社产品的核心表现形式，旅游线路的设计与推广事关旅行社等旅游企业的生存与发展。旅游线路对于整个旅游行业来说正如一根"引线"，串联起为游客提供"食、住、行、游、购、娱"各项产品与服务的商家。《"十三五"旅游业发展规划》指出，"十三五"期间，我国旅游业呈现消费大众化、需求品质化、竞争国际化、发展全域化、产业现代化五大发展趋势。在五大趋势中，全域化趋势尤为重要。全域旅游发展不仅要实现空间全域化、要素全域化，还要转变发展理念和模式。"十二五"期间，旅游业已经上升为国家战略；"十三五"期间，旅游业要通过发展全域旅游深化改革，用旅游公共服务提升社会公共服务，用旅游国际化促进国家对外开放，用旅游精神文明建设提升全社会精神文明建设等。

　　结合时代发展需要以及旅游行业发展趋势，着重突出实训环节是本教材最大的特点与亮点。围绕国家重大经济发展战略和战略试验区的建设，教材在每一章的章末设计了实训作业，第六章列举了一些旅游线路设计实例，包括新常态下辽宁沿海经济带低碳旅游产品设计、沈阳经济区精品旅游线路设计、海南全域旅游线路设计、陕甘宁红色旅游线路设计、台湾半自助旅游线路设计、新疆"一带一路"旅游线路开发以及其他经典旅游线路设计。一方面，突出了旅游线路设计与国家战略试验区发展需求相结合；另一方面，力争让学生了解旅游线路设计的市场基础与政策导向，帮助学生掌握线路设计的方法以及相关的统计与分析方法，从而提升动手能力。

　　此外，本教材的另一个特色是每章设置多个小资料、小案例作为补充内容，力求通俗易懂、生动有趣，帮助学生更好地理解相应知识，拓展思路，学以致用。

　　本次教材编写工作是在我国地方高校转型发展的背景下完成的，秉承不拖沓、直奔主题、重视实践性的编写原则，力图使每一章的内容都翔实并具有可读性。本教材主要包括六章：第一章为导论，重点介绍旅游线路与旅游线路设计的概念、特征、类型、组合方式与意义；第二章为旅游者消费行为分析与旅游市场调研，重点介绍旅游者消费动机、消费构成及特点、购买决策过程、目标市场选择与调研等；第三章为旅游活动六要素对旅游线路设计的影响，重点介绍旅游线路设计过程中如何选择餐饮服务、酒店、交通、景区、购物店以及娱乐设施等；第四章为旅游线路设计的思路与步骤，重点介绍旅游线路设计思想、原则、方式与步骤；第五章为旅游线路市场销售策略，重点介绍旅游线路的定价、销售渠道以及促销手段等；第六章为旅游线路设计实训，重点介绍基于国家战略与旅游业发展趋势的旅游线路的设计背景、意义以及具体内容，在此基础上，引导学生自主设计旅游线路，在课堂上展示，并回答其他小组学生的提问等。教材最后附上七个附录，不仅可以拓展学生的知识面，而且可以为学生更好地进行实训环节的操作提供素材。

由于编者本身水平的限制，书中缺点与疏漏在所难免，期待读者的批评与建议，以便在修订时加以改正。反馈邮箱：wkservice@vip.163.com。最后，我们要衷心感谢清华大学出版社及该社编辑的指导与帮助，使我们受益匪浅。

编　者

2017年7月

目 录

第一章

导　论

　　旅游线路是旅游产品的核心表现形式，设计与开发旅游线路既是旅游景区(点)的要求，也是满足游客需求的首要条件。旅游企业能否审时度势地设计、开发和整合旅游线路，能否坚守党的二十大报告所强调的"绿水青山就是金山银山"的发展思路，对其本身的经营有着重要的影响。作为全书的基础，本章主要介绍了旅游线路的概念、特征、构成、类型，并进一步剖析了旅游线路设计的内涵、重要意义以及我国旅游线路设计中存在的主要问题。

学习目标

(1) 重点掌握旅游线路的概念。

(2) 重点掌握旅游线路设计的概念。

(3) 掌握旅游线路的特征。

(4) 理解旅游线路设计的意义。

(5) 了解旅游线路的类型。

(6) 理解我国旅游线路设计中存在的主要问题。

第一节　旅游线路的概念与特征

　　在生活节奏不断加快的今天，多数旅游者希望在舒适度不受影响或体力许可的前提下，能花较少的费用和较短的时间尽可能游览更多的风景名胜，而这一目标的实现往往取决于旅游线路中所包含的"食、住、行、游、购、娱"等服务内容的设计是否合理。

一、旅游线路的概念

　　虽然关于旅游线路的理论性研究不多，但还是有很多学者在旅游线路或其他相关研究过程中，对旅游线路的概念进行了界定。由于不同时期的研究潮流不同，不同学者的研究出发点不同，学者关于旅游线路的概念界定也存在一定的差异。根据研究侧重点的不同，可从以下四种观念出发，来阐述旅游线路的概念。

(一) 规划学观念

早期人们对旅游线路的研究多数源于实际需求，因此可以从旅游地规划的角度出发对旅游线路进行界定。这一时期的旅游线路概念强调旅游线路是旅游相关部门为旅游者设计的具体观光路线或途径。例如，雷明德(1988)认为，旅游线路是旅游部门为旅游者设计的旅游活动的线路，是由交通线把旅游点或旅游区域合理地贯穿起来的路线。马勇(1992)指出，旅游线路是在一定区域内，为使游人能够在最短的时间内达到最好的观赏效果，由交通线路把若干旅游点或城市合理地贯穿起来，并具有一定特色的路线。谢彦君(1995)强调线路设计的主体，他认为，旅游线路是旅行社或其他旅游经营部门以旅游点或旅游城市为节点，以交通线路为线索，为旅游者设计、串联或组合而成的旅游过程的具体走向。阎友兵(1996)在此基础上进一步强调了市场需求的重要性，他提出，旅游线路是旅游服务部门根据市场需求，结合旅游资源和接待能力，为旅游者设计的包括整个旅游过程中所需的全部服务内容的计划线路。由此，从规划学的观念来看，旅游线路是指旅游相关部门为旅游者旅游活动设计的，以交通线路为线索，将若干景点、景区或旅游城市、区域贯穿起来的路线。

(二) 产品学观念

一些学者从市场营销的角度出发，认为旅游线路是一种旅游产品，进而逐步形成了旅游线路的产品学观念。例如，陈志学(1994)提出，旅游线路是指旅行社生产的包价旅游产品，是根据旅游资源和接待能力以及旅游者的需求而规划出来的旅游途径。魏小安(1996)从物质形态的角度界定了旅游线路的产品属性，他指出，旅游线路是旅游产品的一种形式，它虽然是一种观念形态或信息形态，但其构成要素却是物质形态的，这些构成线路的物质形态就是各种形态的旅游资源和景观。杨振之(2007)认为，旅游线路特指依据旅游者需求，通过一定的交通线路，将若干个旅游区域合理而有机地串联起来，形成完整的旅游运行网络和产品的组合。可见，产品学观念强调旅游线路是从旅游者需求出发规划出的旅游产品或者产品组合。

(三) 景区景观设计观念

蒋满元和唐玉斌(2009)认为，旅游景区是旅游活动的主要承担者和旅游产品消费的直接对象。优化景区内的旅游景观设置，不仅对提升旅游景区的服务质量具有重要影响，还对旅游线路生存与可持续发展具有重要意义，因而旅游线路设计被认为是在组织旅游过程中对旅游景观进行设置及优化的系统工程。与上述观念不同的是，景区景观设计观念非常重视空间的维度，强调区域的分割和整合。这种定义与前两种定义明显的区别在于这一视角关注实体线路，具有刚性的特点。

(四) 组合观念

组合观念认为，旅游线路是若干旅游景点、旅游项目或者旅游区域的有机组合。管宁生(1999)认为，一个旅游区域内的若干景点处于不同的空间位置，游览这些景点的顺序可以有多种，由此产生不同的旅游线路。许春晓(2001)把除景点之外的其他要素考虑进来，他认为，旅游线路是旅游经营者或旅游管理者根据旅游客源市场的需求、旅游地资源特色和旅游项目的特殊功能，考虑到各种旅游要素的时空联系而形成的旅游地的旅游项目的合理组合。与此类似的是曹洪珍(2011)的观点，他认为，旅游线路是旅行社运用包价旅游方式，将各个旅游景点有效地结合在一起，开发出适合旅游者需求的高品质、新颖的线路。吴国清(2006)则将视角扩大到旅游目的地的范畴，他指出，旅游线路是在一定的地域空间内，旅游部门(旅行社、旅游景区等)针对旅游目标市场，凭借旅游资源及旅游服务，遵循一定的原则，专为旅游者旅游活动设计，并通过交通线路把若干旅游目的地合理地贯穿起来的线路。

综合上述观点，本书认为，旅游线路是旅行社通过签订协议购买到其他旅游服务企业所提供的产品或服务在某段时间内的使用权，通过线路设计人员的创意，将这些使用权一个个进行串联，通过确定主题、安排行程和设置活动项目，最终形成的线路产品。旅游线路是旅行社产品的核心表现形式，它不是一个有形的实物商品，准确地说，旅游线路是一种旅游行程的设计构思。

小资料　　　　　　　　　　　　**旅游产品的概念**

从旅游者的角度看，旅游产品是旅游者花费了一定的时间、费用和精力后换取的一种旅游经历。从经营者的角度看，旅游产品是指旅行社为了满足旅游者在空间移动过程中的需要，在购买旅游供应商的产品并进行开发后，提供给旅游者的各种有偿服务，包括传统旅行社提供的旅游线路等和新型旅游代理商提供的各种旅游服务。

资料来源：戴斌，杜江，乔花芳.旅行社管理[M].北京：高等教育出版社，2010.

二、旅游线路的特征

(一) 恒损矛盾性

"恒"指的是旅游线路产品所包含的旅游吸引物具有相对恒值性,其价值和使用价值可以不因旅游消费活动的影响而降低,同时保持其吸引力;"损"指的是旅游吸引物具有易失性,一旦受损,就难以恢复甚至可能完全消失。旅游线路产品中旅游吸引物的恒值性与易失性构成了旅游线路产品的恒损矛盾性。

(二) 无规范性

旅游线路具有无规范性,难以像其他产品那样实现完全规范化和标准化生产。这是因为旅游线路主要体现为各种方式的产品组合,相同的活动或项目要素经过设计者的组合后就形成差异化的旅游线路。

(三) 交叉兼容性

与其他产品不同,旅游线路设计往往与大型体育赛事、重要节日、政策导向、宗教宣传以及文娱演出等交叉兼容。"演唱会+旅游""赛事+旅游""节日+旅游"等模式逐渐成为旅游线路新的表现形式。奥运旅游线路、红色旅游线路、宗教旅游线路的出现正是旅游线路交叉兼容性的重要体现。

(四) 消费导向性

旅游线路的消费导向性特征包括两个方面。

(1) 旅行社旅游线路往往以景区景点为导向。几乎所有的旅行社及其旅游线路的组合都是围绕"景点"这个中心进行的。旅游者普遍要求在景点这个"点"上游得慢,在外出旅行这个"旅"上行得快。多年来,旅游市场上的热销产品多是一些景点有着强烈吸引力的产品,如黄山、桂林、张家界、九寨沟、北京、西安等。

(2) 旅游者外出旅游选择的线路或景点往往以旅行社的安排为导向,这主要是由旅游信息不对称引起的。旅行社可以通过运用旅游信息价格杠杆,引导旅游者优先考虑某条线路或某个景点,旅行社的引导会对旅游者的选择产生积极的影响。

(五) 所有权的不可转让性

与其他产品不同，旅游企业在出售旅游线路产品时，仅仅是转让旅游线路产品的使用权，而不是像销售一般消费品那样同时转让所有权。换句话说，旅游者在购买旅游线路产品时只是暂时拥有其使用权，旅游企业对线路也仅仅拥有经营权，而线路中所包含的各个要素的所有权仍然归要素所在地所有。

(六) 时间性

与其他产品消费不同，旅游消费通常需要付出较高的时间成本。大多数旅游者购买旅游线路产品的重要前提之一是拥有一段相对集中的闲暇时间，而这段时间对于旅游者来说往往十分珍贵，所以旅游者非常看重他们在旅游过程中的时间是否得到充分利用，从而对旅游线路产品的效率提出较高的要求。

(七) 综合性

首先，旅游线路的综合性表现在它是由多种旅游吸引物、交通设施、住宿餐饮设施、娱乐场地设施以及多项服务组成的综合性产品。其次，旅游线路的综合性表现为旅游线路产品的生产涉及众多部门和行业。其中既有直接向旅游者提供产品和服务的住宿业、餐饮业、交通部门、游览点、娱乐场地以及旅行社等旅游企业和部门，又有间接向旅游者提供产品和服务的部门和行业，如工业、商业、金融业等；既有物质资料生产部门，又有非物质资料生产部门；既有经济类部门，又包含非经济类的政府部门和行业性组织等。

📖 **小案例•**　　　　**黑龙江省红色旅游资源与研学主题红色线路**

　　黑龙江省是抗战的起始地之一，同时也是第二次世界大战的终结地之一。1931年9月—1945年8月，这块土地上留下了许多抗战遗迹及爱国人士事迹，这些事物的存在形成了黑龙江省独具特色的红色风情，为研学主题红色旅游的开展打下了坚实的基础。这些红色旅游资源具有很强的旅游线路资源导向性，据此，黑龙江研学主题红色旅游线路设计以"抗战研学路，红色龙江行"为课程主题，以黑土地14年抗战历史为背景，选择齐齐哈尔、哈尔滨、牡丹江、虎林这几个城市为课程目的地，并为每个课程目的地设定一个结合当地旅游资源的课程主题，开展了时长六天的红色研学旅游活动。

　　资料来源：张微. 黑龙江研学主题红色旅游线路设计研究[J]. 边疆经济与文化，2019(5).

第二节 旅游线路的构成与类型

一、旅游线路的构成

旅游既是人类的基本活动，也是高层次的消费活动。从旅游业的产业构成角度出发，根据联合国颁布的《国际标准产业分类法》，通过分析直接和间接从事旅游服务、旅游经营和旅游管理的具体部门可以发现，人们在旅游过程中具有吃、住、行、游、购、娱六项基本需求。由于旅游时间、旅游距离以及游客需求等因素的不同，旅游线路所包含的活动的侧重点也不尽相同，一条完整的旅游线路应同时包含旅游餐饮、旅游住宿、旅游交通、旅游资源、旅游购物以及旅游娱乐六项基本要素。旅游线路设计人员对上述构成要素的基本常识应有所了解，才能设计出符合实际情况和游客需要的旅游线路。

(一) 旅游餐饮

旅游餐饮是旅游线路的重要组成部分，是旅游活动得以顺利进行的前提。美食可以使一个地区声名远播，地方特色餐饮可以为旅游线路增添光彩。

1. 旅游餐饮的特点

(1) 口味多样。由于我国幅员辽阔，地大物博，各地气候、物产、风俗习惯都存在差异，长期以来，在饮食上形成了许多不同风味。例如，我国一直就有"南米北面"的说法，口味上有"南甜北咸东酸西辣"之分。

(2) 季节分明。一年四季，按季节而吃，是旅游餐饮又一大特征。自古以来，我国一直按季节变化来调味、配菜，冬天味醇浓厚，夏天清淡凉爽；冬天多采用炖、焖、煨的烹饪技法，夏天多采用凉拌、冷冻的烹饪技法。

(3) 注重美学。旅游餐饮不仅要求烹制技术精湛，而且有讲究菜肴美感的传统，注重食物的色、香、味、形、器的协调一致。对菜肴美感的表现是多方面的，无论是用一个红萝卜，还是用一个白菜心，都可以雕出各种造型，独树一帜，达到色、香、味、形、美的和谐统一，给人以精神和物质高度统一的特殊享受。

(4) 强调情趣。旅游餐饮和一般餐饮的重大区别之一在于它能激发游客的兴趣和求知欲望。游客不仅对食物的色、香、味有严格的要求，而且对食物的命名、品味方式、进餐节奏、娱乐穿插等都有一定的要求。中国菜肴的名称讲究雅俗共赏，菜肴名称既有根据主料、辅料、调料及烹调方法命名的，又有根据历史典故、神话传说、名人食趣、菜肴形象来命名的,如"将军过桥""叫花鸡""鸿门宴"和"东坡肉"等。

(5) 食医结合。相较于其他国家和地区,饮食医疗保健游在我国拥有数量更多的拥趸。在几千年前,我国就有"医食同源"和"药膳同功"的说法,利用食物原料的药用价值,做成各种美味佳肴,可达到治疗或防治某些疾病的目的。

2. 旅游餐饮的分类

(1) 按餐饮产品分类,主要包括地方风味食品系列、土特产食品系列、花卉食品系列、药膳食品系列和饮料系列。

(2) 按就餐时间分类,主要包括早点餐饮、正餐餐饮、休闲餐饮、夜宵餐饮等。

(3) 按餐饮方式分类,主要包括餐桌式餐饮、自助式餐饮、外卖式餐饮等。

(4) 按餐饮组织形式分类,主要包括独立经营、依附经营(饭店餐饮部)、连锁经营(特许、直营、合同经营)等。

小资料• "中华餐饮名店"认定名录(共53家)

北京国林宾馆、北京齐鲁京典酒店、北京科力淮扬村(云岗店)、辽宁省大连品海楼酒店、辽宁省沈阳大连渔港餐饮娱乐有限公司建设中路店、辽宁省营口开发区春华海鲜城饭店、江苏省扬中市三茅镇大不同酒家、江苏省长江大酒店、江苏省常州市钟楼红叶酒店(清潭总店)、江苏省江阴市步金大酒店、江苏省无锡云蝠烧鹅仔美食城、江苏省南京丁香花园大酒店、江苏省常熟市森林大酒店、江苏省吴江区美佳乐酒楼、江苏省苏州市石家饭店、江苏省太仓市陆渡宾馆、江苏省太仓市娄东宾馆、江苏省渔蒙家餐饮连锁有限公司(常州健身路店)、江苏省江都水利枢纽迎宾馆、江苏省南京中央饭店、江苏省无锡市玉麒麟大酒店、江苏省海安市锦龙国际大酒店、浙江省衢州市龙游金秋园时尚餐厅、浙江省衢州市白天鹅大酒店、浙江省衢州市常山县良友酒家、浙江省诸暨市古越人家酒家、浙江省长兴红玫瑰大酒店、广东省顺德区容桂东海一族鱼翅海鲜酒楼、广东省顺德区陈村镇新君悦酒店皇朝食府、广东省东莞市汇华饭店鱼翅海鲜酒家、广东省东莞市美怡登酒店中菜烹调酒家、广东省东莞市常平海霞酒楼、广东省深圳市六千馆餐厅南山店、广东省佛山市勒流街道宏图海鲜酒家、广东省佛山市顺德区君王酒店祥兴酒楼、海南省德桂轩海景大酒楼、海南省满福隆酒楼、海南省琼菜王美食村、海南省望海国际大酒店、陕西省西安市毛公湘菜馆(桃源店)、陕西省西安贾三清真灌汤包子馆、陕西省西安德兴饮食娱乐有限公司(桃源店)、青海省好世界阳光酒楼、青海省西宁市悦宾楼食府、重庆市金盟餐饮管理有限公司金盟饭店、四川省乐山市红珠山宾馆、宁夏回族自治区宁夏金悦海鲜楼、宁夏回族自治区银川市泰丰大酒楼、宁夏回族自治区银川东港海逸大酒店、宁夏回族自治区银川市燕莎大酒店、宁夏回族自治区吴忠市天鹅饭店、宁夏回族自治区中卫明珠酒楼、新疆维吾尔自治区昌吉市东方酒店。

资料来源：中国烹饪协会[EB/OL]. http://www.ccas.com.cn/?siteid=1. 作者整理

(二) 旅游住宿

旅游饭店是指能够接待境内外宾客，并能为他们的旅行提供住宿、饮食、购物、娱乐和其他服务的综合性企业。国际上通称的旅游饭店是指那些设立在旅游度假区，主要为旅游宾客服务，且随着客流变化，利用率有淡旺季之别的饭店。一般说来，饭店是以建筑物为凭借，主要通过客房、餐饮，向旅客提供服务的场所。随着经济的发展和人们生活水平的提高，旅游者的需求以及对饭店的要求也越来越高，因而饭店综合服务的特点越来越突出。

1. 旅游饭店分类

将旅游饭店分类并非易事。由于住宿业纷繁复杂，许多饭店难以归入任何单一的界定清楚的类别。划分饭店种类的依据主要有饭店所处的地点、客源市场的访问目的、所有制类型、规模及服务水平等。

(1) 根据饭店的所处地点划分，可将饭店分为城市饭店、度假地饭店、海滨饭店等。

(2) 根据同交通工具或交通设施的关系划分，可将饭店分为汽车旅馆、铁路饭店、机场饭店、港口饭店等。

(3) 根据使用者的访问目的或饭店的目标市场划分，可将饭店分为商务旅馆、度假饭店、会议饭店、旅游饭店等。

(4) 根据设施及服务范围划分，可将饭店分为综合饭店、公寓旅馆等。

(5) 根据饭店的所有制类型划分，可将饭店分为国有饭店、外资饭店、合资饭店等。

(6) 根据经营管理方式划分，可将饭店分为独立饭店、连锁饭店等。

(7) 根据饭店的等级划分，可将饭店分为豪华饭店，高档、中档、低档饭店，一至五星级饭店。

(8) 根据饭店的规模划分，可将饭店分为大型、中型、小型饭店。

依据不同的划分标准划分的旅游饭店往往是相互交叉的，比如国有饭店有可能也是豪华饭店，度假饭店也有可能是外资饭店，因此在研究旅游饭店时，应从不同角度分析，不能只看其一面。

2.旅游饭店选址需考虑的因素

1) 目标区域规划

需要考虑区域规划是否涉及改造或拆迁，如未经分析和调查，盲目确定地址，开业后遇到拆迁或重建，定会带来经济损失，同时也会失去一部分客源。

2) 消费市场因素

(1) 固定类消费市场。固定类消费市场主要包括写字楼工作人员和商业或政府工作人员等消费群体。这些消费群体具有房量大、代订多、时间长以及工作日入住率高等特点。

(2) 流动类消费市场。流动类消费市场主要包括景区游客、商圈业户以及口岸过夜人群等消费群体。这些消费群体具有规模庞大、入住周期短以及周末入住率高等特点。

(3) 团体类消费市场。团体类消费市场主要包括参观展览团队、培训或参会团队、考察团队、演出团队等消费群体。这些消费群体具有房量大、入住时间长和季节性强等特点。

3) 地理位置

饭店的地理位置直接影响经营状况，所以在选择地理位置时，应从多方面考虑。

(1) 饭店的地理位置应四通八达，至少有三条公交车线路，既能提高饭店的可见度，又能方便前来入住的宾客。如果店址远离公交车站或门前路为单行线，受交通的影响，不仅过往行人会减少，还无法为前来入住的宾客提供便利的交通。

(2) 店址附近应有停车场，以方便有车的宾客。

(3) 店址应选择在固定类、流动类、团体类消费市场集中的地方。

(4) 店址宜选择十字路口、丁字路口，这些地方人流量和车流量大，曝光度高(这些路口必须可停留人、车)。

(5) 店址应选择在一条街的街头或街尾，这样容易被关注，广告费用低，宾客易记住，容易彰显经营特色，有利于竞争。

4) 周边环境

饭店的周边环境直接影响饭店的经营效益。比如，有的饭店开在公共厕所旁或垃圾堆、臭水沟附近，有的饭店门外灰尘飞舞，有的饭店与散发怪味的化工厂相邻等，这些恶劣的周边环境都会降低饭店的客流量。

小案例 **我国五星级酒店选址应重点考虑哪些因素**

王翠平以2013年我国31个省、自治区、直辖市的截面数据(未含港澳台)为对象，首先运用城市地理学和区域经济学的理论分析了我国五星级酒店的分布情况，发现我国五星级酒店在省际内高度集中，并且分布情况主要受当地经济、旅游资源、客源市场和交通通达性四个因素的影响。随后，她将当地GDP、4A级以上景区数量、入境过夜游客数、航空客运量四个指标作为关键因素，分析了五星级酒店的空间布局与四个因素的函数关系及其相关性，结果发现当地航空客运量和4A级以上景区数量对五星级酒店的数量影响最大，而入境过夜游客数的影响最小。

资料来源：王翠平. 我国五星级酒店的空间分布及其影响因素研究[J]. 榆林学院学报，2017(2).

(三) 旅游交通

旅游交通是指因旅游需求而伴随旅游全过程的交通线路、工具、设施以及服务的总和。旅游和交通彼此相互制约、相互促进。旅游交通可实现旅游者(包括行李)空间上的转移，对旅游业的发展至关重要。

1. 旅游交通的主要方式与基本常识

(1) 航空旅游。民航的运输飞行主要有三种形式，即班期飞行、加班飞行和包机飞行。其中，班期飞行是按照班期时刻表和规定的航线，定机型、定日期、定时刻飞行；加班飞行是根据临时需要在班期飞行以外增加的飞行；包机飞行则是按照包机单位的要求，在现有航线上或以外进行的专用飞行。

航班分为定期航班和不定期航班。其中，定期航班是指飞机定期自始发站起飞，按照规定的航线经过经停站至终点站，或直接到达终点站的飞行；不定期航班是指航空承运人或航空运营人不以取酬或出租为目的，未通过本人或者其他代理人以广告或者其他形式提前向公众公布的，包括起飞地点、起飞时间、到达地点和到达时间在内的任何载客运行。在国际航线上飞行的航班称为国际航班，在国内航线上飞行的航班称为国内航班。航班又分为去程航班与回程航班。班次是指在单位时间内飞行的航班数。班次是根据运量需求与运能来确定的。

我国国内航班的航班号是由执行该航班任务的航空公司的二字英文代码和四个阿拉伯数字组成的。其中，第一个数字表示执行该航班任务的航空公司的数字代码，如1表示中国国际航空公司，2表示西北航空公司，3表示南方航空公司，4表示西南航空公司，5表示东方航空公司，6表示北方航空公司等；第二个数字表示该航班的终点站所属的管理局或航空公司所在地的数字代码；第三个和第四个数字表示该航班的具体编号，并且第四个数字若为单数表示去程航班，双数则为回程航班，如SZ4301是西南航空公司自成都至广州的航班，CA1501是中国国际航空公司自北京至上海的航班。

我国国际航班的航班号是由执行该航班任务的航空公司的二字英文代码和三个阿拉伯数字组成的。其中，中国国际航空公司的第一个数字为9，其他航空公司的第一个数字以执行航班任务的航空公司的数字代码表示。例如，中国国际航空公司北京至新加坡的航班号为CA977，北京至东京的航班号为CA919；中国东方航空公司上海至新加坡的航班号为MU545，上海至大阪的航班号为MU515。我国航空运输飞行国际航线的航空公司有中国国际航空公司、中国东方航空公司、中国南方航空公司、中国北方航空公司和中国新疆航空公司。

(2) 铁路交通。旅客列车分为国际旅客列车和国内旅客列车。按车次前冠有英文字母的不同，可将其分为七种即高速列车，车次前冠有G；动车组列车，车次前冠有D；准高速列车，车次前冠有Z；快速列车，车次前冠有K；旅游列车，车次前冠有Y；广深公司旅客快车，车次前冠有S；上海局管内特种豪华列车，车次前冠有T。车次前未冠有英文字母的列车分为三种：特别快车，包括局管内特别快车；直通旅客快车，包括管内旅客快车；直通旅客列车。

除高速与准高速列车外，客运列车通常由软卧车厢、硬卧车厢、软座车厢、硬座车厢、餐车、行李车厢和邮车组成。

车票是旅客乘车的凭证，同时也是旅客加入铁路意外伤害强制保险的凭证。车票分为两种，即客票和附加票。

旅客在乘坐铁路交通工具时，每人可以免费携带物品的重量和体积：儿童10千克，外交人员35千克，其他旅客20千克。携带品的长度和体积要适于放在行李架上或座位下，并不妨碍其他旅客乘坐和通行，携带品的外部尺寸的长、宽、高之和不得超过160厘米，杆状物品的长度不得超过200厘米，重量不得超过20千克。凡是危险品(如雷管、炸药、鞭炮、汽油、煤油、电石、液化气等易爆、易燃、自燃物品和杀伤性剧毒物品)、国家限制运输物品、妨碍公共卫生的物品、动物以及可能损坏或污染车辆的物品都不能带入车内。

(3) 水路交通。中国的水路交通分为沿海航运和内河航运两大类。海外旅游者在中国水上旅游时，大多乘坐豪华客轮。航行在沿海和江湖上的客轮大小不等，船上的设备差异很大。大型客轮的舱室一般分为五等：一等舱(软卧，1~2人)，二等舱(软卧，2~4人)，三等舱(硬卧，4~8人)，四等舱(硬卧，8~24人)，五等舱(硬卧)。此外，大型客轮还设有散席。豪华客轮设有特等舱，由软卧卧室、休息室、卫生间等组成。

水路交通的船票分为普通船票和加快船票，也可分为成人票、儿童票和残疾军人优待票等。乘坐沿海和长江客轮，持全价票的旅客可免费携带行李30千克，持半价票的旅客和免票儿童可免费携带行李15千克，每件行李的体积不得超过0.2立方米，长度不得超过1.5

米，乘坐其他内河客轮，持全价票和半价票的旅客可免费携带的行李重量分别为20千克和10千克。凡是法令限制运输的物品，有臭味、恶腥味的物品，能损坏、污染船舶和妨碍其他旅客的物品，爆炸品、易燃品、自燃品、腐蚀物品、有毒物品、杀伤性物品以及放射性物质，都禁止携带上船。

(4) 公路交通。公路交通具有灵活性强、行驶自由、短程、速度快等特点，是较近距离旅游的主要交通方式，其类型有客运汽车、出租汽车、旅游汽车和私人汽车等。

旅游汽车的类型主要有出租车、观光游览车、轿车等。其中，观光游览车座位间距大，可以自由调节坐卧，乘坐舒适，视野广阔，装有通信、取暖和制冷设备，配置带色玻璃窗，并配有自动开门、自动升降玻璃窗以及隔音、防尘等设备。有的长途游览观光车还会配备卧铺、卫生间、厨房、文娱室等。私人轿车已逐渐成为旅游交通工具，国外一些旅游用的私人轿车还带有挂车，备有可折叠的野营帐篷、小汽艇、舢板等游乐设施以及食品、饮料和盥洗设备等。

(5) 特殊交通。特殊交通是指除人们常用的交通方式以外，为满足旅游者某种特殊需求而产生的交通运输方式。一般来说，这种交通方式不仅为旅游者提供位移服务，还为旅游者提供新奇、惊险、独特的旅游感受，是一种旅游吸引物。比如索道，既具有对自然地形适应性强、爬坡角度大、建设周期短、基建投资少、能缩短运输距离等特点，又可以让旅游者在乘坐索道观赏沿途风景的同时，体验新奇、感受刺激。宇宙飞船等将会成为未来旅游的新型交通方式，它可以帮助人们从太空中领略地球风采，体验在太空中观赏日出日落的壮丽景色和失重的感觉。

2. 旅游交通对旅游业发展的重要作用

(1) 旅游交通本身就是旅游活动的一部分。例如，旅游区内观光巴士、观光索道、游艇，上海的磁悬浮列车，北京胡同游的人力车等，其本身就是旅游者体验的重要对象。

(2) 旅游交通促进旅游发展。例如，云南的旅游业以前深受交通的制约，而近年来旅游业带动了当地交通的发展，特别是促进了当地航空业的发展。

(3) 旅游交通是旅游收入的重要来源。旅游交通支出往往是旅游者旅游支出中的最大部分，其次为住宿和购物。据统计，美国国内旅游业交通收入占全部旅游业收入的55%，我国国内旅游业交通收入占全部旅游业收入的30%。

(4) 旅游交通是区域旅游线路发展的命脉。旅游交通的性质决定了对交通设施数量和质量的高要求，因此旅游地需要兴建和扩建机场、车站、码头、港口、高速公路等交通设施，配备相应数量的飞机、汽车、火车、轮船等交通工具，以满足旅游者对交通运输的需求。这些交通设施的兴建和增加，既会给旅游城市和地区带来美观、宏伟和现代化的改变，也会为区域旅游线路发展创造良好的社会经济条件。

(四) 旅游资源

旅游资源是指通过适当的开发、管理能够成为旅游产品的自然风景和人文景观。旅游资源是旅游线路构成的核心要素，也是旅游活动的主要指向对象。

1. 旅游资源的特点

(1) 多样性。凡是对旅游者构成吸引力的各种因素都是旅游资源。旅游者的需求千差万别，具体可概括为"求美""求异"。在纵向上，旅游者对遥远的古代遗迹充满敬仰；在横向上，旅游者因异地的奇特环境和事物流连忘返。对美的本能追求使旅游者对自然造化的优美景观心旷神怡，对体现人类追求、凝结人类智慧的人工创造物一往情深。

(2) 不可移动性。它是指旅游资源的实物本体不能朝向旅游者移动。正是旅游资源的不可移动性，才决定了旅游活动暂时和异地的特征，而旅游者购买的只是体验或感受而已。

(3) 定向性。一方面它是指资源分布的区域性，地理环境的区域差异性。人们渴望了解居住地以外的世界，才形成了旅游者向某个方向的旅游流，旅游流的指向体现了旅游资源的吸引力。另一方面它是指同一旅游资源吸引旅游者的区域性。某一旅游资源可能对部分国家或地区的旅游者产生吸引力，而对其他国家或地区的旅游者却无多大吸引力，甚至根本没有吸引力。

(4) 时间性。旅游活动的时间性，主要表现在三个方面：第一，时间的季节性，即同一地理环境随季节的变化，在某一特定季节出现某些特殊景观或能让旅游者产生特别的体验。第二，时间的特定性或周期性，即旅游景观和事物在某一特定时间周期性地出现或发生。例如传统的节庆，第二次世界大战后每四年举办一届奥运会；珠海每两年举办一次航展；欧美国家一年一度的狂欢节；每年农历八月十八钱塘江观潮；等等。第三，时代的变异性，即旅游资源的开发与利用会伴随时代的步伐而具有不同的指向性。

(5) 组合性。一个孤立的景点较难形成使旅游者离开其居住地专程前往游览的吸引力，只有将复杂多样、相互联系、相互依存的各个要素组合起来，才足以构成吸引旅游者的旅游资源。

2. 旅游资源的分类

旅游资源主要包括自然风景旅游资源和人文景观旅游资源。自然风景旅游资源包括高山、峡谷、森林、火山、江河、湖泊、海滩、温泉、野生动植物、气候等，可归纳为地貌、水文、气候、生物四大类。人文景观旅游资源包括历史文化古迹、古建筑、民族风情、现代建设、饮食、购物、文化艺术和体育娱乐等，可归纳为人文景物、文化传统、民情风俗、体育娱乐四大类。

(五) 旅游购物

旅游购物既是旅游经济活动的重要组成部分，又是旅游资源的一种表现形式，甚至是某些旅游目的地最具吸引力的内容之一。例如，坐落在欧洲九大知名城市附近的时尚精品购物村，因其满足了各国旅游者购买奢侈品的心理需求而被越来越多的旅行社纳入旅游线路中。由于旅游购物具有较大的消费弹性，购物项目成为很多景区为提高经济效益而优先发展的项目。旅游购物主要包括以下三个方面内容。

1. 购物场所

旅游购物场所的主要类型包括旅游纪念品店、国际名品店、特色专营店、土特产店、工艺美术店、画店、玩具店、古董店、手工艺品店、旅游购物中心等。这些场所集中在一起，构成旅游购物区或旅游购物一条街。

2. 购物方式

购物方式主要包括免费赠送和主动购买等。旅游者主动购买是最主要的购物方式，因此加强销售服务是非常必要的。对于有些商品尤其是带有宣传促销性质的商品，通过免费赠送以及捆绑销售的方式有时能够起到很好的效果。

3. 旅游商品

旅游商品是指旅游者在旅游活动过程中购买的物品，也可称为旅游购物品。它具有纪念性、艺术性、实用性、收藏性的基本特征。旅游商品主要包括旅游纪念品、旅游工艺品、旅游服饰、旅游食品、旅游营养保健品、旅游活动用品及土特产等。

旅游商品承载了满足旅游者购物需求和传播旅游地形象的双重价值。一件精美的旅游商品能激发旅游者的美好回忆，记录旅游者的生活经历，可供旅游者长期保存或赠送亲友。旅游商品有助于传播旅游地的形象，有助于提升旅游地的知名度。

(六) 旅游娱乐

旅游娱乐是指以娱乐、消遣、放松为目的，实现精神愉悦和身心平衡的多种旅游活动方式的总称。

1. 旅游娱乐的特点

(1) 强调具有民族特色和地方特色。

(2) 强调参与性。

(3) 强调对不同旅游者安排不同的旅游娱乐项目。

(4) 强调旅游娱乐项目常变常新。

(5) 强调高雅文化与民俗文化的结合。

(6) 强调寓教于乐。

2. 旅游娱乐的构成

1) 娱乐设施

(1) 陆上运动设施，如索道、观光车、卡丁车等。

(2) 水上娱乐设施，如漂流设备、水滑梯、游艇设备等。

(3) 文化娱乐设施，如动感电影设备、游艺机等。

2) 旅游娱乐场所

(1) 主题公园，具体类型包括以下几种。

① 微缩景观类，如"深圳锦绣中华""北京世界公园"等。

② 影视城类，如"无锡三国城""银川镇北堡西部影视城"等。

③ 活动参与类，如深圳华侨城"欢乐谷"等。

④ 艺术表演类，如深圳"中国民俗文化村""世界之窗"等。

⑤ 科幻探险类，如常州"中华恐龙园"等。

(2) 旅游度假区，具体包括以下几种基本类型。

① 海洋度假区，主要依赖于沙滩的质量和范围、景色、气候以及水上体育运动。如大连棒棰岛景区、秦皇岛北戴河景区、广西北海景区、海南三亚景区等。

② 湖泊、河流度假区，明显依赖于水，但更依赖于活动，与海洋度假区相比，娱乐活动更加离不开水。它们可能分布在离旅游者居住地车程两三个小时的地方。如平顶山的白龟山水库、信阳的南湾水库等。

(3) 山川滑雪度假区，如河南省的伏牛山冬季滑雪场等。

(4) 高尔夫度假区，如珠海、威海、南京郊区有很多对旅游者非常有吸引力的高尔夫球场。

3) 旅游娱乐项目

(1) 按照各类旅游活动的场所，可将其分为以下几种。

① 空中娱乐项目，如蹦极、跳伞等。

② 陆地娱乐项目，如攀岩、山地车等。

③ 滑雪运动项目，如自由式滑雪、单板滑雪等。

④ 水上娱乐项目，如冲浪、帆板、摩托艇等。

(2) 按照娱乐项目的内容，可将其分为以下几种。

① 文化娱乐，如河南郑州的禅宗音乐大典等。

② 游艺体育运动，如淮阳太昊陵庙会和辽阳弓长岭滑雪等。

③ 表演型娱乐，如秦皇岛野生动物园动物表演等。

④ 参与型娱乐，如海南黎村苗寨跳竹竿舞、西双版纳的傣族泼水节活动等。

旅游线路构成六要素之间存在一种依存关系。一个要素发展滞后，其他要素的发展就会受到影响；一个要素发展超前，也不能单独创造效益。或者说，任何一个要素产品质量的优劣都会直接影响其他要素的经营。旅游服务质量公式"100-1=0"，就是强调提供上述要素服务的各旅游企业之间的协作和全过程服务质量的重要性。

小案例 ● "盘山+蓟州溶洞景区+渔阳古街汽车2日游"旅游线路

1. 旅游时间：2023年5月27—28日

2. 日程安排：第一天，天津市区—蓟州区—渔阳古街—蓟州溶洞景区；第二天，蓟州区—盘山风景名胜区—天津市区。

3. 旅游资源：国家5A级风景区盘山、渔阳古街、蓟州溶洞景区。

4. 交通工具：汽车，游客在天津市区集合后前往蓟州区约需3小时车程。

5. 旅游线路报价与费用说明如表1-1所示。

表1-1 旅游线路报价与费用说明

项目报价	318～358元人民币
费用包含	行程中所列景点首道大门票、盘山大门票；当地交通费用；行程中所列酒店费用，农家院为2～3人间；行程中所列餐食，具体包含三餐，即一早餐、一午餐、一晚餐；当地中文导游费用
费用不含	因交通延阻、罢工、天气、飞机故障、航班取消或更改时间等不可抗力因素导致的额外费用；酒店内洗衣、理发、电话、传真、收费电视、饮品、烟酒等个人消费；一切个人消费及"费用包含"项目中未提及的任何费用；景区内交通，不含景区小交通及索道费用；超出指定接送区域，需额外支付一定费用，郊县上车需加接送费，10人起
儿童政策	身高不超过120厘米，只含车费，如产生其他费用，敬请自理

资料来源：马蜂窝[EB/OL]. https://www.mafengwo.cn/. 作者整理

二、旅游线路的类型

旅游线路的类型没有统一的划分标准。人们往往根据自己的研究角度和目的，在不同的情况下，选用不同的划分标准，因而所得出的旅游线路类型也不尽相同。

(一) 按旅游者的活动划分

1. 周游观光性旅游线路

旅游者的目的主要在于观赏，线路中包括多个旅游目的地，同一旅游者重复利用同一路线的可能性较小，其成本相对较高。在设计周期性旅游线路时，应从单纯的周游观光性向线性化转移。

2. 度假逗留性旅游线路

此种线路主要为度假旅游者设计。度假旅游者的目的在于休息或娱乐，很少关注景观的多样性变化，因此，度假逗留性线路所串联的旅游目的地相对较少，有时甚至只包括一两个旅游点，同一旅游者重复利用同一线路的可能性较大。

(二) 按旅游线路的结构划分

1. 环状旅游线路

该线路一般适用于大、中型旅游活动。例如，桂、粤、台三地共同策划，打造"两岸(桂、粤、台)精品环状旅游线路"，具体线路为"桂林—贺州—梧州—广州—深圳—台北—台东花莲县—台中阿里山—南投日月潭—高雄—珠海—佛山—云浮—玉林—贵港—南宁—桂林"。

2. 节点状旅游线路

该线路是一种小型旅游线路。旅游者选择一个中心城市或自己的常居地为"节点"，以此为中心向四周旅游点做往返性的短途旅游。节点状旅游线路在国内较为常见，其原因体现在以下四个方面。

(1) 节点多为旅游地或旅游点的依托城市，旅游者对中心城市有归属感，食、住、行、购等条件较好。

(2) 节点的交通联系更为方便。

(3) 游程短，旅游者可以在短期内往返。

(4) 经济适用，多种因素促使旅游者宁愿走回头路，而不选择环线。

(三) 按旅游活动的内容划分

1. 综合性旅游线路

综合性旅游线路所串联的旅游资源性质各不相同，整条线路活动内容丰富、全面，别具特色。例如，"沈阳、大连、长春、哈尔滨5日游"的线路既有历史气息浓郁的清昭陵，又有充满宗教色彩的东北四大佛教丛林之一的极乐寺；既包括世界四大军港之一的旅顺军港，又涵盖沙滩、阳光、大海的曼妙组合。可以说，这条线路涵盖多种类型的旅游资源，呈现出综合性的特点。

2. 专题性旅游线路

专题性旅游线路是一种以某一主题为基本内容串联各旅游点而成的旅游路线。全线各旅游点的景物或活动有比较专一的内容和属性，具有较强的文化性、知识性和趣味性，深受那些有着不同兴趣和不同爱好的旅游者的欢迎。例如，针对中小学生设计的户外夏令营、以著名大学为节点的修学游等。

(四) 按旅游组织的形式划分

1. 传统的包价旅游

包价旅游，即旅游者采取一次性预交旅游费的方式将各种相关旅游服务全部委托一家旅行社办理。就旅游者而言，参加此种旅游可以获得较优惠的价格，旅行社提供全部旅游安排和服务，也会使旅游者具有安全感，但参加包价旅游的旅游者将不得不放弃自己的个性而适应团体的共性。

2. 灵便式包价旅游

相较于传统的包价旅游，在灵便式包价旅游线路中，旅游者的自主性更强。灵便式包价旅游线路可分为两种：拼合选择式旅游线路——整个旅程由多种分段组合线路组成，旅游者可以自己选择，并可以在旅游过程中改变原有线路；跳跃式旅游线路——旅游部门只提供旅程中几小段或几大段的路线服务，其余皆由旅游者自己选择。

(五) 按旅游者的旅游目的划分

1. 观光旅游线路

观光旅游线路是指利用旅游目的地的自然旅游资源和人文旅游资源，组织旅游者参观游览及考察的线路。观光旅游线路的内容包括文化观光、自然观光、民俗观光、生态观光、艺术观光、都市观光、农业观光、工业观光、科技观光、修学观光、军事观光等。观光旅游线路具有资源丰富、可进入性强、服务设施齐全、安全保障强等特点。

2. 度假旅游线路

选择度假旅游线路的旅游者需前往度假地区短期居住，并在度假区进行娱乐、休憩、健身、疗养等消遣性活动。度假旅游线路的内容包括海滨度假、山地度假、湖滨度假、温泉度假、滑雪度假、海岛度假、森林度假、乡村度假等。

3. 特种旅游线路

特种旅游线路具有主题繁多、特色鲜明的特点。特种旅游线路的内容包括探险旅游、烹饪旅游、保健旅游、考古旅游、漂流旅游、登山旅游、自驾旅游、品茶旅游、书画旅游、朝圣与祭祀旅游等。特种旅游线路适应了旅游者个性化、多样化的需求，广受旅游者的青睐，是今后旅行社产品开发的趋势。特种旅游线路的缺点是开发难度大，操作程序复杂，需要多个政府部门、社会组织的协作，成本较高。

此外，旅游线路还可以按旅游活动的时间分为一日游线路和多日游线路；按产品的档次分为豪华旅游线路、标准旅游线路和经济旅游线路；按旅游线路跨越的空间尺度分为洲际线路、周边国家线路、国内线路、邻近省际线路及区内线路等。

第三节 旅游线路设计概述

随着经济的发展和人民生活水平的提高，旅游已成为人们重要的生活方式和社会活动之一。不管人们以什么形式外出旅游，都离不开旅游线路。因此，对旅游线路设计的概念和意义的探讨尤为重要。

一、旅游线路设计的概念

旅游线路设计又可称为旅程设计，是根据现有旅游资源的分布状况以及区域旅游发展的整体布局，采用科学的方法，确定合理的线路，使旅游者获得丰富的旅游经历的过程。

概括而言，旅游线路设计分为以下四类。

第一类：区域旅游规划中的线路设计。与景区(点)相比较，旅游线路是依赖景区(点)分布的线型产品，旅游线路通过道路将景点连接起来。一个旅游区域内的若干景点处于不同的空间位置，游览这些景点可采用多种不同的方式。旅游规划中的线路设计是政府营销的着力点。

第二类：景区内部的游览道路设计。景区内部的线路规划设计是一个微观问题，游览道路设计属于景区建设项目，在很大程度上与旅行社无关。

第三类：旅行社线路设计。旅行社线路设计是指旅行社在有利润空间的特定区域内，根据时间、交通、景区及旅游六要素的情况所做的经营性计划。旅行社是以盈利为目的、提供与旅游有关的服务的企业，所以旅行社线路设计必须以盈利为前提，这与政府和景区规划的出发点是不同的。

第四类: 完全由旅游者设计(或部分参与设计)的自助型(半自助型)旅游线路。自助型旅游线路和旅行社设计旅游线路的比较如表1-1所示。

表1-1　自助型旅游线路和旅行社设计旅游线路的比较

自助型旅游线路	旅行社设计旅游线路
从个人角度出发	从企业利益角度出发
主观性较强	专业性与科学性较强
主动设计	被动选择
具有临时性	具有成熟性
线路模糊	线路具体
游兴有侧重	全面综合
机动灵活	限制较多

资料来源: 殷晓晶, 贺倩. 基于旅游者需求的自助旅游线路设计方案探讨[J]. 中国城市经济, 2011(9).

二、旅游线路组合方式

旅游线路组合是指在旅游线路设计时, 将旅游线路中的各种要素进行科学、合理的组合, 为最后确定旅游线路提供基础。在设计线路时, 应依据旅游线路的宽度、深度和关联度对线路进行适当的组合, 才能满足不同旅游者的旅游需求。

(一) 旅游线路的项目组合

旅游线路应包含多种旅游活动, 如果活动太少, 就不能激发旅游者的游兴, 旅游者会感到兴味索然。例如, 在生态旅游线路中增加野炊烧烤、生存锻炼、竞技比赛、农家访问、劳动体验等活动项目, 旅游者会在满足生态旅游需要的同时, 增长知识, 有所感悟, 增进与他人的友谊, 愉悦心情。

(二) 旅游线路的时间组合

时间组合是指旅游线路长短强弱节奏的组合。在时间安排上, 旅游互动衔接要紧凑而不紧张, 快节奏和慢节奏的活动交叉变换, 刺激性活动和悠闲活动交叉进行。

(三) 旅游线路的空间组合

空间组合是指景区地域密度的组合。如景区(点)密度集中, 适合观光度假旅游; 如景区(点)地域跨度大, 适合主题较突出的旅游, 例如, 古代官衙参观旅游线路"北京故宫皇家官邸—保定直隶总督衙门官邸—南阳知府衙门官邸—内乡知县衙门官邸"，该旅游线路的各景点之间的距离较远，交通时间较长，但主题尤为突出。

(四) 旅游线路的旅游者组合

旅游者组合是针对不同消费群体所进行的组合，主要有散客团、家庭团、单位团、朋友团、同学团。针对单位团和家庭团，适宜推出综合性强的旅游组合线路；针对朋友团和同学团，适宜推出主题性强的旅游组合线路。

(五) 旅游线路的功能组合

功能组合是针对一个特定的景区(点)而言的。旅游要素包括"食、住、行、游、购、娱"，有些景区本身的主题比较突出，想要增加吸引力，除了靠主题外，还应围绕主题增加服务功能，增添、变换、创新服务内容和形式。

🖳 小案例•　　　　**旅游线路优化组合的典范：澳大利亚风情七日游**

旅游者经过10个小时的飞行之后，首先被安排到墨尔本市区观光，参观教堂、艺术中心等景点。旅游者舟车劳顿，并且对环境生疏，先安排其到以"艺术之都"著称的墨尔本市内景点游览，体力消耗较少，也便于熟悉环境；然后安排旅游者前往澳大利亚首都堪培拉市区观光，堪培拉以"大洋洲的花园城市"而著称；随后安排旅游者到悉尼参观举世闻名的悉尼歌剧院；之后的几天安排旅游者前往被喻为"考拉之都"的布里斯班观赏澳大利亚特有的动物——考拉；最后安排旅游者到冲浪者天堂——黄金海岸，参加极具吸引力的水上活动，如沙滩排球、游泳、冲浪等。此时旅游者的情绪有所放松，经过几天紧张而兴奋的旅游活动之后，体力和精神都得到调整，就此结束愉快的澳大利亚之旅。此次澳大利亚风情游包含多种线路组合形式，可以说是旅游线路优化组合的经典案例。

■ 三、旅游线路组合策略

旅游线路组合策略是指旅游经营者根据其经营目标、资源条件以及市场需求和竞争状况，对旅游线路组合的宽度、深度和关联度所做的最佳决策。旅游线路组合策略一般有以下几种。

(一) 全面性策略

全面性策略是指增加旅游线路产品线的宽度，经营多种旅游产品，以满足多个市场需要。这种策略有两个层次的含义，一层含义是指旅游经营者尽可能向整个旅游市场提供多领域或多行业的旅游线路产品或服务，如某饭店集团既经营饭店产品、餐饮产品，同时经营旅行社业务；另一层含义是指旅游经营者在某一个领域或行业向市场提供多种产品，如某国际旅游企业经营观光旅游、度假旅游、购物旅游等多种产品，并以欧美市场、日本市场、东南亚市场等多个旅游市场作为目标市场。这种旅游线路产品组合策略既能满足不同市场的需要，又有利于扩大市场份额。但全面性策略的经营成本较高，易造成资源分散。

(二) 专业性策略

专业性策略是指向某一特定的旅游市场提供其所需的多种旅游线路产品。例如，某旅游企业专门为日本旅游市场提供观光、修学、考古、购物等旅游线路产品；或者单纯以青年群体为目标市场，开发探险旅游、修学旅游、新婚旅游、购物旅游等适合青年口味的产品。这种组合策略有利于旅游经营者集中力量充分了解某一个目标市场的各种需要，开发满足这些需要的多样化、多层化的旅游线路产品，从而有利于市场渗透。但由于目标市场单一，市场规模有限，旅游经营者的销售量将受到限制，在整个旅游市场中所占份额较小。同时，若目标市场由于一系列旅游经营者不可控因素的影响而发生需求方面的变动，如目标市场国发生经济萧条，或政府限制本国居民外出旅游等，都会使经营者面临很大风险。

(三) 旅游线路产品系列专业性策略

这种策略是指旅游目的地或企业专门经营某一类型的旅游线路产品来满足多个目标市场的同一类需要。例如，某旅游企业只经营宗教旅游线路产品，将其推向欧美、日本和东南亚等市场。旅游线路产品品种较单一，经营成本较低，可集中资源进行旅游线路产品的深度开发，不断完善某一旅游线路产品，易于为目的地或企业树立鲜明的形象。但旅游线路产品类型的单一也有可能加大旅游经营者的经营风险。

(四) 特殊旅游线路产品专业性策略

这种策略是指针对不同目标市场的需求提供不同的旅游线路产品。例如，对欧美市场提供观光度假旅游线路产品，对日本市场提供修学旅游线路产品，对东南亚市场提供探亲访友旅游线路产品；或者经营探险旅游线路产品满足青年市场的需求，经营休养度假旅游线路产品满足老年市场的需求；等等。这种组合策略能有针对性地满足不同的目标市场，有利于旅游经营者占领市场，扩大销售，降低风险。但此种策略开发和销售成本较高，投资较大，因此采取此种策略需要进行周密的市场调研，以降低风险。

四、旅游线路设计的意义

旅游线路是旅游产品的重要组成部分，是连接旅游者、旅游企业及相关部门、旅游目的地的重要纽带，对提高旅游企业的市场占有率、提高整体效益、统筹区域旅游开发等具有重要意义。

(一) 旅游线路设计是旅行社保证市场占有率的途径

旅游线路研究多数集中在景区(点)内旅游线路研究和依据旅游资源的特点来设计旅游线路，多数旅行社没有专门设计旅游线路和旅游产品的部门，只是简单模仿其他旅行社的旅游线路设计成果。这与我国旅行社规模不大、以中小型旅行社居多的现状有关。由于中小型旅行社在产品开发、线路设计以及服务上没有自己鲜明的特色，很难保证旅行社有较高的市场占有率。

(二) 旅游线路设计是构建全新的旅行社分工体系的要求

长期以来，我国旅行社行业沿用水平分工体系，一直根据旅行社所服务的市场的不同，将旅行社划分为国际旅行社和国内旅行社，每类旅行社各自形成了"大而全"或"小而全"的企业结构。其中，规模较大的旅行社未能在策划、设计新旅游线路，引导消费和平抑旅游市场过度竞争及稳定市场方面发挥应有的作用。相较于水平分工体系，垂直分工体系下的旅游批发商和旅游零售商的分工更加专业化。

垂直分工体系层次分明，各司其职，有效克服了因缺乏专业分工而导致的业务交叉重叠、混乱竞争等弊端，使整个行业经营协调有序。构建全新的垂直分工体系的途径之一是旅游经营批发商集中力量做好旅游产品研发和品牌维护，这是提高企业自身竞争力并确保资源配置有效性的前提。

(三) 旅游线路设计是提高旅行社整体效益的手段

20世纪90年代中期，全国旅行社行业的平均营业利润率基本保持在10%左右；到了21世纪前十年，该统计数字显示已下降到0.3%左右，整个行业处于低效益运行状态。这主要是因为旅游线路运营缺乏进入限制，一旦有开发能力的旅行社开发出一些能够迎合市场需求的新线路、新产品,众多旅行社就会一哄而上,竞相模仿或参与经营,这在很大程度上削弱了有实力的旅行社开发新旅游线路的积极性,从而导致旅行社之间的竞争局限于价格竞争等低水平的竞争方式,使得整个行业利润率呈现下降的趋势。

(四) 旅游线路统筹推动区域旅游业的发展

旅游线路统筹是区域旅游业发展的一种系统理论与工作机制,即根据旅游产业的功能综合性和产业互融性特征,按照旅游产品依线路形成的规律,以打造和推出旅游精品线路为核心,整合沿线各种资源和要素,形成要素产业均衡协调发展的区域旅游发展态势和格局。旅游线路统筹主要实践内容包括整合线路沿线一切可整合的力量及相关的资源及要素、推动旅游产业打破行政管辖限制、突破行政区域界限进行发展。

旅游线路统筹从主题、范围、内容及主体等方面入手,以期形成旅游发展操作系统理论。从宏观角度来说,它是社会主义初级阶段区域旅游发展的一种方法论和认识论;从中观角度来说,它是一种旅游学操作系统理论,是指导区域旅游发展的运作机制和工作方法。

旅游线路统筹作为区域旅游发展的运作机制和工作方法,基本内容可概括为一个核心、三个主体、三个板块、三个层面。其中,一个核心是指以某个主题的旅游线路或旅游目的地为核心;三个主体是指政府、企业和居民,构成区域旅游发展的实施者和参与者;三个板块是指旅游景区、旅游城镇和旅游通道,构成区域旅游发展范围;三个层面是指旅游形象、旅游内容和旅游功能,构成区域旅游发展内容,最终推动区域旅游的整体发展。以下是旅游线路统筹的具体内容。

1. 一个核心

坚持以打造某个主题的旅游线路或旅游目的地为核心。该核心既可以是一条旅游精品线路,也可以是一个旅游目的地。无论是从旅游供给角度还是从旅游需求角度来看,旅游产业的发展都是以资源为基础,同时以资源为核心整合区域资源和要素,打破行政和地理界限,而这个核心就是"旅游线路或旅游目的地"。

2. 三个主体

确定统筹主体就是解决旅游线路统筹"谁实施"的问题。政府、企业和居民是构成区域旅游发展中三个主要的实施者和参与者。其中,政府是旅游线路统筹实施的行政主体,企业是旅游线路统筹实施的市场主体,居民是旅游线路统筹实施的人文主体。政府、企业、居民三者互相促进、互相补充、互相监督,共同推进旅游线路统筹,实现旅游线路沿线经济协调发展。

3. 三个板块

旅游景区、旅游城镇、旅游通道是旅游线路统筹的三个板块。这三个板块既是旅游线路统筹的三个客体，又是旅游线路统筹的实施范围。旅游景区是吸引旅游者的核心载体，也是旅游线路统筹的核心内容。旅游城镇是提供旅游配套服务的场所，是旅游目的地体系中的主要支撑和主要集散地；同时，旅游城镇还是旅游观光与休闲体验的重要场所。旅游通道是连接各旅游城镇、旅游景区的纽带，是旅游线路或旅游目的地可进入性的基本保障。旅游线路统筹的三个板块构成旅游线路统筹的有机整体。

4. 三个层面

旅游线路统筹的三个层面解决的是旅游线路统筹"怎么做"的问题。

(1) 旅游形象。各旅游线路或旅游目的地都应有鲜明而有特色的旅游形象，旅游目的地、旅游城镇以及旅游通道沿线的建筑风貌、植被、色彩、灯光等都应进行统筹形象规划与建设。明确各条旅游线路的主题形象，将为旅游线路统筹建设提供明晰的方向，使线上各地、各景区建设有章可循。形象规划设计要注重和本土文化相结合，既要发挥旅游展示和传承文化的"窗口"功能，又要突出特色，避免旅游产品和旅游形象的同质化。例如，成乐旅游线应集中体现以乐山大佛、峨眉山为代表的佛教文化；九环旅游线应体现以藏、羌为代表的民族文化；三国文化旅游线应充分展示以武侯祠、剑门关为代表的蜀汉文化。

(2) 旅游功能。在规划建设旅游线路或旅游目的地的旅游景区、旅游城镇和旅游通道时，一方面应以满足大众化旅游需求为基础，依据已有的星级饭店、景区评定、购物点等国家标准和地方标准，完善旅游功能配置、统一规范旅游服务标准和水平；另一方面应以满足个性化服务为亮点，充分考虑和照顾特殊旅游者的需求。在旅游景区、旅游城镇和旅游通道建设中，应依据目标市场定位，在有条件的线路中合理配置宗教、残障服务设施，鼓励和引导市场发展，满足境内外旅游者多层次、多样性和特色化的需求。

(3) 旅游机制。建立和完善旅游发展机制是保障旅游线路统筹顺利推进的重要保障，也是旅游线路统筹的关键和难点。建立和完善旅游机制既要满足三个主体在实施旅游线路统筹时的机制和体制需求，也要满足在三大板块中实施旅游线路统筹的机制和体制的需求，同时还要满足创新和维持旅游形象和旅游功能的机制和体制的需求。旅游机制最终体现在促进区域旅游发展的机制和体制上，它是区域旅游发展的软实力和核心竞争力，也是旅游发达地区与欠发达地区的区别所在。从宏观层面讲，区域旅游发展要遵循旅游产业自身发展规律，在继续发挥好政府主导作用的同时，充分发挥市场在资源配置中的基础性作用，建立"政府主导、企业经营、全民参与、市场化运作"的发展机制；从微观层面讲，景区设施维护离不开一个好机制，只有好机制发挥作用，才能长久保持景区的形象。

旅游形象注重的是旅游产品反映区域独有的历史人文特色，增强了旅游产品的吸引力；旅游功能注重的是旅游设施满足旅游者需求的作用。前者是旅游产品外在表现形式，后者是旅游产品实质性作用，两者统一构成完整的旅游产品。而旅游机制则是保障旅游形象和旅游功能持续长久发挥作用的体制构建，也是保障区域旅游产业可持续发展的制度安排。

五、我国旅游线路设计中存在的主要问题

我国旅游线路设计中存在的主要问题是创新与保护之间存在矛盾，具体而言，缺乏对旅游线路的创新性设计，同时对设计者的权益和线路设计成果也缺乏法律保护。

(一) 缺乏对旅游线路的深度开发与创新

康福田和张晋燕(2013)对我国百强旅行社的调查研究表明，我国旅行社不重视旅游线路设计主要有以下原因。

(1) 旅游线路界定不明确，如北京中国国旅生态旅游线路，其生态旅游线路当中绝大部分是观光游线路。

(2) 主题旅游线路名称与内容不符。

(3) 主题线路主要集中在观光游和度假游，占总体的50%以上，其他主题线路相对来说较少。

(4) 线路整体比较粗糙、不精致，没有精品。

(5) 各旅行社旅游线路设计不同步，百强旅行社均以市场为导向，开发主题旅游线路，而大多中小旅行社尚未开发旅游线路。

(二) 旅游部门法和其他部门法缺乏具有针对性和实效性的法律保护制度

顾延珺(2013)指出，作为当今中国的支柱产业之一，旅游产业得到了较高的重视，旅游法制也经历了快速发展。十几年来，我国旅游产业的法制建设日益完善。

(1) 从法律效力上看，《中华人民共和国旅游法》于2013年10月1日正式施行，但其中与旅游线路相关的内容仅限于"旅游规划和促进"一章，且只是侧重提及了"应当遵循依法保护旅游资源的原则"，并没有涉及保护旅游线路设计成果的内容。

(2) 虽然我国已经颁布了许多旅游法律法规，但覆盖面主要限于调整，如保护旅游者作为消费者的权益的法律，规范旅行社、住宿饭店等经营行为等的法律制度。相比之下，与旅游线路相关的法律条文大多将侧重点放在其他方面，例如《广州市旅游条例》第

四十三条侧重规定了旅游线路的价格包括的内容以及旅行社对其有公布义务。至于针对保护旅游线路设计成果的法律制度，在我国现有的旅游部门法中，只有某些地方性法规、地方规章中涉及有关旅游景点资源的特许经营制度，间接地对其进行保护，而直接保护旅游线路设计成果的法律制度，目前几乎是没有的。

(3) 其他部门法中缺乏完整、实用的法律保护制度。对于旅游线路设计成果的保护，在我国现有的法律制度中，除旅游部门法之外的其他部门法也一直属于学者们讨论的范畴。在我国的实务案例中，法律制度主要以旅游线路专营权制度和商标法律制度为主。然而，这两种制度的适用结果都不够完整和实用。

本章小结

旅游线路是旅行社最重要的产品，也是旅游业的基本产品之一。科学又合理的旅游线路设计既是旅游企业创造效益的重要基础条件，又是旅游消费效用最大化的前提，同时也是区域旅游规划最重要的环节之一。本章是全书的概念性章节，对旅游线路的概念、特征、构成以及旅游线路设计的概念与意义进行了详细而系统的阐述。

思考与练习

一、思考题

1. 如何理解旅游线路的含义？

2. 旅游线路有哪些特点？

3. 传统包价旅游线路的优缺点是什么？

4. 旅游线路设计的概念是什么？

5. 简述旅游线路组合方式和策略。

6. 如何理解旅游线路设计的意义？

7. 我国旅游线路设计中存在的一对核心矛盾是什么？

二、案例分析

保加利亚时兴"牙科旅游"

金融危机席卷世界各地，保加利亚作为欧洲的一个新兴市场，不可避免地受到冲击，包括旅游业在内的不少行业均陷入衰退。不过，其中却有一株奇葩在危机中悄然绽放，迎来一股发展热潮，这就是牙科旅游。越来越多的西欧游客涌入保加利亚的牙科诊所，牙科旅游热悄然升温。为何保加利亚的牙科旅游业能够在危机中逆流而上？保加利亚的牙科旅游业的发展情况与现状到底如何？保加利亚牙科旅游联合会会长文齐斯拉夫·斯托耶夫对此进行了详细介绍。

斯托耶夫介绍，保加利亚的牙科旅游已有20年历史，大致可以分为两种业态。

一种是传统方式，即外国人来保加利亚是以看牙为主要目的，然后顺道旅游。他说："这种形式非常热门，而且在目前全球金融危机的情况下变得更热了。"大多数来自西欧的牙病患者正是看中了保加利亚牙科治疗水平高、价格低而且旅游资源丰富的特点才专程去诊疗的。游客一般先通过网络自己调查和分析相关资料，找到中意的牙医后再通过网络咨询，约好时间后即前往保加利亚从事牙科旅游。这种方式也可称为"牙科自助游"。

另一种则是"真正的牙科旅游"，是一种有组织的、将治疗与旅游打包在一起的业态。这种业态又可以根据组织者的不同分为两种形式：一种是由牙科诊所自己组织的牙科旅游，他们在提供治疗的同时也组织患者到保加利亚各地旅游，这种形式在牙科旅游中所占的比例较小；更普遍的则是另一种主要由国外旅行社组织的团队牙科旅游。这些旅行社根据保加利亚的旅游条件和不同的治疗项目精心打造出形式多样的旅游线路，然后在西欧国家销售。

斯托耶夫还介绍说："游客非常清楚自己的需求。他们来这里最常做的是一些不需要很长时间的治疗项目，例如植牙、镶牙、牙齿美容等。"游客在保加利亚的逗留时间根据治疗需要而定，一般在7至14天之间，最长的也不会超过一个月。此外，这两年还有一个新的趋势，就是来自希腊的牙科旅游者大量涌入，他们主要集中在保加利亚西南部的温泉名城桑丹斯基和佩特里奇等地。

资料来源：新华网[EB/OL]. http://www.news.cn/. 作者整理

讨论：

1. 请根据不同标准将案例中的"牙科旅游"线路进行归类。

2. 开发"牙科旅游"线路对游客和保加利亚各自具有怎样的重要意义？

3. 金融危机对旅游线路的设计与开发会产生什么影响？

三、实训练习

搜索资料，详细分析自己家乡的一条旅游线路的类型、特点与不足，并尝试提出优化配置该线路各组成要素的建议。

第二章
旅游者消费行为分析与旅游市场调研

党的二十大报告提出，增进民生福祉，提高人民生活品质。随着中国经济的发展和人民生活水平的提高，旅游消费已成为人们生活中很重要的一部分。旅游消费者日趋成熟，他们不仅重视旅游设施，而且越来越重视服务质量和旅游体验。因此，旅游企业必须关注旅游消费者的需求和行为特征，采取有针对性的产品策略和市场措施，切实提高服务质量和服务水平，满足消费者不断变化的要求。这迫切要求我们认真做好旅游产品消费市场的调研工作，仔细研究旅游消费者行为。本章所要阐述的主要内容正是围绕旅游消费者行为和旅游市场调研展开的。

学习目标

(1) 掌握旅游动机的概念与类型。

(2) 了解旅游消费特征。

(3) 重点掌握旅游消费决策过程。

(4) 理解旅游市场细分标准。

(5) 重点掌握旅游市场调研程序。

第一节 旅游者消费行为分析

旅行社设计旅游线路时，必须对线路上的消费行为主体进行深入研究，这样可以深入了解他们的经济行为，掌握他们的行为规律，从而使旅游线路策划深入消费者的心理层面，使策划方案更具思想性和可操作性。

一、旅游动机

(一) 旅游动机的概念

何谓旅游动机？首先应了解动机这一问题。动机是一个心理学名词，指的是促进和维持人的活动，并促使活动指向一定目的的心理倾向。通俗地讲，动机就是激励人们行动的主观因素。人的各种行动都是由动机引起的，是为了满足某些需要而产生的。因此，研究人的动机，应首先研究人的需要。

人本主义心理学认为，动机产生于人的某种需要，这种需要使人的心理紧张不安，从而产生内在驱动力，即动机，进而确定行动目标，产生行动，使需要得到满足，紧张解除，然后开始下一个行为。在国内外的社会心理学研究中，马斯洛(A. H. Maslow，1908—1970)提出的需要层次理论(hierarchy of needs theory)有着很大的影响力。马斯洛是20世纪50年代中期兴起的人本主义心理学派的主要创始人，他的理论既不同于行为主义的外因决定论，又不同于弗洛伊德的生物还原论。他所创立的人本主义心理学的动机理论体现在《动机和人格》一书中，他认为人的动机是由从低级到高级的五个需要层次构成的，分别是生理的需要(physiological needs)、安全的需要(safety needs)、归属与爱的需要(belonging and love needs)、尊重的需要(esteem needs)、自我实现的需要(self-actualization needs)。对应马斯洛的需要层次理论，旅游动机是人们在满足了最低的生理需要之后才会产生的，是高于基本需要的社会动机和文化动机，与马斯洛需要层次理论中两个较高层次的需要联系较为紧密。

不同的需要产生不同的动机，旅游动机也是如此。基于上述分析，旅游动机可以概括为促使一个人有意去旅游以及确定到何处去旅游、做何种旅游的内在驱动力，其对旅游活动具有激活、指向、维持和调整的功能，并使其指向一定的旅游目标。

(二) 旅游动机的类型

不同的需要产生不同的动机，即使是相同的需要，也可能因为人们的民族、性别、年龄、职业和文化程度等因素的影响而以不同的动机表现出来，因此，促使人们外出旅游的直接旅游动机是多种多样的。历史上曾经有帝王巡游、商人旅行、为健康而进行的旅行以及修学旅行等多种旅游形式。在现代，由于旅游参加者的范围更加广泛，动机的类型也更加多样化。

1. 根据旅游目的划分

美国著名旅游学教授罗伯特·W. 麦金托什根据旅游者的旅游目的，将旅游动机划分为下列四种基本类型。

(1) 身体方面的动机。该类动机包括为了调节生活规律，促进健康而进行的度假休息、体育活动、海滩消遣、娱乐活动，以及其他直接与保健有关的活动，还包括遵医嘱或建议所进行的疗养活动。这类动机有一个共同特点，即人们通过与身体有关的活动来消除紧张。

(2) 文化方面的动机。人们为了认识、了解自己的生活环境和知识范围以外的事物而产生的动机，其最大的特点是人们希望了解异国他乡的情况，包括了解音乐、民俗、舞蹈、绘画及宗教等方面。

(3) 社会交往方面的动机。人们通过各种形式的社会交往，保持与社会的接触，包括希望接触他乡人民、探亲访友、逃避日常的琐事及惯常的社会环境、结交新友等。

(4) 地位和声望方面的动机。该类动机主要与个人成就和个人发展的需要有关。属于这类动机的旅游类型包括事务、会议、考察研究、追求业余爱好以及求学等。旅游者通过旅游实现自己受人尊重、引人注意、被人赏识、获得好名声的愿望。

2. 根据旅游活动划分

根据旅游者所从事的旅游活动，可将旅游动机划分为消遣动机、情感动机和发展动机三种(见表2-1)。

表2-1 旅游动机及其产生的旅游活动

类别	动机类型	动机产生的旅游活动
消遣动机	为了放松心情和追求愉悦而产生的动机	观光型旅游、娱乐消遣型旅游、购物型旅游、生态/探险型旅游
情感动机	为了抒发情感或寄予理想而产生的动机	宗教旅游，寻根、探亲、访友型旅游
发展动机	为了寻求自身的发展而产生的动机	度假保健型旅游、文化教育型旅游、商务/公务型旅游

资料来源：戴晓丹. 浅析旅游动机的类型及特征[J]. 科技信息，2010(29).

旅游是一种综合性活动，能够满足人们多方面的需要，人们外出旅游时，很少只出于一个方面的动机。因此，人们外出旅游往往是多种动机共同作用的结果，只是有时某一动机为主导动机，其他动机为辅助动机；有时动机被意识到，有时动机未被意识到。

二、旅游消费构成及特点

(一) 旅游消费构成

旅游消费构成是指旅游者在旅游过程中所消费的各种类型的旅游产品及相关消费资料的比例关系。旅游消费构成可从以下不同角度进行划分。

1. 按照满足人们旅游需求的不同层次分类

一般来讲，人们的旅游消费可分为生存消费、享受消费和发展消费，而旅游者在旅游过程中的消费具体可以分为餐饮、娱乐、游览、住宿、交通等方面的消费。其中，食、住、行是满足旅游者在游览中生理需求的消费，而观赏、娱乐、学习等消费则是满足旅游者精神享受和智力发展需要的消费。这两种消费相互交错，在旅游活动中很难划分它们的界线。在满足旅游者生存需要的同时应满足其享受和发展的消费需要，而在满足旅游者享受与发展的消费需要的同时又掺杂着对其生存需要的满足。

2. 按照旅游消费资料的形态分类

按旅游消费资料的形态，可将旅游消费划分为物质消费和精神消费两种。物质消费是指旅游者在旅游过程中所消耗的物质产品，如客房用品、食物、饮料、纪念品、日用品等实物资料。精神消费是指供旅游者观赏和娱乐的山水名胜、文物古迹、古今文化、民俗风情等精神产品，也包括旅游者在旅游活动各环节所享受到的一切服务性的精神产品。这一分类也具有相对性，物质消费如果满足了旅游者的需要，旅游者在精神上会感到愉快；精神消费虽主要是为了满足旅游者的精神需要，但其中不少是以物质形态而存在的。

3. 按照旅游消费对旅游活动的重要程度分类

根据旅游消费的重要程度，可将其分为基本旅游消费和非基本旅游消费。基本旅游消费是指进行一次旅游活动所必需的而又基本稳定的消费，如旅游住宿、饮食、交通游览等方面的消费。非基本旅游消费是指并非每次旅游活动都需要的并具有较大弹性的消费，如旅游购物、医疗、通信消费等。

4. 按照旅游目的地和客源国等进行综合分类

对旅游消费结构进行分析时，通常把上述分类有机结合，并根据不同的旅游目的地、不同国家或地区的旅游者、不同的旅游类别以及不同旅游季节的旅游开支分配情况进行综合分类，从而为旅游市场研究提供科学的依据。

(二) 旅游消费特点

1. 综合性

旅游消费的综合性体现在以下几个方面。

(1) 消费主体具有综合性。旅游消费能吸引和满足不同年龄、不同性别、不同信仰、不同民族、不同地域、不同收入、不同偏好的旅游者的消费需求。不但能吸引成年游客，也能吸引青少年游客；不但能吸引高端旅游消费群体，也能吸引大众旅游消费群体；不但能广泛吸引国内旅游者，也能大量吸引海外旅游者。

(2) 消费客体具有综合性。普通实物商品消费和一般服务消费往往是单一消费，而旅游者必须进行交通、游览、住宿、餐饮等综合消费才能完成一次旅游消费过程。旅游消费不仅能带动民航、铁路、公路客运消费，而且能带动住宿、餐饮、娱乐、商品零售等消费。

(3) 消费功能具有综合性。旅游消费是最终消费、大众消费、健康消费、多层次消费、可持续消费，不但能满足人们多样化的享受需求，而且能满足人们多方位的发展需求。正是因为旅游消费具有综合性特征，才使其具有高成长性，在社会总需求特别是在居民消费中占有重要地位。

2. 服务性

旅游消费是一种以服务消费为主的消费。旅游服务是由各种不同的服务组合而成的总体，一般来说包括如下几种。

(1) 饭店服务，包括前厅服务、客房服务、餐厅服务、美容保健服务等。

(2) 交通服务，包括飞机、轮船、火车、旅游车上的服务等。

(3) 导游服务，包括迎送旅游者、为旅游者讲解、为旅游者安排住宿和饮食等。

(4) 代办服务，即根据旅游者的特殊需要而提供的服务，如出租车服务等。

(5) 文化娱乐服务，即为旅游者安排文娱活动，如杂技、音乐会等。

(6) 商业服务，即在旅游者购物时所提供的服务。

3. 不可重复性

旅游服务不体现在一定的物质产品中，也不凝结在无形的精神产品中，它是没有实物形态，只以活动形式存在的纯粹服务。这种服务只有被旅游者享用时它的价值才被实现，一旦旅游活动结束，旅游服务的使用价值就不复存在。因此，旅游者不可能多次消费完全一致的旅游产品，即旅游消费具有不可重复性。

4. 文化性

与其他产品不同，旅游产品大多是人类在其发展过程中创造的，不是天然固有的。即便是纯粹的自然旅游资源，在漫长的历史进程中也会不可避免地打上人类的标记。文化旅游资源既有物化形态的实在物，也有非物化形态的模式或意境。物化形态可以是显性的、具体的和可明确被感知的(如古迹、古物、建筑等)；非物化形态主要是隐性的，但旅游者仍可以不同程度地感觉到它的存在(如民俗、表演、歌曲、制度等)，并可以通过象征、渲染等手段，将其从精心营造的旅游文化场景中揭示和显现出来。因此，旅游消费更多是一种具有文化特性的消费活动。

5. 季节性

旅游目的地的气候条件对旅游季节性的形成具有重大的影响。因此，旅游者活动时间的分布具有不均衡性，导致市场出现明显的淡旺季差异。从客源地的角度来看，旅游者的出游目的和带薪假期的时间是左右旅游者出游的主要因素。

6. 需求弹性较大

旅游需求弹性是指旅游需求对影响因素变化的敏感性，即旅游需求量随其影响因素的变化而相应变化的状况。由于旅游产品的价格和人们可支配收入是影响旅游需求的基本因素，旅游需求弹性可具体划分为旅游需求价格弹性和旅游需求收入弹性。一般来说，在消费之前，消费者对旅游产品的需求具有较大的价格和收入弹性，即旅游产品价格降低或者旅游者收入增加会促使更多旅游消费行为的发生。

7. 消费和生产的同一性

旅游产品的生产过程，即旅游服务的提供过程是以旅游者到达旅游目的地消费为前提的。旅游企业借助一定的旅游资源和旅游设施提供旅游服务，旅游者在消费的同时也参与了生产过程，因而旅游产品具有生产与消费的高度同一性。旅游产品只有进入消费过程才能实现其价值。由于旅游产品生产与消费的时空同一性，必须有现场消费的旅游者，旅游产品才开始生产，旅游者一旦离开生产立即终止。因此，旅游产品生产不像物质产品生产那样可以暂时储存起来，旅游产品消费和生产的同一性决定了旅游产品不能储存，一旦旅游消费结束则旅游产品就自然解体，因而它是一种最终消费品。

8. 异地性

旅游消费的异地性是基于一个经济现实，即旅游者将自己在旅游目的地之外的经济收入用于在旅游目的地的消费。对于旅游目的地而言，旅游者具有在空间上离其"个体经济利益中心"的"非居民"身份。旅游消费异地性的经济意义对旅游目的地的影响将远远超过旅游者所处的日常生活环境。同时，旅游消费的异地性又决定了可能的高风险性，导致旅游者在消费时必然很谨慎。正是因为旅游消费的异地性，使得旅游消费表现为一种流动性消费，即沿着旅游线路的延伸在不同地点进行的散点式消费。这种流动性不仅能使旅游消费拉动多种产业增长，还能使不同地区经济受益，有利于国民财富在不同区域间均衡分配。

📖 小案例·　　　　　　　　　贵州"候鸟式"游客消费行为特征

依托丰富的人文和自然资源以及独特的气候优势等，贵州日渐成为"候鸟式"游客养老养生旅游目的地。大部分"候鸟式"游客选择在每年的6月、11月、12月出游，且停留时间相对较长，通常为两个月，部分游客停留时间超过三个月。由于贵州的气候适宜居住，这类游客在夏季前往贵州旅游可避免酷暑闷热，在冬季前往贵州旅游可以减少严寒对身体带来的不良影响。此外，"候鸟式"游客的整体消费水平相对较高。从调查结果来看，有超过八成的"候鸟式"游客的人均月消费支出超过两千元。造成这一现象的主要原因是这类游客以疗养身体作为主要的旅游动机，因此他们选择的旅游产品大多为支出较大的保健或康养类产品。此外，相较于传统游客，"候鸟式"游客更强调饮食的安全性和健康性，更倾向于选择设施齐全、环境舒适且服务质量较高的居住场所。

资料来源：杨惟萱.贵州"候鸟式"避暑游客消费行为模式研究[J].西部旅游，2022(15).

▌三、旅游者的购买决策过程及其影响因素

(一) 购买决策的参与者

旅游购买决策的参与者往往不止一人，有时要受多位在决策过程中起不同作用的人士影响和左右。例如，一个单位组织奖励型旅游，参与购买决策的人员既可能有单位高层主管，也可能有其他员工；再如，家庭旅游购买决策的参与者既可能有夫妻，也可能有父母、儿女，有时还可能有亲戚朋友。通常情况下，参与旅游购买决策的角色有五种，即倡议者、影响者、决定者、购买者和使用者。

参与旅游购买决策的各种角色可能是不同的人，如某员工倡议公司组织劳模去黄山旅游，得到普遍响应，影响者向高层游说，高层对倡议予以采纳，做出购买决策，指定办公室主任去某旅游公司洽商，最后成团。参加旅行团的劳模中可能既没有倡议者，也没有影响者

和购买者，甚至没有高层领导。参与旅游购买决策的各种角色或两种以上的角色也可能由一人担任，如倡议者也可能是决定者，还可能是使用者等。旅游企业了解参与购买决策的各种角色的作用，有利于针对不同的角色确定相应的影响对策，引导购买决策向本企业倾斜。

(二) 旅游购买决策过程

旅游购买决策既有简单的决策过程，又有复杂的决策过程。简单的旅游购买决策过程有习惯性购买决策、冲动性购买决策等。复杂的旅游购买决策过程包括六个阶段：认知需求、信息刺激、信息过滤、备选方案、完成决策、购后评价(见图2-1)。

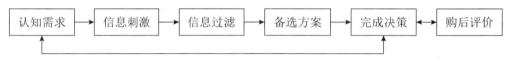

图2-1　复杂的旅游购买决策过程

1. 认知需求

旅游需求的认知是一个多因素共同作用的结果，其中较为重要的依据是消费者的年龄、职业、可自由支配时间、收入、身体状况、受教育程度、住址、家庭情况等。

2. 信息刺激

旅游信息来源的渠道很多，其中较为典型的信息渠道有三种，即商业来源、社会来源和经验来源。

(1) 商业信息来源渠道，如媒体广告、商业出版物等。

(2) 社会来源渠道，如亲戚、朋友、同事的推荐，旅游政策，国内外宏观经济、政治与社会环境等。

(3) 经验来源渠道，如旅游经历以及耳熟能详的传说、故事等。

3. 信息过滤

信息过滤是指根据一定的标准，从接收的动态旅游信息流中选取需要的信息或剔除不需要的信息的方法和过程。这个定义包含如下几个方面的内容。

(1) 信息过滤的对象是动态的旅游信息流。

(2) 信息过滤的目的是满足特定旅游者的信息需求。

(3) 信息过滤的依据是信息与旅游者信息需求的相关性。

(4) 信息过滤不仅包括从旅游信息流中选取需要的信息，也包括剔除不需要的信息。

4. 备选方案

潜在旅游购买者通过各种渠道得到旅游信息后，会对这些信息进行评估判断，对各种备选方案进行比较。备选方案主要包括以下几类旅游产品。

(1) 低端观光产品。

(2) 度假疗养产品。

(3) 主题公园产品。

(4) 节庆旅游产品。

(5) 生态旅游产品。

(6) 文化旅游产品。

(7) 体育旅游产品。

(8) 农业旅游产品。

(9) 红色旅游产品。

5. 完成决策

在经过评估判断之后，潜在旅游购买者按旅游产品符合自己心意的程度，对可供选择的若干备选旅游产品排出先后次序，并最终做出购买决策。旅游购买者做出购买决策是旅游服务企业希望看到的结果。对于那些经过选择和决策过程却没有购买的旅游者，他们的不购买决定并非意味着企业营销的最终失败。经过先前的营销努力，旅游目的地的形象已经烙印在旅游者的心目中，他们会重新审视自己的旅游需求和已有信息，在某些条件成熟时，这些需求和信息的反复刺激就能转化为实际的消费行为。

6. 购后评价

潜在旅游购买者实际购买后，并不意味其旅游决策过程的结束。因为旅游消费决策过程本身不是一个单线条的简单逻辑，各个过程的因果关系并不是事先存在的，而是与每一个旅游者息息相关的，这也说明了信息主体之间的双向反馈关系。旅游者的购后评价通常包括对已做出决策的高度肯定、中性态度与高度否定三种，或者也可以简单界定为满意和不满意两种。购后评价的好坏直接决定了旅游者未来的消费决策，即重复购买的可能性。

(三) 影响旅游者购买决策的因素

随着人们生活水平的不断提高，消费结构不断升级，人们对旅游市场需求的广度与深度发生着巨大的变化。其中，影响旅游者购买决策的因素主要包括以下几种。

1. 消费心理

旅游者的消费欲望、消费习惯、购买经验、周围环境都不同程度地影响着消费心理。旅游者不同的消费偏好也会促使其对旅游资源、旅游服务、旅游距离进行差异化的偏好选择，以此满足个性消费需求。此外，消费方式的示范性及旅游者的从众心理也会影响旅游者的支出方向。总而言之，不同年龄、职业、地域的个体有不同的消费心理，这就可能产生不同的消费动机和消费行为。

2. 经济能力

经济能力这是直接影响旅游者是否进行旅游消费的前提条件，因为仅有主观的旅游欲望并不能形成有效需求，客观的旅游购买能力才能促使消费者最终做出旅游决策。旅游者的收入水平越高，其购买旅游产品的经济基础就越好。因此，经济水平决定着消费水平，也决定着需求的满足程度，从而决定着消费结构的变化。旅游者的可自由支配收入越多，旅游需求就能满足得越充分，从而促使旅游消费从低层次向高层次发展。

3. 产品结构

旅游产品结构从宏观上制约着消费方向与消费结构。向旅游者提供的住宿、餐饮、交通、游览、娱乐和购物等各类旅游产品的生产部门是否协调发展，旅游产品的内部结构是否比例恰当，都是影响旅游消费结构的因素。特别是在国民经济中，向旅游业提供服务的各相关产业部门的结构如果搭配不合理，没有形成一个相互协调、平衡发展的产业网，就会导致旅游产品比例失调，各构成要素发展不平衡，不仅不能满足旅游者需求，反而会造成供求失衡，破坏旅游产品的整体性。

4. 产品质量

发展旅游业不但需要保证旅游线路产品的数量，而且需要保证旅游产品的高质量。如果产品质量差、生产效率低、使用价值小，则不能满足旅游者的消费需求，也就不会激发潜在消费者做出购买的决定。只有提高旅游产品质量，使旅游者获得物质与精神上的充分满足，才能不断促使消费者参与到旅游活动中来。旅游产品质量包括以下三个方面。

(1) 向旅游者提供称心如意、物美价廉的旅游产品，即提供的旅游产品要达到适销、适量、适时和适价的要求。

(2) 保证旅游服务效率，提供旅游服务时要做到熟练敏捷，为旅游者节约时间，提供方便。

(3) 旅游服务的态度，即在旅游服务过程中要礼貌、热情、主动、周到。

5. 营销策略

基于旅游地自身的资源特征和目标群体的偏好特征，营销工作者可以采取不同的市场营销策略，树立旅游地不同的市场形象。这些形象和营销策略通过特定的渠道传递给消费者，可以起到刺激消费者购买欲望的作用。市场营销策略的成功与否直接影响消费者的购买行为。此外，由于旅游产品的需求弹性大，适度降低旅游产品的价格或者在保持旅游价格不变的同时增加旅游产品的内容，也会激发旅游消费行为。

6. 客源国或地区的政策

国家或地区政策对于居民的出入境旅游消费行为有着导向与制约作用。以我国为例，自2008年5月以来，在成功开放欧盟市场的基础上，我国境外旅游目的地开放速度进一步加快、范围进一步扩大、影响进一步增强，先后与11个国家签署了旅游目的地谅解备忘录，与1个国家签署了旅游合作协议，成为我国旅游对外交流史上速度空前、规格空前、影响空前的系列盛事。

7. 信息的影响

旅游目的地的信息主要来自商业环境和社会环境，并作用于整个旅游消费决策过程。信息来源主要包括：旅游企业出版或发布的旅游书籍、广告、旅游指南等；报纸、电视和网络中存在的旅游信息；朋友、亲戚等提供的观点和合理化建议；等等。不同的旅游者在寻找相关信息上所花费的时间和精力是不同的，这一行为差异和个性特征有关。一般来说，文化水平较高的人总是尽力收集更多的信息，想方设法阅读与他们打算去旅游的国家或地区有关的书籍、资料、广告、小册子等，甚至开始学习或者重温旅游目的地的语言和地理知识。

📖 **小资料**·

"她经济"越来越受到关注

同程旅行发布的《中国女性旅行消费报告2021》(以下简称《报告》)基于同程旅行大数据分析了国内女性旅行者的出行消费情况。《报告》认为，休闲度假及出行消费需求存在一定的性别差异，女性在多个维度上表现出一些值得关注的独特性，同时对于家庭的旅游消费决策有着显著的影响力。来自同程研究院的一项在线调研数据显示，71%的居民家庭旅游度假消费决策是由妻子做出的，女性已经成为影响4亿多个家庭年度旅行消费的最终决策者。《报告》显示，女性旅行者的职业以上班族占比最大，其次为自由职业者和已退休人员，在校学生群体占比9%。在收入结构方面，女性旅行者的月收入水平主要集中在6000元以下，占比约73%。

资料来源：整理自2021年3月12日黑龙江省旅游投资集团有限公司官方网站转发的《中国女性旅行消费报告2021》.

四、旅游者的消费趋势

(一) 自助旅游渐成时尚

随着交通越来越便利、私家车越来越普及，传统的旅行社服务已经不能满足人们的消费需求，自助旅游的人越来越多，并渐成时尚，尤其是节假日期间，三五个家庭结伴出行，驱车数千公里，跑遍大江南北已不是稀奇事。旅游者通过预订酒店解决住宿问题，自由地安排游玩项目，弥补了传统旅行社的不足。

(二) 商务旅游市场快速增长

随着我国经济贸易的发展，国内及国际性的商务考察旅游也越来越多。据统计，我国各类商务人员有4000万人，按平均每年每人出行3次计算，全国一年的商务旅游人次在1.2亿左右。商务旅游人员每年都在以数百万人次的速度递增，商务旅游也呈现规模化的发展趋势，大型商务活动(包括传统的和新兴的商务活动)是促使商务旅游增长的主要因素。在入境旅游人数的构成比例中，参加商务会议的人数占到17.7%，年龄在25～44岁的商务旅游人数占整个商务旅游人数的48.6%。所以，无论是旅行社还是其他新兴的旅游中介，都非常重视商务旅游市场。

(三) 文化旅游渐成新型消费模式

我国是一个有着五千多年历史的文明古国，有光辉灿烂的中华文化。56个民族各具民族风情，各有文化特色，文化旅游资源极其丰富。因此我国文化旅游将兴旺发达也是发展的必然趋势。旅游者除了欣赏文物古迹外，还可参与民俗旅游。民俗旅游将自然风光、文物古迹、民俗文化三者有机结合起来，是一种高层次的文化型旅游，值得提倡。

(四) 生态旅游方兴未艾

生态旅游是旅游业的新兴产品，它遵循可持续发展的原则，追求人与自然的和谐，是现代社会发展的必然需求和产物。生态旅游强调对自然景观的保护，是可持续发展的旅游，使当代人与后代人都有机会享受自然景观与人文景观，当代人在不破坏前人创造的人文景观和自然景观的前提下，还会为后代人建设和提供新的人文景观。我国发展生态旅游条件优越，有着极其丰富的生态旅游资源。据央广网2018年4月18日报道，国家林业和草原局公布的信息显示，截至2017年底，全国共建立各种类型和不同级别的保护区2750个，总面积约14 733万公顷，约占全国陆地面积的15.35%，其中国家级自然保护区469个。在现有的自然保护区中，已有34个自然保护区加入了世界人与生物圈保护网(详见附录E)。

(五) 旅游向郊区化、短期化发展

随着我国休假制度向多样化、短期化发展，特别是此次新冠疫情的蔓延，促使旅游活动逐步从外地长线向郊区短线延伸，一日游、两日游这种短期的旅游活动越来越多，各种各样的度假村也越来越多。人们开始积极利用双休日和节假日，抛下一周的紧张和都市的浮华，来到郊区吃农家饭，参加田园劳动，欣赏山水风光，追求自然、古朴的生活。

📖 小资料•　　　**"太湖之美" 无锡鼋头渚1日游(上海—无锡—上海)**

2021年12月11日8:00，上海武胜路博物馆东侧停车场(145路终点站)集合发车，空调旅游车，导游举"春之旅"旗帜接团。

【鼋头渚】(游览时间约3.5小时，含游船)：鼋头渚是无锡境内太湖西北岸的一个半岛，因有巨石突入湖中，状如浮鼋翘首而得名。畅游太湖，登三山仙岛，赏鼋渚风光，观太湖仙岛秀丽景色，尽显山水交融之"假山真水"的无限乐趣。

下午适时返沪，停靠至普安路公交站！

注：早餐自理、午餐自理、晚餐自理，住宿无、购物无、娱乐无。如遇交通管制等，以导游现场安排为准！

资料来源：春秋旅游[EB/OL]. http://www.springtour.com/. 作者整理

(六) 出境旅游仍处于与国情相适应的初级阶段

中国旅游研究院发布的《中国出境旅游发展报告2020》显示，2019年我国出境游市场规模达到1.55亿人次，比2018年同比增长了3.3%。出境游客境外消费超过1338亿美元，增速超过2%。虽然我国出境旅游已进入"亿人次"时代，但从客源产出、空间流向、市场规模、消费结构等方面综合来看，我国出境旅游仍然处于与国情相适应的初级阶段。从客源产出来看，我国出境旅游的发展并不是整齐划一的整体渐进过程，区域社会经济发展的差异使得出境客源表现出显著的空间非均衡特征，东部地区长期以来占据着我国出境旅游客源产出的主要位置，而中部与西部的客源产出能力梯次下降，出境旅游还没有成为普遍的大众化消费活动；从空间流向来看，约70%的出境游客流向中国港澳台地区，表明我国内地游客的出境旅游行为仍表现为以短途旅游为主的特征，并在出行距离、旅游目的、停留时间以及人均消费上呈现介于国内旅游与出国旅游之间的过渡性特征；从市场规模来看，基于人口总量的相对规模，特别是严格意义上的出国旅游率，与发达国家、金砖国家相比均相对滞后；从消费结构来看，购物为旅游消费主体项目，标志着我国的游客消费行为还处在从尝试性向成熟性发展的阶段。

第二节 旅游市场调研

一、旅游市场概述

(一) 旅游市场的概念

1. 传统意义上的旅游市场

传统意义上的旅游市场是指旅游购买者与旅游企业双方买卖旅游产品的实际场所,主要强调的是交易的地点和场所,属商品经济的范畴。此种定义局限于商品交换的某一场所和某一时间,认为在一定的地点、设备、时间条件下,旅游商品的买方和卖方通过交易便形成了旅游市场。这是狭义的旅游市场概念。

2. 经济学意义上的旅游市场

从经济学角度看,旅游市场有广义和狭义之分。广义的旅游市场是指在旅游产品交换过程中的各种经济行为和经济关系的总和。在旅游经济活动中,旅游市场上存在相互对立和相互依存的双方,一方是旅游产品的供给者,另一方是旅游产品的需求者,正是这种供需双方的矛盾运动推动着旅游经济活动的发展,其运动过程包含旅游需求者与供给者之间、旅游需求者之间、旅游供给者之间的各种关系,并且通过市场作用表现出来。狭义的旅游市场是指在一定时间、地点和条件下,具有旅游产品购买力、购买欲望和购买权利的群体。从这个意义上说,旅游市场就是旅游需求市场或旅游客源市场。

3. 市场营销学意义上的旅游市场

市场营销学意义上的旅游市场是指旅游需求市场或客源市场,在一定的时间、地点和条件下,具有购买欲望、购买力和购买旅游产品权利的群体。由此可见,营销学意义上的旅游市场由购买者组成。购买者可以是旅游者本人,也可以是旅游者委托的购买者或购买组织(中间商)。

(二) 旅游市场的构成要素

旅游市场要素指的是能够形成旅游市场的基本要素的组合体。要形成一个旅游市场,必须有人口、购买力、购买欲望和购买权利这四个基本要素。

1. 人口

旅游产品的消费者是构成旅游市场主体的基本要素。旅游市场的大小取决于该市场人口数量的多少，一个国家或地区总人口多，则潜在的旅游者就多，需要旅游产品的基数就大。因此，人口的多少反映了潜在旅游市场的大小。

2. 购买力

旅游市场的大小受购买力的影响。这里的购买力是指人们在可支配收入中用于购买旅游产品的能力，它是由收入水平决定的。没有足够的支付能力，旅游者便无法成行，旅游只会是一种主观愿望。

3. 购买欲望

旅游市场的大小受购买欲望的影响。购买欲望是旅游者购买旅游产品的主观愿望或需求，是潜在购买力变成现实购买力的重要条件。没有购买欲望，即使有购买力也不能形成旅游市场。

4. 购买权利

旅游市场的大小受人们购买旅游产品的权利的影响。这里的购买权利是指允许旅游者购买某种旅游产品的权利。对于旅游市场来说，尤其是国际旅游，由于旅游目的国或旅游客源国单方面的限制，如不发给签证或限制出境，都会使旅游权利受阻而导致无法形成国际旅游市场。

以上四个要素是相互制约、缺一不可的，人口要素是前提，没有旅游者就没有市场；人口多而居民收入又高的国家和地区才是真正具有潜力的市场；有了人口和收入，还必须使旅游产品符合旅游者的需求，引起其购买欲望，并在具备旅游权利的情况下，使潜在旅游市场变成现实旅游市场。

旅游市场的关系式可以表示为

$$旅游市场=人口×购买力×购买欲望×购买权利$$

所以，只要右边的要素有一个为零，总结果就为零，即这个旅游市场就等于零，这个市场也就不存在了。

(三) 旅游市场的特点

1. 全球性

旅游市场是由全球范围的旅游需求与旅游供给组成的，有全球性的特征。旅游市场对产品的选择有全球性的自由，不受地域、政治、民族等限制。旅游地的接待对象无民族、无国界之分，旅游者的旅游活动也不受地方和国界的束缚。

2. 波动性

旅游业作为一种综合性社会经济现象，它的影响因素几乎涉及整个社会的方方面面。

许多社会因素都可能对旅游需求以及旅游地产生很大的影响，而且这种影响常常会发挥全球关联的作用。战争、政治风波、治安事件等都可能导致旅游市场的关联性波动甚至变局，既可能引起旅游流向的变化，又可能引起市场结构的变化，还可能引起消费结构的变化。

3. 季节性

旅游市场受自然条件及旅游者闲暇时间等因素的影响，季节性十分明显，有旺季和淡季之分。这就要求旅游经营者采取一些行之有效的政策和措施，调节旅游客流量，相对缩短淡旺季之间的差距，使旅游业协调发展。

4. 多样性

旅游市场的多样性主要体现在以下三个方面。

(1) 旅游者的需求具有多样性。在大众旅游时代，旅游者的构成多种多样，其需求也千差万别。

(2) 旅游购买形式多样化。主要有团体包价旅游、半包价旅游、小包价旅游、散客旅游等多种形式。

(3) 旅游产品多样化。由于旅游者的需求多种多样，决定了旅游产品必须多样化，这样才能满足旅游者的不同需求。

二、旅游市场细分

在旅游市场中，旅游消费者的旅游需求千变万化，对旅游线路和服务的要求也各不相同。任何一家旅行社既没有精力，也没有足够的实力面向整个市场，满足所有消费者的需求。对整个旅游市场进行恰当的细分，从中选择一个或几个细分市场作为企业的目标市场，不失为明智之举。

(一) 市场细分的概念

20世纪50年代中期，美国市场学家温德尔·斯密(Wendell R. Smith)在总结企业按照消费者不同需求组织生产的经验中提出了市场细分的概念。市场细分是以消费者需求的某些特征或变量为依据，将具有不同需求的消费者群划分为若干个子市场的过程。

(二) 旅游目标市场细分的概念

旅游目标市场细分是指根据旅游消费者的需求特点、购买行为和购买习惯等方面的差异，将整体旅游市场划分为若干个需求与愿望大体相同的旅游消费者群的过程。每个消费者群就是一个细分市场，而旅游目标市场则是被旅游企业选出并准备介入的细分市场，它有三方面的含义：不同的目标市场具有不同的消费特征；同一细分市场具有相似的消费特征；目标市场是分解与聚合的统一。

(三) 旅游目标市场细分的意义

1. 有助于旅游企业选择目标市场

旅游目的地和旅游企业在对市场进行细分的基础上，便于分析各细分市场的需求特点和购买潜力，从而根据自己的旅游供给方案和经营实力，有效地选定适合自己进入的目标市场。

2. 有利于旅游企业有针对性地开发产品

旅游目的地和旅游企业在选定目标市场的基础上，可以针对这些目标消费者的需要，开发适销对路的产品。这样不仅可以避免盲目开发产品而造成的浪费和失败，还可以提高消费者满意度。

3. 有利于旅游企业有针对性地开展促销

对于旅游目的地和旅游企业来说，开展促销工作毫无疑问是非常重要的，因为再好的旅游产品如果不为旅游消费者所知，也无异于该产品不存在。但是，无论是一个旅游目的地还是一个旅游企业，其营销经费都是有限的，因此如何利用有限的促销预算获取最好的促销成效，也就成了旅游经营工作中重要而现实的课题。针对目标市场开展促销，可以避免因盲目促销而造成的浪费，有助于提高促销的成效。

(四) 旅游目标市场细分的标准

国内对旅游目标市场细分标准的研究比较一致，大体上都是将地理环境、人口统计、心理行为和购买行为作为细分的标准，具体见表2-2。

表2-2　旅游目标市场细分常用标准

标准	内容
地理环境标准	根据消费者所处的地区或国家、气候、人口密度、空间距离等因素细分
人口统计标准	根据消费者的性别、年龄、家庭、收入、职业与教育等因素细分
心理行为标准	根据消费者所处的社会阶层、生活方式、心态和个性等因素细分
购买行为标准	根据消费者的购买目的、购买形式、购买数量、购买时机以及购买时间长短等因素细分

小资料 　　　　　　　**国内不同民俗旅游细分市场的心理需求与旅游动机**

　　20世纪80年代中期，中国出现了以游览观光形式为主的民俗旅游，如民族文化展览、民族歌舞表演、民俗建筑参观等。进入20世纪90年代后，独特的民俗风情作为对国内旅游者的新吸引点悄然向我们走来。1995年被誉为"中国民俗风情旅游年"，这标志中国民俗风情旅游已进入黄金季。随后，2002年的旅游主题是"民间艺术游"，2010年被誉为"中国文化旅游主题年"，这说明了中国民俗旅游的发展正走向深入、成熟。如今，第四代旅游产品——文化旅游正以燎原之势迅猛发展，民俗文化则以它特有的优势占据了当今文化旅游市场，它是文化旅游的深化和发展。针对民俗旅游细分市场，高校学生市场、上班族市场以及老年旅游市场的心理需求与旅游动机不尽相同，具体见表2-3。

表2-3　国内民俗旅游细分市场的心理需求与旅游动机

目标市场	心理需求	旅游动机
高校学生市场	好奇、求知，寻求刺激，人际交往	娱乐休闲、学习感受
上班族市场	摆脱束缚，追求刺激	放松休闲、躲避角色
老年旅游市场	回归社会，提高生活品质	康体娱乐、美感交流

　　资料来源：柳青.国内民俗旅游市场细分研究[J].经济研究导刊，2011(3).

(五) 选择旅游目标市场时需要考虑的因素

1. 市场内部的竞争状况

市场内部的竞争状况是指市场内现有的竞争者数量和竞争的激烈程度。如果市场竞争过于激烈，则在选择进入该目标市场时要慎重。

2. 市场规模

旅游企业要以动态的眼光来看待市场规模的问题。例如，针对中小学生推出的"假日世界名校游"颇具潜力，将来可能由现在的小市场变为大市场。

3. 市场的潜力

市场的潜力是指市场消费主体可持续购买旅游产品的能力。例如，在欧洲曾盛行一时的"二战遗址游"就受到主要消费群体(退伍老兵)人数减少、购买力不断下降的影响而逐渐淡出人们的视野。

4. 旅游企业本身的条件

(1) 硬件，即"自身资源"，包括必要的场地、人才、资金等。

(2) 软件，即"经营能力"，包括企业信誉、服务人员的能力与服务提供商的关系等。

三、旅游市场调研的组织实施与报告撰写

(一) 旅游市场调研的概念

旅游市场调研是指运用科学的方法和手段，有目的地针对旅游市场需求的数量、结构特征等信息以及变化趋势所进行的调查与研究。

这个概念充分表明旅游市场调研必须采用科学的方法和手段，即确保资料收集方法、资料整理方法、资料分析方法的科学性和实践的有效性，以确保调研结果的客观性和可靠性，同时也应充分认识到旅游市场调研的目的性。

(二) 旅游市场调研的目的

1. 为旅游线路营销决策提供依据

旅游市场调研能及时探明旅游市场需求变化的特点，掌握市场供求情况，为旅游企业编制旅游经营计划，制定科学的旅游营销决策提供依据。

2. 有效地促进市场营销活动

在整个旅游市场营销活动中，旅游企业应有效地加以控制、引导和调整，以保证其战略和计划的正确执行。旅游企业开展经营活动，应进行充分的市场调研，不断收集和获取新的信息，以增强企业自身在市场中的竞争力。

3. 有助于开拓新市场

旅游市场调研能充实和完善旅游市场信息系统。旅游企业通过旅游市场调研，连续、系统地收集来自市场各方面的信息资料并输入旅游市场信息系统中，使之不断充实和完善，旅游企业凭借全面、完整的旅游信息系统，开展旅游市场预测，以开发新的旅游产品。

4. 降低旅游企业的风险

周密的旅游市场调研有助于旅游企业及时掌握市场动向，有效防范经营风险。

(三) 旅游市场调研的内容

旅游市场调研的内容十分广泛而丰富，但由于调研目的不同，调研内容也不同。一般来说，旅游市场调研的基本内容主要包含以下几个方面。

1. 旅游市场环境因素调研

旅游市场环境因素包括旅游企业外部环境因素和旅游企业内部环境因素。

(1) 外部环境因素。旅游企业应充分认识外部环境因素的变化给企业带来的机遇和威

胁，随时监测这些变化并与之相适应。旅游市场外部环境因素很多，包括经济、政治、法律、社会文化、技术、人口、自然环境等方面的宏观因素，还包括消费者市场、产业市场、竞争者状况等。

外部环境因素的变化总是蕴含着某种需要和趋势。趋势是有一定势头和生命力的方向或事件的顺序。它能预见未来，并可持续较长的时间。辨别趋势即能发现机会。因此，对于旅游市场调研人员来说，充分重视外部环境的变化，从中辨别趋势，确定可能的结果并把握市场机会是一项很关键的技能。外部环境因素的变化也会影响旅游企业内部环境。

(2) 内部环境因素。除了对外部环境因素进行研究之外，旅游市场调研人员还应研究旅游地或企业自身与市场需求的发展是否相协调，包括自己的营销策略、营销手段或营销组合是否能有效开拓市场，自己的旅游产品、价格、分销渠道以及促销等方面是否存在问题。另外，要对自己的营销活动进行管理评估，评估营销计划、组织实施以及控制方面是否适应市场变化。

2. 旅游市场需求调查

旅游市场需求调查内容主要包括现有的旅游产品需求量、人均消费水平及消费结构、不同阶层旅游者的不同需求及其变化趋势、旅游方式的现状及其变化趋势、对旅游地的旅游设施与服务等方面的评价与要求等。

3. 旅游市场供给调查

旅游市场供给调查内容主要包括旅游吸引物的调查、旅游设施调查、旅游可进入性调查、旅游服务调查、旅游企业形象调查等。

4. 旅游市场竞争状况调查

旅游市场竞争状况调查主要是指对竞争对手的调查，调查内容包括竞争对手现有客源市场状况、旅游产品的优势和劣势、竞争对手所处的地理位置和接待条件、竞争对手的市场营销策略、竞争对手的促销方式与渠道等。

5. 旅游市场调研的内容差异

旅游市场调研主体不同会造成调研内容的差异。旅游市场调研的主体包括区域性的营销主体和企业性的营销主体。区域性的营销主体是指地区旅游局、旅游景区。而营销主体的差异会导致调研内容的差异。例如，地区旅游局的市场调研内容主要包括整个地区旅游市场的住宿、价格、购物、服务质量等方面的问题，旅游企业方面存在的问题，区域旅游地之间的竞争问题等。这种调研内容丰富而全面，调研范围大，是旅游企业的调研不能比拟的。旅游企业的营销调研则针对性较强、内容集中、范围较小，主要是基于企业自身状况和经营目的进行产品质量、价格、企业形象、企业服务等方面的调研。

(四) 旅游市场调研的方式

在进行旅游市场调研时，因调研目的、调研主体不同，可以选择不同的调研方式，可以选择全面调研，也可以选择非全面调研。一般来说，由于调研时间、调研经费的限制，非全面调研中的抽样调查是应用较为广泛的旅游市场调研方式。一个抽样调查方案主要包括三方面内容。

1. 抽样单位的确定

抽样单位的确定，即向什么人调查，也就是确定目标总体。每次调查，依据调查主体、调查目的的不同，应选择不同的目标总体。一旦确定了目标总体，就应确定抽样范围，必须使目标总体中的所有样本被抽中的机会是均等或已知的。

2. 样本规模

样本规模即确定调查多少人。一般来说，大规模样本比小规模样本的结果更可靠，但并非必须对全部目标总体进行调查才能获取准确结果。如果抽样方法正确，不到总体1%的样本，也可以提供较高的可靠性。

3. 抽样方法

抽样方法即确定如何选择调查对象。为了得到有代表性的样本，应采用概率抽样方法。只有依据概率原则抽取样本，才能使调查样本总体中的每一个个体都有相同的被抽取的机会。调查人员可以依据统计技术测量并控制误差。抽样方法分为概率抽样(随机抽样)和非概率抽样(非随机抽样)。概率抽样就是从调查目标总体中完全按概率原则抽取样本的方法。运用概率抽样方法时，调查样本总体中的每一个个体被选中的机会完全相同，这种抽样方法可以完全排除调查人员主观判断的影响，而且可以计算抽样误差的置信度。因此，要想得到有代表性的样本和可靠性高的结论，必须采用概率抽样。在概率抽样成本过高或时间过长的情况下，市场调查可采用非概率抽样。

(五) 旅游市场调研的程序

有效的市场调研需经历以下五个步骤，见图2-2。

图2-2　旅游市场调研程序

1. 确定目标

明确问题和调查目标是市场调研的重要前提。正如人们所说，良好的开端等于成功的一半。在正式调研之前，必须弄清楚为什么调研，调研什么问题，解决什么问题，然后确立调研目标、调研对象、调研内容及调研方法。

并不是所有的调研主体或调查人员一开始就了解调研目标。这是因为每一个问题都存在多方面的因素需要研究。调研人员必须明确问题的范围，并确定具体的调研目标，否则会盲目行事，得到许多无效的信息，耗费大量的时间和费用。在确定问题和目标时，对问题和目标的陈述不宜太宽或太窄，否则对目标细化不利。

2. 制订调研计划

制订调研计划的目的是使调研工作能够有秩序、有计划地进行，以保证调研目的的实现。调研计划包括调研方案设计、组织机构设置、时间安排、费用预算等。

(1) 调研方案设计涉及调研目的、调研对象、调研内容、调研地点、调研范围、调研提纲、调研时间、资料来源、调研方法、调研手段、抽样方案以及提交报告的形式等方面。应确定需要收集二手资料还是一手资料，或是两者兼顾。

(2) 组织机构设置包括调研活动负责部门或人员的选择与配置，是否需要利用外部市场调研机构进行调研。能否合理选择和配置调研活动的人员是影响市场调研活动成败的关键。计划方案是否科学合理，整个调研活动能否顺利进行，都取决于市场调研组织的决策者和管理者以及调研人员的素质高低。所以调研人员必须具备善于沟通的能力，敏锐的观察与感受能力，以及丰富的想象力、创造力、应变能力，同时调研人员还应具备基本的统计学、市场学、经济学和财务知识。

选择外部市场调研机构时，首先由调研活动负责人或相关部门负责人对外部调研机构进行选择，选择标准有如下几点。

① 调研机构能否对调研问题进行符合目标的理解和解释。

② 调研人员的构成，其中包括资历、经验以及任务分工等方面。

③ 调研方法是否有效并且具有创造性。

④ 调研机构过去类似的调研经验、调研事项以及调研成果。

⑤ 调研时间及调研费用是否与本单位要求相符合。

(3) 时间安排包括调研活动的起始时间、活动次数安排以及报告成果的最终完成和交接时间。

(4) 费用预算包括调研活动费用的预算与计划。

3. 收集信息

调研计划确定之后，就应开始系统地收集资料和信息。对于市场调研活动来说，收集信息通常是耗时最长、花费最大而且最容易出差错的过程。整个调研活动的效果与准确性、误差大小均与这个过程有直接关系。这个阶段的主要任务是系统地收集各种资料，包括一手资料与二手资料，有的调研活动仅需要二手资料或一手资料，但大多数调研活动对这两种资料都需要。

(1) 二手资料。调研人员开始调研时总是先收集二手资料。二手资料又称为文案资料，它是指为其他目的已收集到的信息。通过二手资料可以判断分析调研问题是否能部分或全部解决。若能解决，则无须再去收集成本很高的一手资料。二手资料主要有以下几个来源。

① 内部来源，包括公司盈亏表、资产负债表、销售资料、销售预测报告、库存记录等。

② 政府出版物，包括政府的公开调查统计报告、年鉴、研究报告等。

③ 期刊和书籍，包括各种有关的书刊，特别是与业务关系密切的书刊等。

④ 商业性资料，包括有关市场调查公司提供的调研资料等。

二手资料的优点是收集成本低，可以立即使用；缺点是二手资料可能无法满足调研人员的需求，或资料已明显过时、不准确、不完整或不可靠。这时就必须去收集更切题、更准确的一手资料。

(2) 一手资料。一手资料又称为原始资料或实地调查资料，是调查者为实现当前特定的调查目的专门收集的原始信息资料。大多数的市场调研项目都要求收集一手资料。常规的方法是先与某些人单独或成组交谈，以了解其大致的想法，并确定正式的调研方法，然后进行实地调查。旅游市场的一手资料的主要来源是旅游者，其次是中间商和旅游企业内部资料。收集一手资料的方法有四种，即观察、专题讨论、问卷调查和实验。

一手资料的优点是目的性、时效性强，特别适宜分析那些变动频繁的、敏感的要素；缺点是耗费时间长、成本高。

在收集资料的过程中，会出现多种困难，比如找不到调研对象，或者调研对象拒绝合作，或者出现调研对象回答带有偏见或不诚实的情况，使资料收集工作进展不顺利。如果市场调研人员发现调研计划或调研内容有问题时，应尽快反馈信息，并立即进行调整。调研活动的顺利进行要依靠调研者的耐心、毅力和百折不挠的精神。

4. 分析信息

资料收集完成后，旅游市场调研人员应对资料进行整理、分析，从资料中提取与调研目标相关的信息。

信息分析主要有两种方法：一种是统计分析方法。常用的是计算综合指标(绝对数、相对数以及平均数)、时间数列分析、指数分析、相关和回归分析、因素分析等。另一种是模型分析法。模型是专门设计出来表达现实中真实的系统或过程的一组相互联系的变量及其关系。分析模型主要包括描述性模型和决策性模型。其中，常用的描述性模型是马尔可夫过程模型和排队模型。马尔可夫过程模型可用来分析预测未来市场份额变化的程度和速度；排队模型可用来预计消费者的消费决策与等候的关系。常用的决策性模型是最优化模型和启发式模型。最优化模型通过微分学、线性规划、统计决策理论以及博弈理论来辨别不同决策方案的价值，力求从中选择最优模型。启发式模型则应用启发性原则，排除部分决策方案，以缩短寻找合理方案所需的时间。

5. 报告结果

市场调研人员对市场调研活动面临的问题进行调研后，将调研结果写成调研报告进行书面陈述。调研活动的最终结果体现是调研报告。

在编写调研报告的过程中，应注意以使用者的需求为导向。调研报告应把与使用者关键决策相关的调研结果充分体现出来，以减少决策中的不可确定性，而不是用资料对管理人员施加限制，表达方式(文字说明、资料、数学表达式)也应适应使用者的接受能力。

调研报告的编写应力求观点正确、材料典型、中心明确、重点突出、结构合理。它一般包括以下内容。

(1) 前言。前言应说明本次市场调研回答的问题、调研目标、调研方法、调研对象、调研时间、调研地点以及调研人员的情况。

(2) 正文。正文是调研报告的主体，应包括对调研问题的分析过程、解释及回答、研究结果。

(3) 结尾。结尾可以提出建议，总结全文，指出本次活动的不足以及调研结果对决策的作用。

(4) 附录。附录包括附表、附图等补充内容。

(六) 旅游市场调研的途径

调研途径是指与调研对象联系的方式，主要有邮寄问卷、电话询问和面谈三种方式。

1. 邮寄问卷法

当调研对象不愿当面访谈，调研对象易受调研人员在场的影响，或调研人员会曲解调研对象的回答时，最好采用邮寄问卷法。采用邮寄问卷法时，调研人员将事先拟好的调查问卷邮寄到调研对象家中或工作单位，请其填写调查问卷中的问题并按时寄回。这种方法的优点是调查成本低；可以采用随机抽样法抽取样本，抽样误差小；调研对象可以完全不受调研人员在场的影响，而且回答时间比较充裕。其缺点是调研对象容易对问卷中的问题产生误解；问卷回收率低、周期长；调研对象有可能请其他人代替回答。

小资料　　　　　　　　　　　　　**调查问卷的类型**

调查问卷分为闭合式和开放式两种。闭合式问卷事先确定了所有可能的答案，答卷人可以从中选择一个答案。开放式问卷允许答卷人用自己的语言来回答问题。一般来说，因为答卷人的回答不受限制，采用开放式问卷常常能获得更多的信息，尤其对于需要了解人们是如何想的，而不是衡量持某种想法的人有多少的试探性调查特别有效。而闭合式问卷事先确定所有答案，很容易进行分析和总结。

2. 电话询问法

电话询问法是指调研人员用电话向调研对象询问信息的方法。这是快速收集信息的最好方法。该方法的优点是调研对象不理解问题时能得到解释，信息反馈率通常比邮寄问卷法高；调查成本低；资料获得方便迅速。其缺点是该方法只能询问有电话的人；询问时间较短；不能过多涉及隐私或较复杂的问题；调研人员很难判断调研对象回答问题的真实程度；缺乏物质手段的刺激，调研对象的积极性有限。

3. 面谈法

面谈法是指调研人员直接访问调研对象，以填写问卷或面对面交谈的方式收集一手资料的方法。这是最常用的调查方法。该方法的优点是调研人员能够提出较多的问题，并能记下调研对象的情况；双方在交谈时可以相互启发；调研人员在当面听取调研对象的回答时可以观察其反应，以判断资料的可信度。因此，面谈法取得的资料的可信度较高。

面谈有两种方式，即约定访问和拦截访问。约定访问是指随机选择调研对象，电话联系或到其家中或办公室访谈。拦截访问是指在购物中心或繁忙的街道、车站、景区大门等地拦住行人请求访问。拦截访问的缺点是非概率抽样，调研结果可靠性不高，且调研时间有限制。

小案例　　　**2021年"十一黄金周"来沈游客客源市场与消费行为调查**

这是一项关于2021年"十一黄金周"期间来沈游客客源市场及游客消费行为的调查。基于调查组人力与资金的限制，在对调查主题所需应用的数据指标和游客旅游消费偏好的前期分析的基础上，本次调查在沈阳众多旅游景点中抽取沈阳故宫、北陵(清昭陵)公园及张氏帅府作为调查地点。

在对调查问卷进行分析的过程中，调查组采用总体分析与个体分析相结合的方式。首先，对来沈游客客源结构、人口属性、消费总额及构成、旅游目的以及旅游景点偏好等市场与消费行为特征做了分析。其次，对来自三个景点的游客的上述评价指标分别做了阐述，以期获得更为细致精细的游客需求与消费行为数据，并从某种程度上验证总体分析结果的趋势性。

总体分析结果表明，来沈游客客源市场主要集中在辽宁省内，其次为黑龙江、吉林、河北、山东等省份，来自南方的游客数量占比较小。人均消费额度为2037元人民币，其中住宿花费所占比重最大。"除本景点外最向往的沈阳其他景点"这项数据指标的分析结果显示，沈阳故宫、北陵公园、张氏帅府是游客最为喜爱的旅游景点，世博园、方特欢乐世界以及棋盘山对这些受访游客也具有一定的吸引力。来沈游客的旅游目的以观光度假和休闲娱乐为主。年龄在15～44岁的学生和企事业单位管理人员是主要的游客群体。在此次调查的前期准备过程中，调查组未将国外游客作为重要的调查对象，调查结果也证实在此期间外国游客的数量占比极小，符合调查假设。对三个景点分别进行调查的结果略有不同，但总体趋势与汇总分析的结果是一致的。

对于此次调查结果，调查组也进行了反思，从问卷设计、调查过程、调查指标选择、调查结果的合理性等方面对问卷及统计指标数据的质量进行了评价。此外，结合调查结果，调查组在报告的结尾提出了沈阳旅游业未来发展的可行性建议，包括立足于沈阳经济区国家战略逐步拓展旅游客源市场，创新性开发旅游产品，开发特色旅游商品以及加大沈阳城市旅游形象的宣传力度等。以下为该项调查所使用的调查问卷。

2021年"十一黄金周"来沈游客客源市场与消费行为调查问卷

尊敬的游客朋友：

"活力之都·历史名城"——沈阳热情欢迎您的到来。为了更好地了解您此次来沈的旅游需求，并在日后为您提供更为优质的旅游服务，我们组织了此次调查活动。恳请您拿出几分钟的宝贵时间填写这份问卷，非常感谢您的支持。

注：本问卷为匿名形式，所有回答只用于统计分析，别无他用。请在符合您情况的唯一答案上打"√"，或填写您的主观答案。

1. 您的性别是(　　　)。

A. 男　　　　　　　　　B. 女

2. 您的职业是(　　　)。

A. 公务员　　　　　　　B. 企事业管理人员　　　　　C. 工人

D. 学生　　　　　　　　E. 离退休人员　　　　　　　F. 专业文教科技人员

G. 服务销售人员　　　　H. 其他

3. 您来自(　　　)省(自治区、直辖市)(　　　)市(县)。

4. 您此次来沈的出游方式是(　　　)。

A. 自驾车　　　　　　　B. 参加旅行团

C. 自行乘坐火车、飞机等公共交通工具

5. 您此次旅行的首要目的是(　　)。

A. 观光游览　　　　　　B. 休闲度假　　　　　　C. 探亲访友

D. 商务会议　　　　　　E. 文化、体育、科技交流　　　F. 其他

6. 您选择的住宿设施或地点是(　　)。

A. 不住宿，当天离沈(请直接跳至第8题)

B. 亲友家　　　　　　　C. 星级酒店　　　　　　D. 普通旅馆

7. 您预计的入住天数为(　　)天。

8. 您此次旅行中预计支出的下列各项费用额度分别为：

A. 交通(　　)元　　　　B. 住宿(　　)元　　　　C. 餐饮(　　)元

D. 游览(　　)元　　　　E. 娱乐(　　)元　　　　F. 购物(　　)元

G. 其他(　　)元

9. 除本景点之外，请您列举出三处希望前往的沈阳市其他旅游景点：

(1)　　　　　　　　　　(2)　　　　　　　　　　(3)

10. 您的年龄阶段是(　　)。

A. 15～24岁　　　B. 25～44岁　　C. 45～64岁　　D. 65岁及以上

以下为调查员填写：

问卷编号：　　　　　　　　　调查员姓名：

调查地点(为了提高调查效率，请直接打"√")：故宫(　　)；北陵公园(　　)；张氏帅府(　　)

调查时间：2021年10月　日

资料来源：2016年辽宁省大学生市场调查与分析大赛参赛作品。

小案例·　　《中国出境旅游发展年度报告2022—2023》在京发布

　　2022中国旅游集团化发展论坛于12月11—12日以线下线上相结合方式召开。论坛主题为"政策促进、产业创新与旅游复苏"，由中国旅游研究院和中国旅游协会共同主办，开元旅业集团和祥源控股集团协办。11日上午，旅游市场数据和产业研究报告发布环节，杨劲松博士代表课题组发布了《中国出境旅游发展年度报告(2022—2023)》(以下简称《报告》)。

　　《报告》指出，疫情对国际旅游恢复形成长期冲击，我国出境旅游市场复苏进程慢于亚太，更慢于欧美。周边国家客源结构和复苏进程受到明显影响，出境旅游市场主体也面临发展危机。从需求端看，潜在的出境旅游消费偏好变化明显。尽管安全诉求依然保持高

位，但是游客出游信心开始加速恢复，旅游产品的性价比最受游客关注。从供给端看，在疫情压力下，出境企业"内转""外拓"寻求生机。有的由"外"转"内"，充分整合内外资源；有的以"外"补"外"，开辟国际新市场。

1. 2021—2022年出境旅游：疫情冲击下出境旅游艰难发展

经课题组综合测算，以2019年为基准，我国出境旅游人数累计减少4亿人次以上，出境游客境外消费支出累计缩减3400亿~4300亿美元。旅行社出境旅游营业收入累计减少约6000亿元人民币，出境旅游营业利润累计减少约260亿元人民币。2021年，我国旅行社的出境旅游营业利润首次出现负数，出境旅游营业收入占旅行社旅游营业总收入的占比从2019年的30.20%下降为2021年的0.36%。各主要出境旅游目的地受损严重，但仍保持对中国市场的发展信心。

2021年，我国全年出境旅游人数将近2600万人次，与2019年相比下降83%。2022年我国出境旅游人次将与2021年基本持平，维持在2600万人次至3000万人次的水平，恢复程度依然不足疫情前水平的20%，较世界平均恢复水平也有明显差异。据课题组测算，在2022年我国出境旅游业务与2021年基本持平的预期下，2020年至2022年我国出境旅游人数累计减少4亿人次，出境旅游发展态势由基本停滞转为低速缓增。

与2019年相比，2020年中国游客到访人数下降超过九成的主要旅游目的地包括俄罗斯、缅甸、菲律宾、美国、越南、马来西亚、日本、韩国、新加坡和印度尼西亚等。2021年，中国主要出境旅游目的地的情况依然保持极低水平，除中国澳门外，其余主要出境目的地基本没有成规模的中国游客到访，中国游客占当地到访游客的市场份额逐年降低。

2. 中国游客出境旅游意愿变化明显，性价比预期上升

调查结果显示，受访者中，期望选择的出境旅游目的地以欧美、东亚、中国港澳台地区等居多，较2021年有明显变化。远程目的地开始进入受访者的视野，甚至成为优先选项，从一个侧面反映了游客的信心正在加速恢复，有信心前往更远的目的地。与2021年相比，欧美作为出境旅游目的地跃居第一位，超过东南亚和中国港澳台地区。选择欧美作为出境旅游目的地的受访者比例较2021年提高了26%，如图2-3所示。

旅游产品的性价比成为受访者最重视的因素。受访者出游更重视的因素由高到低排序为"旅游产品的性价比""旅游过程中卫生状况""旅游产品的丰富度""旅游中的人身安全""购物的便捷性""当地的文化特色"。与2021年相比，2022年，"旅游产品的性价比"跃居受访者最为重视的因素，如图2-4所示。

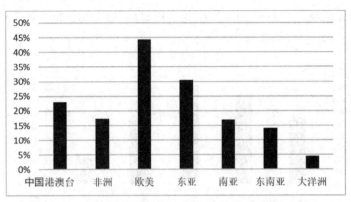

图2-3 受访者期望选择的出境旅游目的地分布

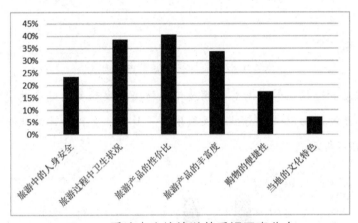

图2-4 受访者出境旅游的重视因素分布

安全问题仍然是受访者的主要考虑因素之一。受访者认为，影响出境旅游成行的主要因素以"安全隐患"和"时间不够"居多，"获取信息渠道不够"和"生活习惯差异"的理由较少，如图2-5所示。

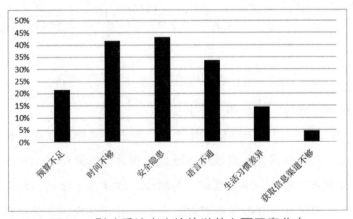

图2-5 影响受访者出境旅游的主要因素分布

为了规避安全风险，"与部分家庭成员共同出游"比重高于"全家一同出游"，如图2-6所示。

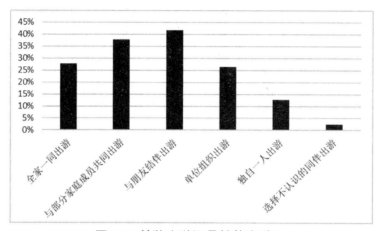

图2-6 单独出游还是结伴出游？

出境旅游活动的选择从景区游览向深度体验转变，康养美食越来越受欢迎。受访者出境后希望参与的旅游活动以"参与性的娱乐项目"最多，对性价比的认识和期待也与深度体验有关，如图2-7所示。

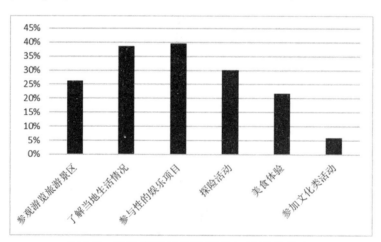

图2-7 受访者出境旅游后参与活动的分布

3. 出境旅游企业"内转""外拓"寻求生机

(1) 由"外"转"内"，充分整合内外资源。在出境旅游难以成行的现实条件下，原有的出境旅游需求往往转向国内长线旅游或近距离周边游，旅游目的地多为围绕京津冀、长三角和珠三角的华北、华东和华南区域，为出境旅游市场主体的内转探索提供了机会。利用对出境游客需求的深度把握和服务经验，整合内外旅游资源，提供满意的服务，成为出境旅游市场主体的行动方向。从目的地角度观察，从事出境旅游业务的企业擅长经营组团游和提供高端定制旅游服务。从靠近客源地、风险较为可控、便利化程度较高等方面考虑，华北、华东和华南区域具有较大优势。从游客期望角度观察，在不能出境，选择替代产品和服务的过程中，往往会将目光转向境内旅游资源独特、风光优美的高品质度假旅游产品。

(2) 以品质服务和产品创新，服务国内市场取得良好成效。中国旅游集团积极开拓离岛免税业务，深挖免税市场潜力。离岛免税销售额快速增长，免税业务国际排名保持全球第一的地位。马蜂窝也同样聚焦国内旅游，开发了周末请上车项目；中青旅积极调整业务方向，从生活方式角度切入，将更多的资金和精力放在周边游业务上，开拓自驾、露营等周边游市场；凯撒旅业和众信旅游同样以国内游业务为主，业务范围涵盖了国内市场、周边游市场及本地市场。

(3) 以"外"补"外"，开辟国际新市场。通过开拓以境外居民和境外华人为目标的旅游市场，激活市场，与境外合作方和资源方保持密切沟通，反哺出境旅游业务，为未来的出境旅游业务开放做好准备。携程集团和远海国际旅游集团在这方面表现突出。

4. 2023年的展望

2022年的出境旅游发展，不仅有循序渐进的开放，还有加速转型的市场。未来的出境旅游复苏，将是出境游客心理预期和现实条件不断磨合的长期复杂过程。安全和吸引力、便利性的平衡，远程和近程的取舍，都将在这个过程中表现出来。这是一个充满不确定性的过程，也是一个充满机遇的过程，因此，应做好以下几项工作。

(1) 发展应有利于增强中华文明的传播力和影响力。积极探索在出境旅游活动中广泛传播社会主义核心价值观、中华优秀传统文化和中国特色社会主义文化的路径和模式，要善于从中国式现代化建设中汲取力量。中国出境旅游将得益于人口规模巨大的现代化进程，又得益于全体人民共同富裕的现代化进程，这些利好因素必将进一步推动中国出境旅游市场的规模扩展和产业结构的提质升级。出境旅游发展应服务于中国式现代化建设，成为中国式现代化建设的重要力量，需要在推广策略、商业模式、文明旅游等方面找到切入点和立足点，更好地将出境旅游与中国式现代化结合起来。

(2) 做好商务旅行等现实细分市场服务。做好商务、科研、留学、考试、探亲、就医等"必要出境"人群的服务，探索未来服务人群扩展的接口和可能方向。

(3) 增强对出境旅游市场主体的支持。管理部门要直面出境市场主体面临的主要困难，摸清当前的迫切政策需求，预判市场主体开展业务有可能遇到的困难，形成有针对性的帮扶措施，不仅能及时提供纾困补贴和稳岗补贴，还要形成涵盖资金筹措、从业资历维护、转行成本补偿、继续教育服务、数字化技术配备等方面的一揽子纾困解难政策，探索提供融资、信息、法律、技术、人才等亟需服务，提升市场主体参与度和"获得感"。

资料来源：中国旅游研究院[EB/OL]. http://www.ctaweb.org.cn/. 作者整理

本章小结

对于旅游企业来讲，设计适销对路的旅游线路产品是企业生存的基石。旅游者是旅游活动的主体，因而深入了解旅游者的消费动机、消费特征、消费构成以及消费决策过程是旅游线路产品设计的前提。

旅游企业容易犯的错误在于试图用一种旅游产品去满足所有消费群体的需求。为此，本章详细讨论了旅游市场细分的概念与细分标准，并在此基础上介绍了旅游市场调研的程序，为旅游线路设计提供充足的市场依据。

思考与练习

一、思考题

1. 什么是旅游动机？

2. 旅游消费特征是什么？

3. 旅游者如何做出旅游消费决策？

4. 如何划分旅游消费市场？

5. 旅游消费市场调研需要经过哪些主要步骤？

二、案例分析

已是花甲之年的北京市民李世忠和老伴每年都会出去旅游几次。李世忠说："我和老伴曾随旅行团游我国的香港、澳门，整个行程没有一个全陪导游，每天换车、换导游，游客像货物样被一次次'倒卖'着。酒店虽然条件还行，但离市区太远，想看看香港的夜景都不方便，其实老年人不需要住豪华酒店，方便最好。"由于旅游市场开发不足、同质化明显、专业化程度不高、缺乏针对性等诸多问题，使老年旅游市场成为鸡肋，很多想"出去走走、看看"的老人根本就"迈不开腿"。老年旅游具有周期长、节奏慢、消费低等特殊性，业界因此给"银发旅游"打上了"高成本、高风险、低利润"的标签。

讨论：

1. 案例中北京市民李世忠所遇到的问题是不是一个普遍现象？

2. 老年旅游者的旅游消费需求有哪些特点？

3. 老年旅游产品开发不足的主要原因有哪些？

三、实训练习

参考"2016年辽宁省大学生市场调查与分析大赛"要求，组成旅游市场调查小组，结合所学知识，调查一组旅游市场目标人群，分析他们的旅游消费动机、消费特点以及如何做出旅游消费决策等，并完成一份旅游市场调查与分析报告。各小组自选题目，设计调查方案和调查问卷，通过完整的市场调查过程获得样本数据，采用合理的方法分析数据，形成市场调查报告。调查的样本容量应不少于100个，市场调查报告应不少于3000字。

市场调查报告的结构及必须包括的内容如下所述。

正式的调查报告应包括主报告以及数据报告、数据质量报告、调查方法报告等。本次练习只要求提交主报告，其他报告不作要求，有关调查方法、数据质量等信息可以简要包括在主报告中。

主报告要求：

1. 标题页

此项必须有。内容包括项目名称、学校、团队名称、团队成员。

2. 目录

此项必须有。

3. 表格和插图清单

此项必须有。将调查结果用图表等可视化形式来表示，便于与其他来源的数据资料进行比较，并给出目录，以方便查询。

4. 要点或概要

此项应当有。概要通常不超过3页，它揭示最重要的调查结果和主要结论。对于没有时间研究主报告的所有细节而又想知道调查结果的人来说，这是一份简单而重要的参考材料。它非常简要地描述了调查目标、调查时间、调查地点及调查主题，然后逐段描述最有价值的调查成果，包括整体结果以及一些较为具体、需要强调的未曾预料的结果。这部分的表达方式可以采用分段文字或提要(目录式)，没有统一规定。

5. 引言

总报告正文开始处应当有引言。引言部分给出开展调查的背景信息，如项目来源、主办单位、研究目标、方法简述以及本报告的目的等，或许还需要给出项目纲要，说明已经做了什么，研究了什么，但这些仅需要做一般性的描述，因为详细的结果将会在随后的章节给出。引言还需简单介绍后面章节的内容及各章节之间的联系。

6. 报告主体

报告主体需分成若干章节。每个章节主题要突出，语言尽可能简洁明了。

报告主体的内容应包括：与本次调查有关的概念及重要指标的定义；对调查方法的说

明；调查对象基本情况数据汇总；对调查数据质量的说明；调查结果；等等。

7. 结论和建议

结论是必须要有的，而建议并不是必需的。需要特别注意，结论和建议要依据调查数据及数据分析结果，而不是从其他文献或资料中参考得出。

8. 参考书目

所有的参考文献都应该清楚标明。

9. 附录

附录应对报告主体没有涉及的调查专题以及所用调查方法、统计软件、数据处理方法等内容进行补充说明，以免正文过于冗长。

第三章
旅游活动六要素对旅游线路设计的影响

2022年11月，文化和旅游部党组印发的《文化和旅游部学习宣传贯彻党的二十大精神实施方案》要求，要认真贯彻落实党的二十大提出的任务要求，着力健全现代文化产业体系，提升产业发展整体实力和竞争力。旅游线路设计本身涉及旅游业发展的方方面面，因此旅游线路设计工作应站在旅游产业发展全局的高度上加以审视与觉察。与此同时，旅游线路设计是一个复杂、全面和系统的过程。旅游活动包含"食、住、行、游、购、娱"六个组成部分，即旅游活动六要素。在旅游线路设计中，应考虑旅游活动六要素的影响。

学习目标

(1) 掌握旅游餐饮对旅游线路设计的影响。

(2) 掌握旅游住宿对旅游线路设计的影响。

(3) 掌握旅游交通对旅游线路设计的影响。

(4) 重点掌握旅游景区对旅游线路设计的影响。

(5) 掌握旅游购物对旅游线路设计的影响。

(6) 掌握旅游娱乐对旅游线路设计的影响。

第一节　旅游餐饮对旅游线路设计的影响

在旅游活动六要素——"食、住、行、游、购、娱"中，"食"是基本需求，旅游者对食方面的需求已经从最初的"吃得饱""吃得好"转变成"吃出特色""吃出营养""吃出健康"。因此可以说，旅游餐饮的好坏将直接影响旅游活动是否能够顺利开展。

小资料

中国八大菜系

菜系是指在一定区域内，由于气候、地理、历史、物产及饮食风俗的不同，经过漫长历史演变而形成的一整套自成体系的烹饪技艺和风味，并被全国各地所承认的地方菜肴。我国菜肴在烹饪中有许多流派，其中最有影响和代表性且为社会所公认的有鲁、川、粤、苏(淮扬)、浙、闽、湘、徽等菜系，即人们常说的中国"八大菜系"。鲁、川、粤、苏(淮扬)四大菜系形成于明清年间，历史较为悠久，后来，浙、闽、湘、徽等地方菜也逐渐出名，日渐形成"八大菜系"。中国"八大菜系"的烹调技艺各具风韵，其菜肴特色也各有千秋。值得一提的是，近年来还有一些专家将"京""沪"菜系加入其中，形成"十大菜系"，甚至又增补了"豫""秦"两个菜系，从而形成中国"十二大菜系"。

一个菜系的形成和它悠久的历史与独到的烹饪特色是分不开的，同时也受到这个地区的自然地理、气候条件、资源特产、饮食习惯等的影响。有人把"八大菜系"用拟人化的手法描绘为：苏、浙菜好比清秀素丽的江南美女；鲁、徽菜犹如古拙朴实的北方健汉；粤、闽菜宛如风流典雅的公子；川、湘菜则像内涵丰富、才艺满身的名士。

资料来源：全国导游人员资格考试教材编写组. 全国导游基础知识[M]. 北京：旅游教育出版社，2021.

一、选择旅游餐饮的基本标准

旅游团队餐可分为早餐和正餐，正餐包括午餐和晚餐。国家旅游局(现文化和旅游部)对旅行团队餐饮质量管理没有明确的标准，以下的标准(仅供参考)出自1994年由国家旅游局制定颁布的国家旅游局《关于加强旅行团餐饮质量管理的意见》。

(一) 早餐

早餐含在房费中，早餐订餐标准由旅行社和饭店签订住房合同时一并签订。中式早餐订餐标准应为30～40元，西式早餐订餐标准应为45～90元。三星级以上饭店可采用自助餐方式供应早餐。

(二) 正餐

午餐、晚餐为正餐，对订餐标准要求较高的旅游团队应尽量安排旅游者在就餐环境较好的饭店用餐。

1. 经济旅游团队

每人每顿正餐的订餐标准应不低于30元。应提供的餐饮标准为每餐每桌四冷、五热、一汤、水果加茶水和橘子水等软饮料。其中，四冷为二荤二素，五热应包括三个全荤菜肴、一个荤素搭配菜肴和一个全素菜肴。

2. 标准旅游团队

每人每顿正餐的订餐标准应为40～45元。应提供的餐饮标准为每餐每桌四冷、五热、一汤、水果加茶水和橘子水等软饮料。在经济旅游团队的供餐标准基础上增加一个荤素搭配菜肴，其余相同。

3. 豪华旅游团队

每人每顿正餐的订餐标准应为65～75元。应提供的餐饮标准为每餐每桌四冷、八热、一汤、水果加啤酒、茶水、橘子水等酒水。其中，八热包含五个全荤菜肴、两个荤素搭配菜肴和一个全素菜肴。

4. 风味餐

风味餐为旅游团队餐的最高级别，每人每餐的订餐标准应为85元以上。除提供与豪华旅游团队相同的菜式外，还要增加葡萄酒，并采用分菜式的宴会服务方式。

(三) 餐盘标准

冷菜要使用7寸盘，热菜要使用1.2尺盘，不得以使用小盘或大盘装少菜的办法克扣菜量。

二、旅游者对餐饮组合的要求

(一) 融入地方特色

猎奇心理是旅游活动产生的原动力之一，旅游景点的魅力之一就是在旅途的前方永远有你未曾品尝过的美食。因此，特色餐饮今后将成为主要的旅游餐饮方式。特色餐饮是以民俗、民族、土特产、郊野化、农家化为特点的餐饮，有较深的地方烙印。草原上的篝火晚餐、北戴河的海鲜大排档、野外烧烤、民族家庭餐、西安的大唐盛宴、开封的小笼包等，都是旅游者较为难忘的特色餐饮。

(二) 考虑团队的特殊要求

随着经济的发展，旅游团队的构成越来越多元化，妇女团队、银发团队、学生团队、宗教团队、残疾人团队等层出不穷。这就要求旅行社在安排餐饮时应结合每一个团队的特殊要求，而不能千篇一律。比如，对于银发团队，可以适当增加蔬菜类、汤羹类食品；对于妇女团队，口味清淡、有美容养颜功效的菜肴会大受欢迎。

(三) 体现餐饮的文化性

中国饮食文化源远流长，历史悠久，独具特色。自古以来，我们的先人就把饮食列入文化艺术的范畴。人们不满足于单纯的生理之欲，对餐饮要求色、香、味、形、器、基本环境、礼仪、风俗等全方位的审美协调，同时还要与诗词歌赋、琴棋书画、音乐舞蹈、戏剧曲艺紧密结合，形成了极具东方特色的饮食文化氛围，也使饮食文化成为华夏文明中的一朵奇葩，在中华文化中占有重要的地位。饮食文化是中国博大精深的传统文化之一，在旅游业逐渐成为朝阳产业的今天，研究和探讨如何开发利用饮食文化这一独特的旅游资源，对加快我国旅游业发展具有现实意义。

(四) 用餐环境达标

旅游团需要长时间在外面用餐，为了保障旅途顺利，保证旅游者的身体健康，团队对用餐环境和饮食卫生标准要求较高。国家旅游局(现文化和旅游部)对团队用餐餐厅的环境标准有着严格和详细的规定。以下是旅游定点餐厅环境及设施标准。

(1) 服务流程合理，功能齐全。

(2) 装修典雅，风格独特。

(3) 艺术品及绿化物应与餐厅的设计装修相协调。艺术品应无破损和变形，无污迹、无灰尘；绿化物修剪效果好，无枯枝败叶，无灰尘和杂物，防护措施有效，花木盒无破损。

(4) 地面的保养和清洁标准：无破损、干净、整洁、无污迹、无杂物、无水迹、无异味。

(5) 墙壁的保养和清洁标准：平整、无破损、干净、整洁、无污迹、无灰尘、无蜘蛛网。

(6) 天花板的保养和清洁标准：平整、无破损、无裂痕、无污迹、无灰尘、无蜘蛛网、无水迹。

(7) 门窗的保养和清洁标准：无破损、无变形、无裂痕、无明显划痕、无污迹、无灰尘、玻璃亮、无杂物。

(8) 灯具的保养和清洁标准：能正常使用，无污迹、无灰尘。

(9) 家具的保养和清洁标准：无破损、无明显变形、无明显痕迹、无脱漆、稳固、无污迹、无灰尘、无杂物、无水迹。

(10) 餐具(包括调味盅、牙签盅、烟灰缸等)无破损。台布、口布的保养和清洁标准：无破损、无污迹、清洁卫生。

(11) 空调设备的保养和清洁标准：风口无破损，分离式空调外观无明显破损，能正常使用，无灰尘、无异味、无油迹。

(12) 艺术表演或背景音乐艺术效果应与餐厅气氛协调，音响效果好，音质柔和。

(13) 餐厅隔音效果好，无餐厅外部及厨房等的噪声干扰。

(14) 温度应控制在20℃～26℃。

(15) 空气清洁程度：无异味。

(16) "四害"的防治标准：器具齐全，药品投放合理，防范措施完备有效，无四害。

(17) 客用卫生间及洁具的保养和清洁标准：无磨损、无破损、无滴漏、无堵塞、无污迹、无杂物、无异味。

(18) 各类标志的保养和清洁标准：正规、完整、无褪色、无脱漆和锈痕、无污迹、无灰尘，金属部分光亮。

三、旅游餐饮存在的问题及原因

(一) 旅游餐饮质量方面存在的主要问题

(1) 餐食多样性差。一是正餐菜品雷同，二是就餐方式雷同，都是传统的包桌包餐方式。这样的餐食不仅无法满足不同旅游者的口味要求，还会使那些对中国饮食文化慕名已久的西方旅游者大失所望。

(2) 饭菜量少，无特色，有的旅游者甚至吃不饱。

(3) 餐食质量较差，存在有异味、不新鲜、不卫生的现象。

(4) 餐馆的设施及餐具的完好程度和卫生状况不佳，如餐桌不洁、杯子有污迹、碗盘有残缺、地面有垃圾、餐厅有苍蝇等。

(二) 造成旅游餐饮质量下降的主要原因

(1) 旅行社克扣旅行团的餐费，给餐馆的报价过低。近几年，国内物价上涨指数较大，增加了餐馆的经营成本，餐饮价格普遍大幅度上涨。而很多旅行社为了在激烈的竞争中保证一定的接团利润，变相克扣旅行团的餐费。旅行社给餐馆的团队便餐的报价标准一般为每人30～35元，而订餐标准则降为25～30元。

(2) 司陪人员吃喝占用，有的还向餐馆索要回扣和小费。在这种情况下，餐馆为了保证自身的经济利益，便克扣旅游者的餐费，从而导致旅游者实际用餐质量降低。

(3) 一些餐馆违反质价相符的原则，以高补低，严重挫伤高标准订餐旅行社的积极性，从而保护了恶性削价夺取客源的旅行社。

(4) 有的餐馆在内部管理方面没有一套完整的保障体系，接待团队时无法提供有效的服务。

(5) 旅游行政管理部门对社会餐馆的定点审批标准不明确，审批制度不严格，审批后的检查监督不得力。

四、旅游餐饮工作要求和国家标准

随着旅游业的发展，我国旅游业的总体服务质量有了一定的提高，有些方面能够符合国际旅游市场的要求。但"吃、住、行、游、购、娱"六要素之间存在较大差距。其中，旅游团队餐饮质量差是重点问题之一。造成旅游团队餐饮质量低劣既有订餐标准低的原因，也有管理方面的原因。为了改变这一状况，有必要在旅游团队的订餐标准、餐饮数量和质量等方面提供一个参照，并作为各级旅游行政管理部门对餐饮质量进行检查、评比、排名、奖惩的依据，引导全行业共同努力，提高旅游餐饮的质量。

(一) 对旅行社的工作要求

(1) 旅行社应根据物价指数的变化，相应提高对外报价。同时，应将定点餐馆的等级标准、类型和餐饮质量标准及价格报出，供旅行商选择。

(2) 旅行社和定点餐馆必须订立并遵守订餐合同。订餐合同中除标明价格标准外，还要有每餐的冷热菜数量、重量、质量，并标明是否含饮料和水果等。旅行社应强化质量监督意识，若所订餐饮标准有变化，应书面通知餐馆，与餐馆确认，以保证旅游者的利益。结算单也必须注明餐饮标准，以备查用。同时，旅行社还应配备专职或兼职的质量监督员，检查餐馆是否按合同规定提供餐饮服务。

(3) 旅行社应深化改革团队餐的就餐方式，不仅应完善传统的包桌包餐方式，还应尝试提供自助式、半自助式及零点等多种就餐方式，以满足旅游者的不同需求，提高旅游者的满意度。

(4) 加强旅行社内部管理，全额向旅行团拨付餐费，禁止在餐费上做手脚。司陪人员带团用餐时，应按一定的标准支付餐费。

(二) 对旅游定点餐馆的要求

(1) 旅行团餐饮的综合毛利率，按照社会用餐综合毛利率执行。

(2) 不同的订餐标准应在用餐数量、质量以及上灶的厨师力量上区别对待，保证质价相符，严格禁止用高标准旅行团餐费来补贴低标准旅行团。

(3) 制定和完善旅行团定点餐馆的质量标准，建立餐馆服务质量保证体系，是保证旅行团餐饮质量的重要内容。旅游定点餐馆的标准已经列入国家标准计划，在该标准未正式出台以前，先提出一套初步标准。这套标准是定点餐馆应遵循的最低质量标准，各定点餐馆都应成立质量监督小组，按此标准，逐条实施，同时应制定奖惩标准，以保证质量标准的落实。

(三) 对各级旅游行政管理部门的要求

各级旅游行政管理部门应把提高团队餐饮质量作为工作重点，加强管理。

(1) 宣传贯彻对旅行社、景点、餐馆、饭店的管理要求，可通过举办旅行社团队餐展示会等多种形式加以推广。

(2) 定期或不定期地对旅行社进行抽查。抽查时，应要求旅行社提供与境外旅行社的组团合同、订餐合同及与餐馆的结算单。若出现投诉，对不履行合同的任何一方均要追究责任，对不签订餐饮合同的，要同时追究旅行社和餐馆的责任。

(3) 定期或不定期地对餐馆进行抽查。对餐饮质量低劣、质价不符、达不到质量标准的餐馆，要按照具体情况给予警告、通报、取消定点资格等不同程度的处理。

第二节　旅游住宿对旅游线路设计的影响

一、酒店的分类

酒店业发展至今，名目繁多，应有尽有。由于历史的演变，传统的沿袭，地理位置与气候条件的差异，不同酒店的用途、功能、设施也不尽相同。根据酒店主要针对的目标市场，可将酒店分为以下几种类型。

(一) 商务型酒店

商务型酒店是指为那些从事企业活动的商务旅游者提供住宿、膳食和商务活动及有关设施的酒店。一般来讲，这类酒店位于城市中心或者交通枢纽地段，商客居住的时间大多在星期一至星期五，这是从事商务活动的时间。由于周末是商务旅游者的假日，他们很少来酒店居住和办公。商务型酒店的最大特点是回头客较多。因此，酒店既要提供高品质的服务，又要为商务旅游者创造方便条件同时，酒店的设施也要舒适、方便、安全。国际酒店集团下属的酒店，大多数是商务型酒店。例如，纽约希尔顿酒店，芝加哥凯悦酒店，华盛顿马里奥特饭店，日本东京帝国酒店，郑州的中州皇冠假日酒店等。

(二) 长住型酒店

长住型酒店主要为商客的一般性度假提供生活服务，它又被称为公寓生活中心。长住型酒店主要接待常住客人，这类酒店要求常住客人先与酒店签订协议或合同，写明居住的时间和服务项目。

长住型酒店已被我国有些酒店视为"增加保底收入的一种有效做法"。我国还没有那种纯粹的长住型酒店，但有些酒店会将客房的一部分租给商社、公司，作为其办公地和商业活动中心，这种形式与长住型酒店类似。这些酒店都会向长住商客提供正常的酒店服务项目，包括客房服务、饮食服务、健身和康乐中心服务等。长住型酒店不仅要为客人提供现代化的电源设备、电传、电话，特别是海外直拨电话、传译等服务，还要为客人提供方便的交通、安静的住所。例如，郑州火车站附近的中原大厦就有很多长住型客人。

(三) 度假型酒店

度假型酒店主要位于海滨、山城景区或温泉附近。它虽然远离嘈杂的城市中心，但也要确保交通方便。度假型酒店除了提供一般酒店应有的服务项目以外，最突出、最重要的项目便是它的康乐中心，它主要是为度假旅游者提供娱乐和休闲的场所。因此，度假型酒店的文娱、康体设施要完善，像高尔夫球场、保龄球馆、台球厅、网球场、室内外游泳池、音乐酒吧、咖啡厅、舞厅、水上项目、电子游戏厅、美容中心和礼品商场等，都是度假旅游者所关注的。此外，付费点播电视也是十分重要的。

度假型酒店不仅要提供舒适、温馨的房间，令人眷恋的娱乐活动和康乐设施，还要提供热情而快捷的服务。我国部分海滨城市有度假型酒店，如三亚、青岛、大连、北海等地的酒店大多属于这一类型，它也是旅行社为旅游者采购的主要住宿产品类型。内地很多地区利用独特的优势也建立了许多有特色的度假型酒店，例如河南郑州的江南温泉酒店、许昌鄢陵的花都温泉酒店都是旅游者非常喜欢的酒店。

(四) 会议型酒店

会议型酒店是专门为从事商务、贸易展览会、科学讲座的商客提供住宿、膳食、展览厅、会议厅的一种特殊型酒店。会议酒店不仅要提供舒适、方便的设施，温馨的客房和美味的餐厅，还要提供大小规格不等的会议室、谈判间、演讲厅、展览厅等，并配备隔板装置和隔音设备。例如郑州的嵩山饭店、黄河迎宾馆等都属于会议型酒店。

二、酒店的计价方式

世界上比较常用的酒店计价方式有以下五种。

(1) 欧式计价(european plan，EP)，只计房租，不包括餐饮费用。

(2) 美式计价(american plan，AP)，计算房租并包括三餐费用。此类型计价方式比较常见于食宿不方便的偏远景区或者有特殊用途的酒店。例如，中国的西藏自治区、美国的赌城拉斯维加斯。

(3) 修正美式计价(modified american plan，MAP)，计算房租并包括两餐费用(早餐、午餐和晚餐中任选其一)。

(4) 欧陆式计价(continental plan，CP)，计算房租并包括欧陆式早餐费用。

(5) 百慕大计价(bermuda plan，BP)，计算房租并包括美式早餐费用。

一般团体客人通过旅行社订房时，会在订房时注明计价方式，如果没有注明则均以欧式计价方式计算。在遇到团体客人订房时，客房预订人员要特别注意在预订单上书写清楚计价方式。我国比较常用的计价方式类似欧陆式计价，即报价含房租与一份早餐。

三、旅游线路设计对住宿的基本要求

(一) 酒店的设施设备要完善

酒店是旅游者旅游途中的家外之家，因此酒店需要为旅游者提供便捷舒适、配套齐全的设施设备。在长途跋涉、饱览美景后，旅游者希望回到酒店能及时洗个热水澡，尽快消除疲劳；在炎热的夏季，旅游者渴望一进客房就能感受到清凉；在冰天雪地的寒冬，旅游者希望返回酒店后能做个温泉SPA，既温暖又舒服。酒店可以使用相关的设施设备来满足旅游者的上述要求。

(二) 酒店布置要突出地域文化风格

当酒店布置客房时，应以本地独有的风土人情、民俗民风为主题。中国悠久的历史和广袤的地域，为中国酒店客房布置提供了取之不尽的素材。如海口的树上宾馆、延安的窑洞饭店、湘西的吊脚楼旅馆、福建的土楼饭店、内蒙古自治区的蒙古包饭店、河南少林寺的禅居酒店等均以浓厚的地域风格给旅游者留下了极为深刻的印象，成为整个旅途中不可或缺的一道风景。

(三) 酒店的环境要安静

旅游者在外出旅途中耗费时间长，体力透支大，返回酒店后需要及时休息，因此，酒店的住宿环境必须保持安静，喧哗的闹市区以及交通枢纽地区不适合作为旅游团队住宿的首选。即使是同一家酒店，安排住宿时也要考虑房间的不同朝向问题，尽量避免靠近马路一侧的房间。

第三节　旅游交通对旅游线路设计的影响

旅游交通是指旅游者利用某种手段或途径，实现从一个地点到达另一个地点的空间转换过程。它既是抵达目的地的手段，也是在目的地内活动往来的手段。旅游交通是一种为旅游者提供直接或间接交通运输服务所产生的社会和经济活动，是旅游景区的命脉，是旅游生产的重要组成部分。

一、旅游交通对旅游活动的影响

(一) 旅游交通对旅游者选择旅游目的地的影响

旅游交通的便利与否直接影响旅游者对旅游地点的选择。一般情况下，旅游者不会"舍近求远"或者"舍易求难"，交通便利的旅游景区比交通闭塞的旅游景区更有优势。同时，交通的便利与否直接影响旅游者的出游半径和景点的客流量，对于那些危险系数高、交通状况差的景点，旅游者会相对稀少。由此可见，客源地与旅游景区之间的距离和旅游景区对旅游者的吸引力之间是成反比关系的，人们是否选择去该地旅游，除了考虑附近住宿和饮食条件以及当地的文化和风景的吸引力外，还会考虑当地的交通是否便利、出游是否划算等。大多数人将交通这一指标列在首位，如果该地的交通状况差，那么旅游者很可能会放弃对该地的选择。

(二) 旅游交通对旅游资源开发的影响

旅游业的长线发展离不开观光者的支持，旅游者产生的旅游效益是促进旅游业发展的根本，开发旅游业的资金需要从旅游效益中拨出。交通问题会导致旅游业发展滞后，从而使旅游资源得不到有效开发，最终无法形成规模化、产业化发展的旅游产业链，当地的经济发展也将受到一定的影响。

(三) 旅游交通对旅游质量的影响

来自不同地域的旅游者在自身经济实力、文化素质、兴趣爱好方面有很大的差别，对旅游地域的食物、住宿、景致的要求也有很大的差异，但是旅游者对旅游景区交通的要求却惊人一致。旅游者选择在长假或者小长假期间出行旅游，其目的是放松身心，旅游交通在很大程度上会影响旅游者旅游时的心情，也会影响旅游者对该地的印象。这也是"享乐游""休闲游"广受欢迎的原因。因此旅游业不能再满足于从前的"温饱型"，而应该努力向"享乐型"发展。

二、旅游线路设计对旅游交通的要求

(一) 安全

安全需要是旅游者最关心的交通需要。旅游者对旅游交通安全的要求，可以归结为以下两个方面。

1. 手续便利

安全与便利是分不开的，便利的手续能够省心、省力、省时，同时也意味着旅游者的人身和财产安全更有保障。

2. 旅途平安

人们对安全的需要仅次于生理需要，外出旅游是人生乐事，每个人都希望能平平安安、快快乐乐地度过这段有意义的日子，旅途平安对于旅游者来说尤为重要。

(二) 时间

1. 交通准时

旅游者希望交通工具准时启程、准时到达、准时返程。

2. 速度适宜

速度适宜即行宜快、游要慢。

(三) 舒适

舒适的交通服务可以缓解身心疲劳，改善旅游者情绪，提高旅游者兴致。

1. 乘坐舒适

这是对物质方面的需求。旅游交通服务设施的条件状况，直接影响旅游者的心理感受。

2. 优质服务

这是精神方面的需求。旅游者希望在旅途中得到文明礼貌、热情周到、人性化的服务。

(四) 经济

旅游者总是希望用有限的资金获取最大的心理满足，对于交通工具的选择也是如此。

(五) 多样

多样化的交通工具能够丰富旅游者的行程，也会成为旅游者在旅途中重要的体验，因此在设计旅游线路时，在条件允许的情况下应该追求交通工具的多样化，以丰富旅游者的旅途体验。

三、不同心理的旅游者对交通工具的选择

(一) 享受旅途者

老年旅游者由于受生理条件的限制，加上时间充裕、阅历丰富，他们大多希望放慢脚步，悠闲地度过旅途时光，将旅途本身和旅游目的地看得同样重要。因此，宽敞舒适的旅游专列、游船当为首选。老年人旅游多为消除苦闷、打破寂寞、驱散烦恼，同时，能开阔眼界、丰富知识、增强体质、陶冶情操。为使老年人健康平安地感受生活的乐趣、生命的价值，在旅途中应配备医护人员，同时合理安排活动，既不让老年人劳累，又能让其感受到生活的多姿多彩、生命的希望与活力。

(二) 看重目的地者

如果旅游者是以度假为目的，那么他将希望尽快赶往旅游目的地，把更多的时间用于悠闲、安逸地度假。这类旅游者对旅途不感兴趣，通常会选择飞机、特快列车或直达车，尽可能缩短旅途时间，以避免占用度假时间。

(三) 走马观花者

由于中青年旅游者要应对激烈的生存竞争，平时要忙于学习和充电，闲暇时间相对

较少，他们大多会选择节假日出游或者利用出差机会在结束工作后出游。因为时间关系，他们大多属于走马观花者。为了能在有限的时间内尽量多走多看，他们往往会平分旅途时间和目的地游览的时间。

(四) 猎奇求异者

这类旅游者喜欢体验新鲜和新奇事物，喜欢不同寻常的经历，他们的旅游行程常常伴随着探险，因而在旅途中，他们往往会摒弃四平八稳的交通工具，而会选择骑马、骑骆驼、坐竹筏、坐驴车等。他们在体验新颖的交通方式的同时，还获得了全新的刺激和与众不同的感受。

第四节　旅游景区对旅游线路设计的影响

旅游景区是指具有吸引国内外旅游者前往游览的明确的区域场所，能够满足旅游者游览观光、消遣娱乐、康体健身、求知等旅游需求，有统一的管理机构，并提供必要的服务设施的地域空间。旅游景区是旅游目的地的主要构成部分，是旅游线路统筹的核心内容和旅游资源的核心区域。

一、旅游景区的构成要素

(一) 游览

游览又称观光游览，是基本而又广泛的旅游活动。游览活动历史悠久，游览对象包括美丽幽雅的自然风景、历史悠久的文物古迹、现代化的建设成就、民族风情展示、高科技的农业和工业等生产劳动过程。

(二) 娱乐

旅游景区娱乐是指借助景区工作人员和景区活动设施向旅游者提供的表演欣赏和参与性活动，可以使旅游者既得到视觉享受，又获得身心愉悦。娱乐形式大体可分为设施型游乐、歌舞表演型游乐、竞赛型游乐、制作型游乐、采摘型游乐、寻宝型游乐、角色转换型游乐等。

(三) 饮食

美国旅游基金会与宝洁公司联合开展的一项调查研究表明，旅游者对景区餐饮服务有六个基本要求，即清洁卫生、味道好、价格公道、交通便利、环境舒适、服务良好。

(四) 住宿

住宿是旅游活动六要素中十分重要的一个要素，也是旅游活动中不可缺少的部分。旅游者对景区客房的基本要求包括卫生整洁、环境安静、安全感强、服务亲切等。

(五) 购物

旅游者在游览过程中所购买的商品，包括生活用品、旅行用品和纪念品等旅游商品。旅游商品具有实用性、艺术性、纪念性、地域性和时代性等特点。我国的旅游购物收入比重仅为20%左右，与发达国家40%~60%的比重相差悬殊，我国仍有很大的上升空间。

在旅游活动六要素中，游览是核心吸引要素，娱乐项目是延长旅游者在景区滞留时间的前提条件，畅通合理的道路布局是保证旅游者满意的基本因素，食、住、购是提高旅游者满意度的辅助条件，与核心要素是相互作用、相辅相成的。因此，景区的经营管理必须有全局观、整体观。

二、旅游景区的分类

(一) 按旅游资源类型分类

(1) 自然景观类景区，即以自然资源为依托的观赏景区。

(2) 人文景观类景区，即由各种社会环境、历史文物、文化艺术、民族风情和物质生产构成的人文景观。

(二) 按自然资源分类

(1) 地文景观类景区。地文景观是指在自然环境的影响下，地球内力和外力共同作用形成的，直接受地层和岩石、地质构造、地质动力等因素的影响而产生的景观。

(2) 水域风光类景区。这类景观属于自然景观，但重点突出江河、湖海、飞瀑、流泉等水域景观。

(3) 生物景观类景区。生物景观是指各类由动植物为主体组成的景观。

(4) 天象与气候类景区。这类景观主要指由千变万化的气象景观、天气现象以及不同地区的气候资源所构成的丰富多彩的气候天象景观。

(三) 按人文资源分类

(1) 历史遗址景区，即依托由古代流传，保存至今，具有历史意义的资源而产生的景区。

(2) 建筑物景区，通常指设计具有独创性、唯一性，具有纪念等重要意义的建筑物。

(3) 博物馆景区，如首都博物馆、国家博物馆、上海博物馆、大英帝国博物馆、巴黎卢浮宫等。

(4) 民族民俗景区，即具有民族文化和民族生活氛围并且能体现各个民族传统风尚、礼节、习性的景区。

(5) 宗教景区，如圣城麦加、耶路撒冷、梵蒂冈等。

(6) 节事节气景区，即由重要的节日庆典或特别的节日活动构成的独树一帜的景区。

(四) 按开发类型分类

(1) 主题公园，即根据某个特定的主题，采用现代科学技术和多层次活动设置方式，集诸多娱乐活动、休闲要素和服务接待设施于一体的现代旅游目的地。

(2) 旅游度假区，即符合国际旅游度假要求、以接待海内外旅游者为主的综合性旅游区。旅游度假区有明确的地域界线，适于集中配套旅游设施，所在地区旅游度假资源丰富，客源基础较好，交通便捷，对外开放工作已有较好基础。

(五) 按世界遗产种类分类

根据形态和性质，可将世界遗产分为文化遗产、自然遗产、文化和自然双重遗产、文化景观遗产、人类口述和非物质遗产(全称非物质文化遗产)。景区也可以据此来分类。

三、旅游线路设计对旅游景区的要求

(1) 旅游景区知名度高。

(2) 旅游景区可进入性强。

(3) 旅游景区配套服务设施齐全。

(4) 旅游景区内的景点相对集中。

(5) 旅游景区的安全系数高。

(6) 旅游景区级别较高。

(7) 旅游景区周边配套项目齐备。

小资料 　　　**国家5A级旅游景区对于旅游资源和市场吸引力的评价标准**

2007年，《旅游景区质量等级的划分与评定》(GB/T 17775—2003)颁布实施。其中，该标准对旅游景区中的旅游资源与市场吸引力的评判标准如下所述。

1. 旅游资源吸引力

(1) 观赏游憩价值极高。

(2) 同时具有极高的历史价值、文化价值、科学价值，或其中一类价值具有世界意义。

(3) 有大量珍贵物种，或景观异常奇特，或有世界级资源实体。

(4) 资源实体体量巨大，或资源类型多，或资源实体疏密度极优。

(5) 资源实体完整无缺，保持原有形态与结构。

2. 市场吸引力

(1) 世界知名。

(2) 美誉度极高。

(3) 市场辐射力很强。

(4) 主题鲜明，特色突出，独创性强。

此外，该标准要求旅游景区年接待海内外旅游者超过60万人次，其中海外旅游者超过5万人次。

第五节　旅游购物对旅游线路设计的影响

一、旅游商品的概念及特征

(一) 旅游商品的概念

旅游购物本身就是旅游资源，提供丰富的旅游购物资源，满足旅游者的购物体验需求，已成为某些旅游目的地最具吸引力的内容之一。旅游商品是旅游购物资源的核心，也是吸引旅游购物的根源，发展旅游购物是提高旅游整体经济效益的重要途径。旅游购物实质上是商业与旅游业互相渗透、互相推动、相互依存、共同发展的产物。商业的繁荣必然会推进旅游业的发展，同时亦丰富了旅游活动内容；反之，旅游业的发展也为商业的发展带来了大量客流。随着旅游业的竞争日益激烈，旅游线路类型花样繁多，将旅游线路做出特色，重视旅游购物活动安排，实现旅游商品特色化经营等，也是增强旅游线路吸引力的有效方法，从而吸引更多客源。

(二) 旅游商品的特征

旅游购物消费在旅游者支出中有很大的弹性，相对来说是"无限花费"，它既受旅游者消费能力的约束，也受旅游商品特色和丰富程度的影响，具有极大的开发潜力。旅游者处于远离长期居住地的环境之中，不熟悉当地情况，并且逗留时间很短，这使得旅游购物消费区别于日常购物消费，体现出以下几个特征。

1. 异地性

旅游是非定居者的旅行和暂时居留而引起的现象和关系的综合。旅游购物的场所处于旅游目的地或者旅途中，因而旅游者对旅游商品的易带性要求很高。旅游购物结果与目的地的旅游商品供给状况、经济发展水平、人文环境等因素密切相关。异地性是旅游购物的吸引力所在，同时也给旅游者带来了一系列不便。例如，由于受导游、当地居民、传播媒体等各方面因素的影响，一些旅游者在冲动的情况下购买了旅游商品，事后想退换却很困难。

2. 仓促性

由于受行程安排的限制，旅游购物不可避免地具有选购时间短、决策仓促的特点。旅游者在走马观花的购物过程中，往往容易对造型独特、包装精美、摆设位置醒目、有上乘服务的旅游商品感兴趣，并在较短的时间内完成购买行为。旅游购物的仓促性会带来一些负面影响，例如，旅游者可能在购买商品时，未能对旅游商品的质量进行鉴别，返回居住地后才发现商品质量不太令人满意；也有可能被服务员的热情与耐心感动，一时冲动买下并不需要的商品；还有可能受其他旅游者的购买行为影响，追随购买。

3. 随意性

在旅游活动六要素——食、住、行、游、购、娱中，购物属于非基本旅游消费，其弹性大、随意性强。旅游者可能有既定的购物意向，也可能没有既定的购物意向。有既定购物意向的旅游者不一定能够买到称心如意的商品，相反，无既定意向的旅游者反而有可能买到许多满意的商品。旅游购物支出可多可少、可有可无，波动性很大。我国旅游业收入中，旅游购物所占比重一直很小，旅游购物消费的增长相对于其他旅游消费而言，具有更加广阔的发展空间。因此，重视旅游购物的发展意义深远。

4. 一次性

旅游购物的实现条件较为复杂，重复性差，具有一次性的特点。虽然旅游者可能多次前往某一旅游目的地，购买相同的旅游商品，但这种经济活动经济成本较高，并不常见。

旅游购物的一次性决定了旅游者往往青睐于购买有吸引力、纪念性强的当地特色产品或者世界名牌产品。

二、旅游购物的构成

(一) 旅游商品

1. 旅游工艺品

旅游工艺品是指旅游者在旅游活动中购买的富有当地民族地域特色，具有工艺性、礼仪性、实用性和纪念意义的以物质形态存在的商品。旅游工艺品和土特产品构成旅游活动六要素中的"购"的主要成分。旅游工艺品作为旅游商品的主体，既能给旅游景区带来一定的经济效益，也能起到广告宣传作用，还可以提升旅游景区的知名度。如今，旅游工艺品包含大多数工艺品种类，如漆器、陶器、瓷器、木雕工艺品、刺绣制品、麦秸工艺品、玉雕、桦树皮工艺品等。比如，开封的汴绣、镇平的玉雕等都是旅游者喜爱的特色工艺品。

2. 文物古玩及其仿制品

这里的文物古玩及其仿制品主要指在文物商店和正规的文物市场中售卖的不属于国家明令禁止出口的古玩、文房四宝、仿制古字画、出土文物复制品、仿古模型等。比如，西安的秦陵兵马俑复制品、端砚、宣纸、湖笔等。

3. 土特产品

土特产是土产和特产的并称。在我国，土产是指各地的农副业产品和部分手工业产品，如松香、毛竹、陶瓷器、丝织品、水果等；特产是指各地土产中具有独特品质、风格或技艺的产品，如杭州的织锦、景德镇的瓷器、宜兴的陶器、绍兴的黄酒、新郑的大枣、信阳的毛尖茶、南阳的独山玉等。

(二) 旅游购物场所

旅游购物场所有多种分类方法，按照零售业态可以分为以下几种。

1. 厂家直销店

厂家直销店又称为前店后厂式旅游商店，是在旅游商品生产基础之上开办的一种商店，旅游者在选购的同时可以观看制作流程。例如，甘肃酒泉的夜光杯厂即采用此种模式。

2. 旅游商品专业店

这是专营一种或者某一类型旅游商品的旅游商店。例如，广西北海的珍珠馆就以经营珍珠类商品为特色。

3. 旅游商品综合店

这类购物场所商品种类和规格比较多，规模也较大。很多旅游城市都有类似的旅游综合商店，销售商品有土特产、特色工艺品等。

三、旅游购物在旅游线路中的作用

(一) 丰富旅游线路的内容

旅游者选定旅游线路进行旅游活动，往往不仅仅是出于观光游览的需要，还可能会有其他方面的需要。例如许多女性旅游者在出游时，大多带有购物的动机。旅游者在紧张的游览之余，自由地安排购物活动，放松身心，对整个旅游活动的节奏有一定的调节作用，也丰富了旅游线路的内容。

(二) 增加旅游线路产品经济效益

首先，通过举办活动，向市场推出一批适销对路的产品，进一步丰富旅游线路中的商品种类，可增加旅游购物收入。其次，因为有丰富多彩的旅游商品供旅游者购买、消费，自然会延长旅游者逗留时间，使得"食""宿"消费增加。最后，旅游购物本身也是一种旅游资源，还可以满足旅游者"购"的需求，对旅游者颇具吸引力。

(三) 促进为旅游线路产品提供支持的相关行业的发展

旅游商品与非旅游商品之间并没有不可逾越的界限。农产品和轻工产品一经打上地方特色或旅游特色的烙印，进入旅游消费市场后，便同时具有其固有的使用价值与旅游纪念的特殊使用价值，不仅能引起旅游者的消费购买欲望，还能让旅游者产生消费购买行为，使其成为旅游商品，从而为轻工业、农业提供更大的发展空间。对于从事旅游购物线路设计、开发、组织的旅行社来说，若能获得"精品旅游购物线路"的称号，就等于得到了一块金字招牌，有利于增强线路产品的竞争力。一般情况下，旅游购物市场的利润率远远高于普通观光市场，积极开发旅游商品，可以获得较高的利润回报。

(四) 有利于提高旅游目的地和旅游线路的知名度

通过提高旅游目的地的旅游购物水平，突出旅游商品的特色，丰富旅游商品种类，营造整洁规范的购物环境，培育繁荣的旅游商品市场，可以进一步丰富旅游目的地的内涵，彰显该地区作为区域商贸都会的重要地位，从而给海内外旅游者留下深刻印象，以达到提高旅游目的地及旅游线路知名度与美誉度的目的。

■ 四、旅游购物未来发展趋势

(一) 团队旅游购物渐成明日黄花

近年来，团队旅游购物量在旅游购物总量中的占比逐年下降，其原因主要有以下三个方面。

(1) 团队旅游者在旅游总人数中的占比越来越低。除了出境游外，仅有个别偏远地区团队旅游者占比超过10%，有些地区团队旅游者仅占2%~3%。

(2) 不合理的低价旅行团受到控制。近年来，名为低价或"零团费"的旅游团以临时新增景区、景点、娱乐项目，尤其是频繁购物收取回扣来盈利的行为受到多次打击，并取得了一定成效。

(3) 团队旅游购物难以获得旅游者的信任。由于长期以来团队旅游购物中时有发生强迫购物、假冒伪劣商品等问题，且未能根除，旅游者在参团旅游时精神高度紧张，以致出现过度怀疑、过度维权的现象，导致团队旅游购物越来越难以获得旅游者的信任。

(二) 自助旅游者大幅增加，自助旅游购物蒸蒸日上

由于团队旅游者占比急剧下降、团队旅游购物名声太差，导致旅游人群基本构成发生变化，这将直接影响旅游购物的发展趋势。与此同时，自助旅游人数日益增多，自助游购物消费量也随之上升。

(三) 特色旅游商业街区渐成重点旅游购物地

在旅游总人数中占有相当份额的自助旅游者在旅游出行时，团队旅游购物店不在其考虑范围内，他们喜欢边游边购，喜欢得到全面的商业享受。这些都使得购物店比较集中、吃喝比较方便，如今，知名品牌的购物店、以价格低廉出名的购物店、具有文化特色的旅游商业街区已逐渐成为旅游者重要的购物地。

(四) 特色旅游购物店的针对性增强

在很长一段时间里，旅游购物店大多与"杂货铺"相似，从工艺品、纪念品到烟酒、食品，从导览、图书、报纸到各种日用品，商品种类五花八门，特色不鲜明。随着旅游者

对旅游商品认识的提高，旅游商品被分为不体现地域文化特色的常规旅游商品和体现地域文化特色的特色旅游商品。旅游购物店逐渐出现以位置、折扣、品牌等为主要优势的常规旅游购物店，以及以售卖各种特色旅游商品为主的特色旅游购物专卖店。两者互相呼应，既满足了旅游者对日用商品的需求，又满足了其对特色商品的需求。

(五) 体验式购物渐成旅游购物常态

随着体验式购物渐被旅游者所喜爱，一些实体店纷纷增加体验环节，体验式购物渐成旅游购物常态。体验式购物越来越多的原因主要有以下几个方面。

(1) 实体店与网络购物竞争带来的结果。网络购物与实体店购物的最大区别是购买者无法体验商品。在实体店中，服装、鞋、帽、丝巾、首饰等可以试穿试戴；化妆品、电子产品可以试用；食品、茶叶、酒、饮料等可以试尝。

(2) 体验式购物可以让不了解本地产品的外地旅游者快速产生购物行为。

(3) 体验式购物本身就是一种游玩方式，易引起旅游者的关注。

(六) 全域旅游催生购物旅游城市

旅游购物是旅游者在旅途中产生的购物行为，购物旅游则是指旅游者此行的主要目的就是购物。全域旅游的主要目的是发展旅游产业，随着旅游产业的发展，将具备大规模、持续旅游购物条件的城市逐步发展成香港式的购物旅游城市。但经济发达的城市并不等于购物旅游城市，购物旅游城市需要对旅游购物和旅游商品有足够的理解和重视，也要对当地进行科学的旅游商业策划和规划，同时还需要当地政策的有力支持、企业的积极参与和认真、务实的长期努力。

旅游购物涉及众多的部门、行业和企业，不仅需要开展吸引旅游者的项目和活动，还需要完善从产到销、从环境到服务等各方面，提高经营人员诚信的品质，并按照旅游购物的发展趋势去发展旅游购物，做到长期坚守和创新。

■ 五、旅游线路设计对旅游购物的要求

(一) 旅游线路对旅游商品的要求

1. 旅游者购物心理分析

购物是旅游活动的重要组成部分，为了进一步推进旅游购物的发展，相关部门应认真研究旅游者的购物心理，在开发旅游商品时，特别要激发旅游者的购物动机。

(1) 求新心理。人们大多喜欢新颖时尚的商品，新的颜色、新的款式、新的材料、新的情趣等都可以满足旅游者求新的心理，缓解其紧张的工作和生活节奏。

(2) 求名心理。优质名牌商品、具有纪念意义的商品、可彰显身份的商品都会使人爱不释手。求"名"动机的旅游者往往不太关注商品的价格，他们更注重商品的威望、象征与纪念意义，并会在感情冲动中做出购买决定。

(3) 求美心理。爱美之心，人皆有之。旅游者离开自己的居住地参加旅游活动，不仅希望能够欣赏到优美的风景，同时也希望购买到一些富有美感的商品，在求美心理的作用下，他们比较重视商品的款式、包装，以及对环境的装饰作用。

(4) 求实心理。中低阶层的旅游者在旅游过程中购买旅游商品时，特别注重商品的质量和用途，要求商品经济实惠、经久耐用、使用方便，对商品的外观并不是特别在意。

(5) 求廉心理。部分旅游者在购物时，会把注意力放在价格上，希望购买同等价值且价格较低的商品，还喜欢购买简单甚至没有包装的商品。只有极少数的普通消费者过分追求低廉的价格，绝大多数旅游者并非如此。

(6) 求趣心理。由于生活经历、宗教信仰、受教育程度、家庭背景等各方面的差异，旅游者的兴趣、爱好各不相同。在旅游过程中，他们往往重视购买与自己的兴趣、爱好有关的商品。

旅行社在设计旅游线路时，应在把握旅游者多种动机的基础上，尽可能安排具有多种功能的旅游购物活动。同时应考虑旅游者的旅游动机，在开发旅游商品时，注意多样性与层次性。

2. 旅游者的购物特点

由于旅游者的年龄、性别、兴趣、职业不同，在购买行为、消费心理等方面也会有很大的差异，这就要求旅行社在安排旅游线路购物时，有针对性地考虑旅游者的购物特点。

(1) 男性旅游者的购物特点。男性旅游者购物时，比较注重商品的质量和实用性，购买目的明确，有强烈的自尊心和好胜心，不太注重价格，多数对体育、科技、探险等主题的旅游购物场所感兴趣。

(2) 女性旅游者的购物特点。女性旅游者购物时，不仅会注重商品的外观和包装，还会注重商品的实用性和具体利益，有较强的自我意识和自尊心，爱赶时髦，注重创新。

3. 旅游商品的选择

(1) 注重商品的艺术性、纪念性、实用性。旅游者关注旅游商品的艺术性、纪念性与实用性，其中纪念性超过艺术性，而艺术性则比实用性更加重要。

(2) 旅游商品应具有地方特色，能够体现民族文化。旅游者在购买旅游商品时大多会关注有文化差异的、有人情味的、能与购买者沟通思想的商品。地方特色是旅游商品区别于其他商品最重要的标志。

(3) 旅游商品应多样化、微型化。旅游者需求的多样性决定了旅游商品的多样性，这就要求旅游商品做到少而好、少而精，并且在品种、质地、外观上有多种选择余地。

(4) 能够集销售、娱乐、参观于一体。现代都市，人们生活节奏很快，大家都有回归自然、回归自我的心理需求。如果能让旅游者在古朴的作坊里亲自参与制作旅游商品，自然会给旅游者带来更多的愉悦体验。

(二) 旅游线路对旅游购物场所的要求

旅游者购买旅游商品时，需进入特定的购物环境。旅游商品与购物场所的不同组合会给旅游者带来不同的感受，如今旅游者越来越注重购物环境的现代化、特色化和人性化，因而对这方面的要求也越来越高。

1. 旅游购物场所内部环境

旅游购物场所内部环境是影响旅游者购买行为的内部条件，它包括商店整体构思特色、货架和柜台布置、客流线路设计、商品陈列以及店内照明、音响、色彩、温度、清洁度等方面。

2. 旅游购物场所的选择

一般情况下，景点的级别高低决定了其周围商店数目的多少。高级别景点的客流量较大，人口密度较高，旅游商品的需求量也随之增加。

第六节　旅游娱乐对旅游线路设计的影响

一、旅游娱乐在旅游线路中的作用

(一) 丰富旅游产品内容，增强旅游线路的竞争力

旅游娱乐活动已渗透到旅游业各个组成部分，它特有的文化内涵与参与性强烈地吸引着旅游者，对旅游活动起到了增彩的作用，也提高了旅游活动的质量。如今，走马观花的观光型旅游逐渐失去魅力，更多的旅游者希望深入地了解旅游地的社会和文化现象，更加注重参与性和心理感受。旅游娱乐集艺术性、娱乐性和参与性于一体，是一个国家或地区

民族文化、艺术传统的生动反映。更多的旅游业经营者把旅游娱乐引入旅游景区景点、旅游饭店，甚至各种旅游商品交易会和展示会上，为旅游活动及其促销工作增添更多的文化娱乐色彩，增强了旅游线路的吸引力与竞争力。

(二) 满足旅游者的多种旅游需求，丰富旅游活动内容

特种旅游娱乐产品是为了满足旅游者的特殊兴趣而专门开发的主题旅游活动，包括沙漠探险、徒步旅行、江河漂流等。这类活动的参与者提倡自主性、个性化，强调接受挑战、感受刺激和体验冒险的活动目的。这些旅游娱乐活动并不单纯以高度、速度和各种技术难度作为衡量活动水平的标准，参加者也不是为了炫耀自己，而是向外人展现自己积极参与的勇气和敢于接受挑战的个性，同时充分享受由娱乐活动带来的成就感和愉悦感。通过积极参与这些旅游娱乐活动，旅游者锤炼了自己的个性、意志和毅力，满足了展现个性的心理。

(三) 有助于提升旅游地和旅游企业的旅游形象

李婧和鲁娜(2014)认为，如深圳锦绣中华、世界之窗，河南清明上河园等注重文化挖掘、强调表演性以及欢乐谷等注重体验性、娱乐性的主题公园，在长达十余年的经营中，强调追踪旅游者的心理需求变化，获得了较大成功，同时也提升了旅游地的旅游形象。

(四) 有助于减轻季节性给旅游业造成的冲击，提高旅游业的经济效益

徐锋(2015)在分析如何缓解福建省南平市延平区旅游淡季之困时提出，为了让旅游淡季也有亮点，延平区以南平杉湖岛景区为试点，积极促成该景区新开辟儿童体验城，推出了警察室、航空屋、电视台、果蔬体验屋、擦鞋吧、中药铺、建筑室、考古室等20多个亲子项目，由于这些不受天气、季节等影响，颇受家长和孩子追捧，同时推动了景区入住率的不断攀升。据统计，国庆期间，每天有100余个亲子家庭慕名到岛上体验这些亲子项目，并在岛上入住进行休闲度假。

(五) 丰富了旅游地的文化娱乐生活

例如，在沈阳刘老根大舞台观看演出不仅是外地旅游者经常参与的旅游娱乐活动，同时也是沈阳本地人广为熟悉和喜爱的娱乐活动，为沈阳老百姓的文化娱乐生活增添了乐趣。刘老根大舞台上演的东北二人转被人们形象地称为绿色二人转，其原因是演出时去掉了一些低级趣味与粗俗的元素，融进了积极健康的思想内容，并将唱、舞、对白完美糅合，而且内容通俗易懂。

二、旅游线路设计对旅游娱乐的要求

(一) 旅游娱乐项目要充分体现当地的文化特色

文化本身就是一种潜力巨大的产业，因此，文化不排斥商业操作，关键是如何找到一个最佳契合点，寓"文化"于"娱乐"中，使娱乐产生文化韵味，做到雅俗共赏。许多少数民族地区结合当地民俗文化开发出的一些旅游娱乐项目，普遍受到国内外旅游者的欢迎，特别是结合各种民族节日开发的旅游娱乐项目，已成为该地区吸引旅游者的关键因素。

(二) 把握消费潮流，在旅游娱乐项目中融入流行文化元素

旅游消费与时尚关系密切，流行文化往往是时尚的集中体现，旅游娱乐要想不断创新，始终吸引旅游者的目光，就必须与流行文化紧密结合。换言之，就是要让旅游娱乐项目具有时代色彩，反映当代社会文化、人们生活的价值取向和旅游的主流趋势。例如，一些地方举办的各类"文化旅游节"，为了吸引更多旅游者的参与，组织者通常会邀请一些演艺界明星前来助阵，使旅游节成为万众瞩目的"娱乐中心"，从而营造出一种"普天同庆、万民同乐"的氛围，不仅提高了举办地的知名度，还扩大了旅游节的影响力。

(三) 提高旅游娱乐业从业人员的文化素养

领略不同地区的民俗风情是旅游者的旅游目的之一。旅游娱乐业从业人员的文化素养、行为举止等对旅游者能否获得满意的娱乐效果具有举足轻重的作用。如果服务人员态度恶劣、行为粗俗，即使再好玩的娱乐项目，也会使旅游者乘兴而来，败兴而归。因此，服务人员需要有较高的文化素养，了解自己所服务的娱乐项目的历史渊源和文化内涵，还需要掌握一般服务技能和各种特殊技能(如唱、舞、说、做等)。

(四) 把握旅游娱乐活动的发展方向，杜绝不健康的内容

针对旅游娱乐业的特点，突出其文化因素，弘扬优秀民族文化，杜绝不健康的娱乐活动，如色情和赌博等，促使旅游业走上一条健康的可持续发展之路。例如，近些年来，有关红色旅游项目开发无底线的行为成为热议焦点，招致广泛批判。由于红色旅游特有的内涵和属性，发展红色旅游应该强调以社会效益为主，坚决摒弃唯利是图、急功近利、只重经济效益以及过分娱乐化的短视行为。商家为了招徕旅游者，可以加入一些特殊的娱乐创意，但应该把握好尺度，以法律为底线，以道德为准绳。

三、旅游娱乐项目设计需要考虑的主要因素

(一) 旅游娱乐项目设计要富有创意

一个成功的旅游娱乐项目应具备"四性",即享受性、猎奇性、冒险性和对抗性。没有上述特征的娱乐项目必然不会受到旅游者的喜爱。

此外,娱乐项目能否赢得旅游者的喜爱,还常常受到社会环境、民族文化习惯、地区消费意识以及消费对象的年龄和性别等多方面因素的影响。

(二) 旅游娱乐项目的工艺设计要符合人体工程学

工艺技术的成功是旅游娱乐项目能够正常投入使用的保证,具体应达到以下标准。

(1) 娱乐安全是第一位的,娱乐设备应具备可靠性。

(2) 娱乐项目适合大多数人参与其中,参与难度适当。

(3) 娱乐项目具有一定的观赏性。

(4) 娱乐设施应经久耐用。

(5) 娱乐项目应具备一定的经济性。

(三) 旅游娱乐项目设计的成功依赖于独特的商业策划

在设计娱乐项目时,应针对娱乐设施的特点,策划一套经营方法,帮助旅游娱乐项目的投资者获得更多的利润。

小案例 **宋城千古情**

大型歌舞《宋城千古情》是杭州宋城景区的灵魂,与拉斯维加斯的"O"秀、巴黎"红磨坊"并称"世界三大名秀"。该项目运用先进的声、光、电科技手段和舞台机械,以出其不意的呈现方式演绎了良渚古人的艰辛、宋皇宫的辉煌、岳家军的惨烈、梁祝和白蛇许仙的千古绝唱,把丝绸、茶叶和烟雨江南表现得淋漓尽致,带给观众强烈的视觉冲击和心灵震撼。

《宋城千古情》创造了世界演艺史上的奇迹——年演出2000余场,旺季经常每天演出9场,推出十余年来已累计演出20 000余场,接待观众6000余万人次。

资料来源:宋城集团[EB/OL]. https://www.songcn.com/. 作者整理

本章小结

　　旅游线路设计过程实际上就是对旅游活动六要素的选择和组合过程，因此选择合适的"食、住、行、游、购、娱"项目，并进行合理的安排是旅游线路设计的重中之重。此外，即使旅游个性化需求的存在使得设计旅游线路变得困难重重，但若能掌握旅游者对旅游活动六要素的共性需求，也将使得旅游线路设计有据可依，更为合理。对于旅游线路设计来说，更为重要的一个要素是旅游景区，因此在旅游线路设计过程中对旅游景区的选择和旅游者对景区的要求应是学生重点掌握的内容。

思考与练习

一、名词解释

1. 旅游交通

2. 旅游购物

二、简答题

1. 旅游线路设计对旅游住宿的要求有哪些？

2. 旅游线路设计中选择餐饮的基本标准是什么？

3. 旅游购物在未来将呈现怎样的发展趋势？

4. 若要成功设计一个旅游娱乐项目，需要重点考虑哪些因素？

三、案例分析

奇迹诞生——《宋城千古情》创造世界演艺史传奇

　　从盘古开天到文艺复兴，再到21世纪的今天，在人类文明史上从未有过一台室内演出像《宋城千古情》一样，受到那么多的关注和欢迎。《宋城千古情》自推出以来，一天演出9场，年演出2000余场，至今已累计演出20 000余场，接待观众6000余万人次，每年产生4亿多元利税，拉动周边消费数十亿元。《宋城千古情》多次受到中央领导人批示嘉奖，获得了中宣部颁发的"五个一工程"奖以及舞蹈最高奖"荷花奖"，已成为与拉斯维加斯"O"秀、巴黎"红磨坊"比肩的"世界三大名秀"之一。在怀疑的目光中起步，历经岁月的打磨，《宋城千古情》锻造出世界演艺史上空前的奇迹，这个奇迹还在继续。

　　"一场成功的演出，需要市场反复打磨，以市场为演出导向。但不是说为了迎合市场，可以放弃文化。没有文化核心，最终也会失去市场。表现手段可以变，但文化核心不能变。"在迎合市场需要的同时，总导演黄巧灵时刻提醒创作团队，"《宋城千古情》的灵魂是文化。有文化内涵才有灵魂，才能吸引观众，才能触动心灵。"游客需要解读杭州人文历史，《宋城千古情》恰恰以这样浓厚的地方特色和深厚的文化积淀，将人们在游览中观赏到的景观与歌舞文化艺术相融合，用文化去触动观众柔软的内心深处，满足了游客的渴望。文化赋予了《宋城千古情》持久的生命力，整台演出牢牢抓住杭州文化最精髓的根和魂，"良渚之光"表现的是劳作生息的古越先民，"宋宫宴舞"呈现的是繁华如烟的南宋王朝，"金戈铁马"述说了慷慨激昂的岳飞抗金，"西子传说"描述了感人至深的爱情故事。众多杭州历史典故、民间传说和西湖人文景观融进了《宋城千古情》，它的每一个篇章都以多种表演艺术元素诠释杭州的人文历史，再现一个缠绵迷离的美丽传说，一段气贯长虹的悲壮故事，一场盛况空前的皇宫庆典，一派欢天喜地的繁荣景象……

白娘子、许仙、梁山伯、祝英台、岳飞……一个个耳熟能详的人物，杭州人熟悉，外地游客同样熟悉。断桥、白堤、岳庙、龙井……刚刚游玩过、赞叹过的地方，忽然在舞台上以另一种方式重新与自己相遇。或凄美感人或豪气冲天的情节，穿越时光的隧道，观众时喜时悲，或惊或叹，沉浸到那段既熟悉又陌生的历史当中。有位游客说，自己虽然很早就到过杭州，很早就知道白娘子与许仙的故事，但每次到断桥，总是想象不出这座冰冷的普通石桥与美丽的爱情故事有什么渊源，觉得这座桥与在中国南方其他城市见过的桥没有什么区别，直到观看了《宋城千古情》，那优美的舞蹈、动人的音乐和壮观的场景，才让这段美丽的传说深深地留在记忆中。"别人说不看西湖等于没来杭州，我觉得，没看《宋城千古情》才算白来了！"走出剧场，来自长春的游客李施惠发出这样的感慨。

"只有民族性的东西才最具有世界性。"虽然整场戏中没有一句台词，全靠舞台表演，但是不懂中文的外国游客都能看懂剧情，看懂它所要传递的杭州历史与千年的中国文化。可以说，《宋城千古情》在国内外游客眼里已经不仅仅是一场演出，它已经名副其实地成为杭州城市的一个标志，历史文化的一个符号，就像巴黎有红磨坊，纽约有百老汇，到了杭州这座城市就必须先看《宋城千古情》。它传承了一座城市的历史文脉，播种了一座城市的历史文化，诠释了一座城市的文化底蕴，它与这座城市完美地融合在一起并成为这座城市的文化之魂，它为这座城市留下了难忘的历史记忆。

讨论：请分析"宋城千古情"如此成功的原因。

四、实训项目

选择某一条旅游线路，详细分析和评价该条旅游线路中旅游六要素的组合情况。

第四章
旅游线路设计的思路

多数旅游者希望在舒适度不受影响或体力许可的前提下，能花较少的费用和较短的时间游览更多的风景名胜，而这一目标的实现也意味着旅游组织者工作效率的提高、旅游企业成本的降低及竞争能力的增强，所以旅游线路设计人员一直在寻求一种更好的旅游线路设计方法，以满足旅游企业与旅游者双方的共同要求。因此，本章重点阐述了旅游线路设计人员必须掌握的线路设计指导思想、原则、方式和步骤。与此同时，党的二十大报告中所强调的"大力推进生态文明建设，绿色、循环、低碳发展迈出坚实步伐，生态环境保护发生历史性、转折性、全局性变化"的精神也将在本章的旅游线路设计原则中得以体现。

学习目标

(1) 掌握旅游线路设计的指导思想。

(2) 掌握旅游线路设计的原则。

(3) 掌握旅游线路设计的方式。

(4) 重点掌握旅游线路设计的步骤。

第一节 旅游线路设计的指导思想

旅游业的发展趋势是从观光游逐渐向休闲游、度假游发展，再向体验式旅游发展，而我国的旅游线路仍呈现观光游、休闲游和度假游"三分天下"的局面。人们外出旅游不只是为了看物质形态的东西，还想体验当地的风土人情甚至是再现历史典故。因此，旅游线路设计者需要更新旅游设计观念，设计旅游线路时不仅要满足旅游者的观光与度假需要，还要满足其融入其中的体验需求。

一、注重体验

1998年，约瑟夫·派恩和詹姆斯·吉尔摩在美国《哈佛商业评论》发表的《体验经济时代的到来》一文中提出，现今的经济时代是继农业经济、工业经济和服务经济后出现的体验经济时代。从心理学角度讲，体验是当一个人达到情绪、体力、智力甚至是精神的某一特定水平时，意识中所产生的美好感觉，或者是个体对某些刺激产生回应的个别感受。体验经济时代的到来使得现代的旅游由过去的"身体经历"的阶段上升到"体验式"的阶段。内心的体验远远胜过身体的行走、耳朵的聆听和眼睛的观看。体验式旅游追求的是一种探索、一种感受和一种与日常生活完全不同的体验，品味生活在别处的乐趣与情趣是对另一种文化和生活方式的感受、解读和建构。体验式旅游线路的主要特征表现为情感性、参与性和个性化。

体验式旅游与大众旅游的最大区别在于体验式旅游关注的焦点是旅游者的需求、旅游开发设计以及为旅游者提供的服务，更加注重倾听旅游者的需求和感受，努力为旅游者创造一种体验，并以量身定做的个性化产品和服务取代传统的标准化产品和一般性服务。在体验式旅游活动中，每个人都能以个性化的方式参与其中，所留下的美好回忆也同样是只属于每一个人特有的情感经历。例如，野外露营、极限挑战、农家乐等产品将越来越受到旅游者的青睐。

小案例 **乌鲁木齐民俗文化体验旅游**

1. 维吾尔族城市生活游

依托资源：依托分布在市井街巷内的维吾尔族歌舞、特色服饰、生活习俗、语言文字、民间美食、宗教文化等旅游资源。

旅游活动：穿着少数民族服饰；入住少数民族人家；少数民族民间技艺的展示及参与；少数民族礼仪的讲解及学习；少数民族婚俗的展示及参与；少数民族歌舞参演；少数民族美食的展示及参与制作；少数民族语言文字的展示及学习；少数民族工艺品的展示及制作学习。

体验关键词：品读维吾尔族文化，参与少数民族城市生活。

2. 哈萨克族游牧生活游

依托资源：依托南山自然风景区、庙尔沟风景区、东白杨沟风景区、西白杨沟风景区、南台子风景区等的草原、森林、瀑布、风景河段、湖泊、气候等宜人舒适的自然资源，以及土生土长的哈萨克族人民的游牧文化资源。

旅游活动：住进条件异于旅游者生活地的哈萨克族毡房；与哈萨克族牧民一起日出而作、日落而息；在绿色空旷的草原上放牧高歌；制作马奶酒。

体验关键词：感受慓悍的游牧生活，返璞归真。

3. 回族农家生活游

依托资源：依托分布于乌鲁木齐市郊的乡村(林场、牧场、果园、现代农业生态观光园)，展现乡村特有的风土人情和土特产品，来吸引旅游者。

旅游活动：果蔬采摘；动物喂养；果蔬认种；乡村娱乐；农活参与；美食制作(凉皮、凉粉、粉汤等)。

体验关键词：品味回族乡野生活，感受干旱区绿洲田园风光，追求轻松快乐的心情。

4. 宗教文化旅游

依托资源：依托广泛分布于乌鲁木齐市的各种宗教建筑旅游资源，如汗腾格里清真寺、陕西大寺大殿、南大寺、塔塔尔寺、红山塔、水磨沟大雄宝殿、明德路基督教堂等，让旅游者感受伊斯兰教、基督教、道教、佛教多种宗教交汇所形成的异彩纷呈、灿烂夺目的多元文化。

旅游活动：参观宗教建筑；了解宗教文化；讲解宗教知识和宗教故事。

资料来源：张淑君.乌鲁木齐市体验旅游产品设计研究[D].乌鲁木齐：新疆师范大学，2012.

二、寻求创新

旅游线路创新是旅游企业兴旺发达的不竭动力。由于受传统思维、资金短缺、景区客观环境的影响和限制，旅游线路设计并未从规划图上落到实处，还存在许多不足。例如，线路孤立现象严重，不能满足市场需求；线路设计大多以满足旅游团队为中心；等等。面对上述问题，旅游线路的创新设计迫在眉睫。从某种意义上来说，一条创新的旅游线路就是旅行社、旅游景区等旅游企业取得良好经济效益的保证。旅游企业要根据市场需求，敢于打破常规，从自身的旅游资源和现有的技术条件出发，应该对传统线路有所改进和突破，对旅游资源、交通等要素进行重新组合，不断创新旅游线路，旅游企业才能在激烈的市场竞争中立于不败之地。

小资料 **风景区旅游线路创新设计流程**

流程一：环境分析。对旅游风景区进行环境分析是旅游线路创新设计的首要步骤，具体包括：旅游风景区的内部环境分析，主要对风景区内的旅游资源、设施设备、交通工具、活动项目进行分析，通过分析了解旅游风景区自身的资源特色、基础设施设备水平和发展潜力；旅游风景区的外部环境分析，主要是对旅游市场需求、竞争状况和旅游需求趋势进行分析。只有做好环境分析，才有利于线路构思。

流程二：线路构思。线路构思是指人们对某一种潜在需要和欲望，用功能性加以勾画和描述的过程。线路构思不能依赖于偶然发现，应在分析旅游风景区内外部环境的基础上，把握线路构思的素材来源，并从中确定线路设计的方向与内容。

流程三：形成多种旅游线路。在线路构思的基础上，结合旅游市场和旅游风景区资源的特点，对相关旅游基础设施和专用设施进行分析，设计出若干可供选择的旅游线路。

流程四：线路的选择。根据旅游线路设计的原则，对多种旅游线路进行评价，从中选出合适的线路。

资料来源：贾玉成.风景区旅游线路的创新设计[J].改革与战略，2004(10).

三、依托城市

一个地区除了旅游资源以外，基础设施、旅游接待设施以及交通设施也是影响旅游业发展的关键因素，而这些因素大多要依托一定的城镇体系，在旅游线路设计中起着骨架支撑的作用。区域中的主要城镇往往也是主要的旅游中心，它们不仅是旅游客源地，还是旅游接待中心、旅游集散中心，这些地方通常分布着机场、火车站、汽车站、码头，有较好的接待条件和较强的容纳能力。城镇体系的建设与旅游业的发展是相辅相成的，拥有良好的基础设施、旅游接待设施和交通设施的城镇，其旅游业也会有较好的发展，而旅游业的发展也将会促进城镇体系的建设。

小案例· 依托"世界现代田园城市示范线"开发成都交通旅游产品

"世界现代田园城市"示范线横贯成都天府大道，沿东山快速通道直至黄龙溪沿线，是一条集现代城市、现代农业和川西城镇风貌于一体的世界现代田园城市示范线。

该示范线全长84公里，分为时代新城、锦绣东山、魅力锦江三个发展段。时代新城发展段以现代服务业、高新技术产业为主导产业，集中展现现代城市风貌；锦绣东山发展段以现代农业、乡村旅游为主导产业，以东山快速通道串联都市生态、四季农业和多姿多彩的川西城镇；魅力锦江发展段以现代农业、文化旅游为主导产业，展现川西平原上的锦江河谷地区，以黄龙溪历史文化名镇风貌为核心特色的山、水、田、林、镇相融的宜居宜游的现代农村。

按照此发展格局，可以开发将多种交通方式串联，增加沿线参与性强的旅游项目，集观光、休闲、健身、竞技娱乐等于一体的多元化组合式的交通旅游产品。

(1) 强化沿途游憩服务设施的规划设计。建立游客中心、物资提供站、加油站、维修站、汽车租赁服务站等一系列游憩服务接待设施，完善道路的信息交通标识系统。

(2) 开通环保观光游览车，并开辟游览车专线，在各个新型社区、特色城镇及农业产业园区设立站点。

(3) 根据地段起伏，在丘陵和山地地段两侧铺设健身道、游步道，并辅以休息亭、护栏扶手、厕所等基础设施，让游客可以于生态田园山水间信步或健身锻炼。

(4) 组织自行车骑游团，在各个节点提供自行车租赁和路径地图。在骑行中安排认知自然环境的环节与活动，增强旅游行程的娱乐性和知识性。

资料来源：唐婷婷.依托成都市交通资源的交通旅游产品开发研究[D].成都：西南财经大学，2009.

四、区域协作

如今，区域协作日益受到人们的重视，因为每一个区域都不是孤立的，都需要和周边地区进行交流和协作。在旅游业的发展中，这种跨区域的协作尤为重要。旅游是一种空间消费行为，旅游产业具有强烈的地域关联性。多个区域的协作不仅在资源上能够互补，并且可以相互输送客源。在旅游线路设计中，企业要有"大环线"的思想，对具有相同特性的一定区域进行整合，显示强大的合力。在设计线路时，设计主体可以按照合作旅游线路开发的需要，建立一些不完全独立、固定的地域旅游合作系统。

例如，以长江游船为主题的沪、苏、皖、赣、鄂、湘、川、渝合作旅游线路；以黄河历史文化为主题的青、甘、宁、陕、晋、豫、鲁合作旅游线路；以中国南方岩溶景观为主题的闽、粤、桂、滇、贵合作旅游线路；以山海联运为主题的沪、苏、浙、鄂、湘、川合作旅游线路和闽、粤、赣、湘合作旅游线路；以都市—生态为主题的京、津、青、藏合作旅游线路和沪、宁、杭、甘、新合作旅游线路；等等。

在具体的旅游线路组合与设计中，应以区域旅游为主。为了串联更多的景点，又避免线路重复，最大限度满足旅游者观景和享受的需求，旅游线路应与既定的旅游网络格局相配套。在一定范围内，游览线路将不同类型、各具特色的景点或景区，连接成纵横交错、经纬交织的完整网络，从而构成合理高效的旅游地域景区(点)结构系统。旅游线路的理想模式：旅途时间短，游览时间长，人在景中行，景在游线边。

以黄山市为例，从资源类型组合关系、资源地域分布结构及有利于旅游经济发展的角度考虑，可将旅游线路网络按"一线三块五点多环"的"蛛网"结构形成体系。"一线"即依据旅游点线联系的紧密性，旅游设施配套的完善性，一定行政区划的完整性，构设屯溪、黄山风景区、黄山区、太平湖这条旅游主线；"三块"即屯溪区、黄山风景区、黄山区，它们具有较完整的旅游功能、旅游空间及相对完善的旅游配套设施；"五点"即齐云山风景区、黟县古民居风景区、徽州区古建长廊旅游区、歙县历史文化风景区、太平湖景区。依据这三块核心和五个观光点，可以构建适合游览地域结构的多条环线。

五、美学思想

旅游美学作为研究旅游审美活动和审美价值的新兴学科，它运用美学的基本原理，指导人们如何欣赏自然美、艺术美和社会美，揭示其审美特征，使人们通过观赏，进一步了解某个地区或国家的自然风光、文化艺术和民情风俗，加深对人类文明的体验，得到更深的美感享受和审美教育。旅游是人生的一种社会实践，古已有之。中国是旅游古国，很早以前，就有周穆王西游的记载。孔子说："智者乐水，仁者乐山。"虽然其用意是追求人格的完善，以自然山水来做比喻和陪衬，但却说明山水之美能得仁智之乐。到了南北朝时代，大山水画家宗炳提出"山水以形媚道，而仁者乐"。圣人能做到审美与悟道并存，由生机活跃、风景优美的自然山水中品味出灵妙的"道"来，承认了自然山水的审美作用。宗炳还明确提出"畅神"说，圣人与贤者放情山水，游乐而忘返，某真正目的何在呢？宗炳说"余复何为哉？畅神而已"，即通过旅行游览，使人稀释烦恼，精神舒畅，得到情感愉悦。

因此，线路设计者对山水的欣赏绝不能仅仅停留在表层的感官享受，其更神圣的使命是按照美的规律去开发旅游资源，建设和利用旅游景观，提供美的服务，增添美的魅力，使旅游者在旅游审美活动中心情愉快、精神舒畅，获得丰富的、美的享受，留下美好的记忆。

六、冷热景点互补

我国大部分旅游热点景区常常人满为患，但有些景区由于种种因素则是门庭冷落。因此，旅游线路设计者在设计旅游线路时要做到冷热互补。具体做法是以热带温，分流热点地区的客流，以维护生态环境，带动温、冷地区的旅游发展，以充分发挥温、冷景区旅游资源的优势，提高当地居民的收入，促进温、冷景区经济的发展。

例如，江苏苏南地区的南京、苏州、无锡旅游资源丰富，是旅游热点地区，而苏北地区的泰州、盐城则是旅游温点、冷点。旅游企业在设计苏南热点线路时，可以适当加入苏北相对比较冷的景点，例如盐城的大丰麋鹿保护区、荷兰花海和泰州姜堰的溱湖国家湿地公园。这样，以热点景区为中心，温、冷点景区为旅游辐射，既可以拓展热点景区的外延，增加热点景区的附加值，又能带动温、冷点景区经济的发展，提高经济效益。

小资料·

江苏姜堰溱湖国家湿地公园

溱湖国家湿地公园地处江苏中部、江淮之间，景区规划总面积806.9公顷，其中湿地面积为588.6公顷，湿地率为72.94%。风景区内自然资源优越，生物类型多样，有国家一类保护动物丹顶鹤、麋鹿，国家二类保护动物白天鹅、白枕鹤、白鹇等。溱湖国家湿地公园内的溱湖风景区是经江苏省人民政府批准的省级风景名胜区和国家5A级旅游景区，是由国家林业局(现为国家林业和草原局)批准设立的全国第二家、江苏省首家国家级湿地公园。风景区内湿地类型繁多，包括沼泽、湖泊、河流、人工湿地等生境。其中，沼泽湿地是由以苔草及禾本科植物为主的沼生植物群落组成；湖泊湿地主要包括沉水、漂浮、浮叶和挺水四类生活型植物；河流湿地以沉水植物和漂浮植物为主，并有少量浮叶植物和挺水植物。滨岸地段芦苇群落分布最广，其他漂浮、沉水、挺水植物和湿生乔灌木零星分布。湿地内生物多样性丰富，生态系统完整性相对较高的各种类型湿地为多种动物提供了良好的生境，特别是为鸟类的栖息、觅食、繁衍提供了理想场所。初步统计结果显示，溱湖湿地共有鸟类97种，兽类21种，两栖爬行类23种，鱼类38种，浮游动物21种。溱湖湿地对于区域生物多样性的维持具有重要价值。

资料来源：去哪儿网[EB/OL]. https://www.qunar.com/. 作者整理

第二节　旅游线路设计的原则

旅游线路设计包括"吃、住、行、游、购、娱"六要素的统筹配置。旅游线路设计除了应满足旅游者的需求外，还应考虑旅行社的利润大小以及对环境的影响。根据以上因素，结合游览活动的客观规律，旅游线路设计应遵循以下基本原则。

一、以满足旅游者需求为中心的市场原则

旅游线路设计的关键是适应市场需求，它必须最大限度地满足旅游者的需求。旅游者选择旅游线路的基本出发点是时间最省、路径最短、价格最低、景点内容最丰富、最有价值。由于旅游者来自不同的国家和地区，具有不同的身份以及不同的旅游目的，不同的旅游者也会有不同的需求，总体来说旅游线路可分为观光度假型、娱乐消遣型、文

化知识型、商务会议型、探亲访友型、主题旅游型、修学旅游型、医疗保健型。

例如，每年春秋两季交易会期间，会有不少外商到广州洽谈生意，这些商客平时为了业务也需要到内地旅行，他们的旅行多是出于商务方面的动机。商旅的特点是消费较高，商客喜欢入住高级套房，并且因为业务来往需要经常在餐厅宴请宾客。他们来去匆匆，说走就走。普通旅游者外出旅游多数是为了游览名山大川、名胜古迹，轻松、娱乐、增长见识是他们的主要需求。现在越来越多的年轻人喜欢包括冒险、刺激元素的旅游活动，如集野外露营、攀岩、漂流、蹦极、沙漠探险等于一体的户外运动。由于这项运动既充满挑战性，又能满足人们的猎奇心理，很快得到了年轻人的喜爱，成为流行时尚。所以，旅游线路设计者应根据不同的旅游者需求设计出各具特色的线路，不能千篇一律，缺少生机。

📖 小案例• 　　内蒙古自治区打造东西两条精品旅游线路满足游客需求

2014年5月，由内蒙古自治区旅游局、包头市人民政府主办，包头、呼和浩特、鄂尔多斯、巴彦淖尔和乌兰察布市旅游局共同承办的"内蒙古中部地区旅游推介踩线会"顺利召开。全国23省65市180家旅行社代表参会，并分赴呼和浩特、鄂尔多斯、巴彦淖尔和乌兰察布市景区景点进行了考察。

踩线会中，内蒙古自治区重点推介的东线景区旅游线路为呼和浩特市伊利工业旅游景区、神泉生态旅游景区、乌兰察布市集宁国际皮革城、岱海旅游区。参会代表黄女士表示，站在游客的角度看，这样一条旅游线路将看、玩、购都包含其中，可以全方位满足旅游者的需求。

西线景区的旅游线路包括鄂尔多斯市响沙湾景区、成吉思汗陵旅游区、康巴什新区、黄河三盛公国家水利风景区、纳林湖景区、黄河湿地景区。大连旅行社代表王莲表示，来到内蒙古自治区感觉一切都很新鲜，内蒙古自治区比想象中要美得多，这里有沙漠、有绿地，还有特别宝贵的河流，她相信每个人都会爱上这片土地。该线路也是一条以生态游为主的旅游线路，可以满足一些摄影爱好者和自然景观爱好者的需求。

■ 二、人无我有、人有我特的主题突出原则

世界上有些事物是独一无二的，如埃及的金字塔、中国的秦始皇陵兵马俑，这就是特色。由于人们求新求异的心理，单一的观光功能景区和旅游线路难以吸引旅游者再次游览，即使是一些著名景区和线路，旅游者通常的观点也是"不可不来，不可再来"。因此，在旅游线路产品设计时应尽量突出主题特色，唯此才能产生较强的旅游吸引力。国

内一次抽样调查表明，来华的美国旅游者对名胜古迹感兴趣的占26%，对中国人的生活方式、风土人情感兴趣的高达56.7%，可见民俗旅游是一项颇具特色的旅游项目，它因深刻的文化内涵而具有深入肺腑、震撼心灵的力量。例如，云南的少数民族风情旅游线路：昆明—大理—丽江—西双版纳。这条旅游线路展现了我国26个少数民族绚丽的自然风光、浓郁的民俗文化和宗教特色。如古老的东巴文化；大理白族人民欢迎客人时寓意深长的"三道茶"；"东方女儿国"——泸沽湖畔摩梭族人民以母系氏族的生活形态闻名于世界；美丽而淳朴的丽江古城；纳西族妇女奇特的服饰"披星戴月"装。这些都以其绚丽多姿的魅力深深地吸引着广大中外旅游者流连忘返。这些旅游线路和旅游项目在世界上都是独一无二的，具有不可替代性，这就是人们常说的"人无我有，人有我特"。

三、生态效益原则

生态旅游的产生是人类认识自然、重新审视自我行为的必然结果，体现了可持续发展的思想。生态旅游是经济发展、社会进步、环境价值的综合体现，是以良好生态环境为基础，保护环境、陶冶情操的高雅社会经济活动。生态旅游是现代世界上非常流行的旅游方式，在国外，尤其是美国、加拿大、澳大利亚以及很多欧洲国家已经发展得非常成熟。生态旅游所提倡的"认识自然，享受自然，保护自然"的旅游概念已成为旅游业的发展趋势。草原、湖泊、湿地、海岛、森林、沙漠、峡谷等生态资源和文物一样，极易受到破坏，并且破坏了就不能再生，甚至可能在地球上消失。例如，云南丽江是一座历史悠久的文化古城，但随着游客的大量涌入，城内游客经常比本地人还多，不断考验着这座城市的旅游承载力。同样，在北京，人们不得不拓宽建于15世纪的天坛周围的矮墙，以容纳更多的游客。有人抱怨说："天坛上的人太多了，就好像在东京的马路上一样。"2016年12月31日，故宫博物院迎来了当年的第1600万名游客，这是该院成立91年来年客流量的历史新高，这种情况一度令古建筑"不堪重负"。敦煌石窟因游客"超载"导致窟内空气湿度过大，对壁画造成损害。华山旅游过度开发，造成了许多古树的死亡。

进入21世纪以来，人们愈发认识到生态对于景区可持续发展的重要性。例如，从2000年7月1日起九寨沟实行游客限量入景区制。如果你是当日排名在1.2万名之外的游客，将被拒绝进入景区。由此，九寨沟成为全国第一个对游客实行限量的景区。九寨沟做出这一限客决定，主要目的就是更好地保护九寨沟这座不可再生的世界自然遗产，避免因游客过多而对景物造成破坏。

下面以京、津、冀都市经济圈为例，介绍该地区的生态旅游线路。

(一) 北京市

生态旅游精品线路 I ：松山森林旅游区—康西草原—八达岭长城—黄花城水长城—红螺寺—雁栖湖

生态旅游精品线路 II ：京东大峡谷—金海湖—潮白河绿色度假村

生态旅游精品线路III：凤凰岭自然风景区—妙峰山自然风景区—灵山风景区—百花山风景区—石花洞地质公园—南海子麋鹿苑

(二) 天津市

蓟州山野生态游览线路：盘山(国家5A级景区、国家重点风景名胜区)—黄崖关长城(世界文化遗产、国家4A级景区)—八仙山(国家3A级景区、国家级自然保护区、国家地质公园、全国首批科普教育基地)—九龙山(国家森林公园)—毛家峪(旅游特色村)—九山顶(旅游特色村)—蓟州中上元古界国家自然保护区

湿地生态游览线路：大黄堡湿地—大港古贝壳展览馆—西青热带植物观光园(国家4A级景区、全国农业示范点)

滨海生态旅游线路：出海当一日渔民(全国农业示范点)—天津港出海游—东疆港人工沙滩—大港官港森林公园

(三) 河北省

坝上森林草原生态之旅：北京—滦平—承德—围场—丰宁—沽源—张北—崇礼—赤城

线路简介：金山岭长城、塞罕坝林场、御道口牧场、红松洼自然保护区、京北第一草原、白云古洞、九龙松、翠云山、金莲山森林公园、天鹅湖、张北中都原始草原度假村、安固里草原度假村、桦皮岭、五花草甸、赤城温泉度假村等。

海滨海岛休闲度假之旅：北京(天津)—秦皇岛—乐亭

线路简介：山海关、老龙头、孟姜女庙、乐岛海洋公园、祖山森林公园、长寿山、燕塞湖、秦皇求仙入海处、鸽子窝公园、新澳海底世界、南戴河国际娱乐中心、集发生态农业观光园、翡翠岛、昌黎黄金海岸、山海关望峪山庄、浅水湾浴场、祥云湾浴场、碧海浴场、菩提岛、月坨岛、金沙岛、李大钊故居和纪念馆、青春广场等。

太行风光之旅：北京(天津)—保定(涞水、易县、涞源)—石家庄(井陉、赞皇、鹿泉、灵寿)—邢台—邯郸(武安)

线路简介：野三坡、清西陵、狼牙山、白石山、西柏坡中共中央旧址、天桂山、驼

梁、五岳寨、苍岩山、嶂石岩、抱犊寨、崆山白云洞、太行奇峡群、前南峪、京娘湖、长寿村、朝阳沟等。

四、交通编排合理原则

编排交通线路应该以"进得去，出得来，散得开"为原则。一次完整的旅游活动，其空间移动分三个阶段，即从常住地到旅游地，在旅游地各景区旅行游览，从旅游地返回常住地。这三个阶段可以概括为"进得去，散得开，出得来"。没有通达的交通，就不能保证旅游者空间移动的顺利进行，会出现交通环节上的压客现象。因此在设计旅游线路时，对于不具备交通条件或交通条件不佳的景点，即便有很大潜力，景区也应慎重考虑，否则，就会因交通因素，导致旅游者途中颠簸，游速缓慢，影响旅游者的兴致与心境，不能充分实现时间价值。

小案例•　　　　　　　长江经济带3A级以上景区可进入性评价

田野等(2019)以长江经济带3A级及以上等级景区为例，利用最邻近指数、核密度分析以及加权网格维数，对该区旅游资源的空间结构进行分析。旅游资源的总体交通可进入性较好，但存在明显的东西空间差异，交通可进入性基本呈现出由东至西的阶梯状下降格局。全带80.37%的旅游资源可在12小时之内进入，人文类旅游资源这一比例更是高达83.40%，总体交通可进入性较好。此外，旅游资源交通可进入性呈现显著的等级与类型差异。5A级旅游资源平均交通可进入性比3A、4A级高33.94%和15.75%，旅游资源等级越高，交通可进入性越好，且人文类旅游资源优于自然类旅游资源。

资料来源：田野，罗静，崔家兴，等.长江经济带旅游资源空间结构及其交通可进入性评价[J].经济地理，2019(11).

五、推陈出新原则

旅游市场日新月异，旅游者的需求不断变化、品位不断提高。为了满足旅游者追求新奇的心理，旅行社应及时把握旅游市场动态，注重新产品、新线路的开发与研究，并根据市场情况及时推出。一条好的旅游线路的推出，有时往往能为旅行社带来惊人的收益。即使是一些原有的旅游线路，也可能因为与时尚结合而一炮走红。

例如，广东"国旅假期"旅行社凭借电影《卧虎藏龙》问鼎奥斯卡最佳外语片和最佳摄影等四个奖项，在全国率先推出一条"卧虎藏龙"徽州古民居旅游线路，让更多的旅游者步入"中国画里的乡村",观赏被称为"徽州三绝"的牌坊、古祠、民居。旅游者对皖南徽州古村落的民居群虽时有所闻,但与黄山的盛名相比,所知者并不多。但联合国专家大河直躬博士、建筑大师贝聿铭、作家琼瑶、导演张艺谋、导演李安等有识之士却不远千里到黄山脚下寻找"中国画里的乡村",对他们而言,徽州古民居是世界文化的遗产、建筑的立体史书、梦中的世外桃源、《菊豆》的拍摄地、《卧虎藏龙》的梦工场。因此,这条旅游线路一经推出便成为旅游热线,为当地旅行社带来了不菲的经济效益。

六、旅游点结构布局与安排得当原则

一条规划合理的旅游线路就好比一首动听的交响乐,应当包含序幕、发展、高潮、尾声四部分。在设计旅游线路中,应充分考虑旅游者的心理需求与精力,将旅游者的心理需求、兴致与景观特色分布结合起来,注意高潮景点在线路上的分布与布局。旅游点不能安排得太紧凑,应该有张有弛,以免旅游者浏览时走马观花。旅游线路的结构顺序与节奏不同,产生的效果也不同。具体来讲,旅游点的结构布局和安排应注意以下几点。

(一) 尽量避免重复经过同一旅游点

根据消费者边际效益递减规律,重复会影响一般旅游者的满足程度。

(二) 各点间距离适中

旅游线路所包含的各个旅游节点间的距离不宜太远,以免使大量时间和金钱耗费在旅途中。一般而言,城市间交通耗费的时间不能超过全部旅程的2/3。

(三) 择点适量

短期、廉价是大众旅游者的追求目标,旅游者的旅游时间一般为1~2周。在时间一定的情况下,过多地安排旅游点,容易使旅游者紧张、疲劳,达不到休息和娱乐的目的,也不利于旅游者深入、细致地了解旅游目的地。同时,择点过多,对旅游线路的销售也会产生不利的影响。

(四) 顺序科学

同一线路旅游点的游览顺序应由一般的旅游点逐步过渡到吸引力较大的旅游点,这样可以不断调动旅游者的游兴。例如,对境外旅游者来说,广州—桂林—西安—北京的组合就优于其逆向组合。

(五) 特色各异

一般来说，不应将性质相同、景色相近的旅游点编排在同一条线路中，否则会影响旅游线路的吸引力。当然专业考察旅游另当别论。例如，广州—桂林—上海—西安—北京这条线路，正是由于各个旅游城市独有的魅力和科学的组合而成为我国在国际旅游市场中畅销的旅游线路之一。

七、安全第一原则

在旅游活动中，保障安全是旅游者的基本要求。在旅游安全没有保障的情况下，再好的旅游线路设计也不能激发旅游者的旅游兴趣。只有那些能够确保旅游者人身、财产安全的旅游线路，才能让旅游者放心购买，放心游览。旅游安全的主要内容包括饮食安全、住宿安全、交通安全、游览安全、购物安全、娱乐安全以及旅游者自由活动安全等多个方面。

以娱乐安全为例，若不能确保娱乐项目安全，不但会导致一条旅游线路和一个企业垮掉，还会给社会造成负面影响。现代娱乐项目大量采用高新技术，除了不断增加趣味性外，还竭力追求紧张、激烈、惊险、刺激。因此，娱乐安全问题尤为突出。要确保娱乐安全，主要应把握以下五个环节。

(1) 设计娱乐项目应首先配套安全保障措施。无论是机、光、电、化、辐射等任一方面的危险因素，都应有严密的防范措施。

(2) 在工艺制造过程中，要有严格的质量标准和质量监控保证。

(3) 严格培训娱乐设备的操作人员、维修人员，认真执行操作规程和安全检查制度。

(4) 安装调试设备要进行超常的安全试验考核。

(5) 要为娱乐项目投保险，对制造商要执行质量标准、质量监督并实行许可证制度。

小资料　　　　**国内十条重点探险旅游线路安全风险评估**

人类社会已经进入"风险社会"。旅游业作为当前世界第一大产业和中国的"朝阳"产业，在其经营过程中面临的游客安全风险问题十分引人关注。近年来，探险旅游的日趋流行及事故频发，更是催发了政府主管部门和学术界对旅游地(旅游线路)安全风险评估的重视。鉴于此，席建超等在IHDP(全球变化的人类因素计划)的风险评估框架下，将风险评估理论引入旅游地安全风险的评估与管理中，评估了十条国内最为著名的探险旅游线路的安全风险。

结果表明，楼兰古国—罗布泊丝路探险的安全风险最高，雅鲁藏布大峡谷探险线路的安全风险排第二，游客安全风险最小的线路是泸沽湖女儿国探险旅游线路。其他线路按安全风险从大到小排列依次为高黎贡山—怒江探险、茶马古道探险、两江源头科考探险、塔克拉玛干沙漠探险、秦岭探险、徒步三峡、穿越大海道。

资料来源：席建超，刘浩龙，齐晓波，吴普. 旅游地安全风险评估模式研究——以国内10条重点探险旅游线路为例[J]. 山地学报，2007(5).

八、效益兼顾原则

效益是旅游者和旅行社甚至全社会都在追求的，不同的是，旅游者追求的是以旅游体验为主的旅游效益，旅行社追求的是经济效益及其在社会上的声誉，全社会追求的是旅游的综合效益，包括经济效益、生态效益和社会效益。设计旅游线路时，要兼顾旅游经济效益、旅游社会效益和旅游生态效益，尽可能做到效益最大化。

(一) 多渠道提高经济效益

旅行社在设计旅游线路的过程中，要加强成本控制，降低各种消耗。例如，可以通过充分发挥协作网络的作用，降低采购价格，这样既可以降低旅行社线路的直观价格，便于产品销售，又能保证旅行社的最大利润。保证旅游线路的经济效益还表现为旅行社所设计的线路应尽可能使旅行社预计接待能力与实际接待量保持平衡，以减少因接待能力闲置造成的经济损失。一般来讲，旅游接待能力与市场需求之间常常存在明显的差异，有时需求大大超出接待能力，有时需求又大大低于接待能力，两者吻合的机会极少。当然，我们无法达到也没有必要达到这两者的绝对平衡，事实上，绝对平衡也是不存在的。但是，我们可以通过对旅游线路的优化组合和必要的辅助手段，使旅游需求与旅行社的接待能力大致趋于平衡。

(二) 合理有效，提高旅游效率

旅行社在设计旅游线路时，应合理地组织安排景点、交通、食宿等要素，使各要素环环相扣、通畅、高效，进而提高旅游者的旅游效率，使旅游者的时间和金钱最大限度地使用在游览活动中，减少无谓的等待和花费。

合理有效主要体现在交通工具的选择和使用上。航班线路的选择、转机衔接的空缺填补，都需要在规划交通线路时合理安排、妥善解决。例如，北京至土耳其的航班，抵达伊斯坦布尔的时间是当地凌晨4点，而当日转机到埃及开罗的航班要等到晚上9点，旅行社如果没有安排转机的旅游者进酒店房间洗漱休息，困顿良久的旅游者无法保持良好的状态参加伊斯坦布尔一日游，这个责任应由不能合理有效安排时间的旅行社承担。

为了合理有效地安排旅行线路，旅行社应做好四项基础工作：熟悉航空公司航线、票价；熟悉目的地情况；熟悉当地(或各地)接待能力、价格；熟悉与之相关的城市交通线路及节点。

(三) 注重社会效益，设计有文化品位的旅游线路

旅行社工作人员在设计旅游线路时，十分重视线路可能带来的经济效益。为了保证经济效益，他们会详细地测算成本，运用各种手段扩大利润，而对该线路的社会效益如何则关心甚少，甚至是毫不关心。有些人甚至认为只要线路赚钱，品位高不高、社会效益好不好无关紧要。然而事实上，社会效益和经济效益是相互依存、密不可分的。一条哗众取宠、品位低下的旅游线路尽管能带来一时的轰动效应，给旅行社带来短期的经济回报，但长远来看，旅行社的品牌形象、旅游地的人文环境等都会被毁坏，最终使旅行社和旅游地的旅游事业毁于一旦。

第三节　旅游线路设计的方式

随便翻看分类旅游广告和旅行社的线路单，人们不难发现，国内旅游市场基本上被海南、桂林、九寨沟、张家界、贵州黄果树等相关的传统经典热线长期占据。面对这种情况，一方面，旅行社大叹市场竞争激烈，生意难做，微利生存；另一方面，许多旅游者抱怨旅行社线路陈旧，自己心仪已久的一些旅游目的地在旅行社的"菜单"上难觅芳踪。面对差异不大的旅游产品，不少旅游者发出这样的疑问：难道旅行社就不能更新和完善线路设计的方式，开发一些独特的旅游线路吗？

一、旅游线路的创新设计

旅游线路是旅游产品的主要表现形式，它是吸引旅游者的主要法宝。旅游企业只有精心设计出合理巧妙，有新意、有活力，并具有历史与文化内涵的线路，才能吸引旅游者，为旅游者提供优质服务并不断创新。那么，如何使旅游线路求新出奇、花样翻新、引人入胜则是当前旅游市场应该认真研究和解决的问题。当一条线路从培育到成熟直至成为热门

线路时，旅游企业就应该设计新线路，以便新旧交替，不断攀向高峰，这是不可抗拒的自然规律。创新旅游线路主要可以从以下几个方面进行。

(一) 翻新式—— 旧线翻新，注入新意

旧路线之所以仍在使用，说明它还有生命力，还能吸引旅游者来购买，如果适当改变，加入更多的新内容，就可以使其更加丰富，锦上添花。例如，传统的"华东五市游"覆盖南京、无锡、苏州、上海、杭州五个城市，但随着千岛湖旅游热潮的兴起，这条旅游线路逐渐延伸到浙江腹地，之后，又加入黄山。这一山一湖的加入，使略显单调的以园林为特色的华东线融入了自然景色，可以说是对华东游的一次改造。

(二) 多点式—— 一线多点，巧妙组合

以知名景点为中心向周边延伸并与其他景点组合，这样可以取得意想不到的效果。例如，在安排重点游览张家界的行程中，不仅可以加上韶山、长沙，还可以加上九江和庐山，去程乘坐火车，回程在长沙乘飞机，既不绕道，又十分方便。一线多点式的操作，应注意顺道而行，不可杂乱无章，尽量不走重复的路线，始终给旅游者新的感受，避免给旅游者造成疲惫感。

(三) 新景式—— 开辟新景，大胆尝试

旅游线路设计者一定要有思想、有勇气、有活力，敢于在实践中大胆开拓与尝试。例如，在较早开辟的鲜为人知的辽东青山沟风景区三日游线路中，为避免旅游者长途劳累，第一天旅行社先安排旅游者乘汽车到丹东，当日下午先游凤凰山，就近住五龙背洗温泉；第二天安排旅游者去青山沟，晚间可以为旅游者举办篝火晚会，其中包括全羊席，让旅游者在载歌载舞的欢声笑语中度过愉快的夜晚；第三天安排旅游者游丛林、瀑布、小溪，旅游者乘船欣赏碧波荡漾的青山湖，再返回丹东住一夜，欣赏鸭绿江风光。如今，这条新线已经成为辽宁旅游热线。需注意，开辟新线一定要讲究观赏性、趣味性和娱乐性。

(四) 切割式—— 地域切割，集中景区

根据我国热点旅游城市相对集中的特点，可以采取地域切割方式，将主要的游览景区集中在一起规划路线，为旅游者创造新的旅游环境，但是这种旅游线路所用的时间可能会较长。例如，旅行社为一位想去西南地区旅游的旅游者设计线路，可以根据他半个月的假期，设计"云南全线、贵阳、桂林十四日游"的全新线路，各地大交通均为飞机，一次性

满足旅游者畅游各地的愿望。采用切割式设计旅游线路要注意尽量就地取材，集中景点，不可舍近求远，否则就失去了"切割"的意义。

(五) 拉力式——汽车拉力，求奇探险

以辽宁省内游为例，根据城市居民向往大自然，求新、求奇、求险、求趣的特点，可以适时推出两条汽车拉力线。第一条：从大连出发直奔辽宁西部，在那里可以体验住蒙古包、吃羊肉、祭敖包的民族风情，同时可以观赏奇特的大青沟原始森林，体验三岔口漂流等。第二条：赴辽宁四大名山之一——钟灵毓秀的医巫闾山，品尝沟帮子烧鸡，观赏盘锦浩瀚的红海滩，欣赏东北第一个"世界文化遗产"——雄伟壮观的九门口长城，那"城在水上修，水在城中流"的特点，在万里长城中，独一无二，风采奇异，堪称举世一绝。旅游线路设计人员只要肯于学习，了解最新信息，注重调研，善于挖掘新景点，多掌握旅游资源，完全可以从实际出发，规划出包含新内容、新景色的新路线。

(六) 浪漫式——轻松愉悦，领略佳景

如今，出游的老年团、家庭组合团、新婚夫妇逐日增多，旅行社针对这些旅游者设计出以浪漫为主题、以轻松为节拍、以名景为内容、以休闲为特点的时尚路线，譬如"北京名景+天津小吃+天下第一关火车八日游""泰山+苏杭+水乡+上海双飞九日游""昆明+石林+大理+丽江+香格里拉+武汉三飞十日游"等新线路。此类豪华旅游线路讲究舒适、宽松，富于抒情色彩，以满足旅游者精神与物质上较高水准的需求。因此，住宿多安排在三星级或四星级饭店，餐饮标准也可以随之提高，乘坐的是新型豪华空调车，旅行日程尽量安排得宽松自在，留出足够的个人自由活动时间，以确保其品质。

(七) 专业式——对口适度，流畅出新

近些年，许多具有专业性的学习团、考察团逐渐增多，这些团队具有自选性强、个性化突出的特征，旅行社事先定好的旅游线路通常不适用。对此，旅行社在设计线路时要"因团而宜"，有的放矢地设计出符合专业化要求的特殊线路。此类线路首先要按客户要求进行设计，再顺路穿插精华景点，这样顺理成章，一举两得。随着旅游业的发展，专业性的旅游团将会越来越多，如城建、环保、体育、文艺、农业、经贸、教育等团队，设计适销对路的线路，是形势发展的需要，符合旅游市场发展的趋势。

二、旅游线路的借鉴设计

一条新的旅游线路，在开拓—研究—包装—推出市场的过程中，离不开线路设计人员的精心设计。旅游企业和当地旅游主管部门想要取得良好的经济效益，就必须在旅游线路设计上下苦功。

旅游线路设计是一项技术性和经验性很高的工作。在人员、资金、知识以及经验都比较欠缺的情况下，借鉴旅游市场中已经存在的经典线路，再结合客源市场的实际需要设计自己的旅游线路不失为一个切实可行的好方法。借鉴要从经典线路的设计思路源头开始，一条经典的旅游线路设计思路包括以下几方面。

(1) 确定目的地—选择地接社—确定价格—市场营销。

(2) 创意阶段—选择阶段—产品研制阶段—产品试销阶段。

(3) 产品设计方案的拟定与选择—试产与试销— 投入市场— 检查与评价。

例如，2007年7月，沈阳、抚顺两市的三项同城化交通项目正式启动后，积极借鉴经典的"华东五市"旅游线路设计的宝贵经验，合作打造出沈抚双赢的"大旅游"线路品牌。这条线路的最大特色就在于"一宫三陵"。自从"一宫三陵"申遗成功后，沈抚两市的旅游资源就串在了一起。之所以借鉴华东游旅游线路，原因在于"华东五市"旅游线路本身就是城市间联合发展旅游业的成功典范。旅游线路是"线"而不是"点"。如果有人提及上海、苏州、杭州、无锡、南京这五个城市中的一个，旅游者都会联想到另外几个，而且五座城市联合推出的优惠政策，让旅游者不得不顺便都去逛逛。因此，"华东五市"的做法很值得沈阳、抚顺及其他省内周边城市借鉴。

一直以来，沈阳对外地旅游者来说，都只是一个"中转站"。只有将沈阳打造成旅游者的旅游目的地，才能使旅游者增加在沈停留时间，拉动沈阳的吃、住、行、游、购、娱等相关行业的经济发展。但是，旅游线路是一条线，而不是一个点，旅游业想要做好，就必须做"大旅游"，而不是狭隘的一地一景的"小旅游"。只有和周边城市联合，才有可能让外地旅游者住在沈阳。被誉为"北方山水魅力城，清代王朝发祥地"的抚顺拥有清永陵、红河谷漂流、三块石森林公园、皇家极地海洋世界、雷锋纪念馆等景点，每年还会举办满族风情节。近年来，沈阳进行旅游促销时，都会将抚顺的旅游资源印刷到宣传品上。今后，两地将秉承"你的就是我的，我的就是你的"的原则，加大相互推介、相互宣传旅游资源的力度。沈抚同城化是两市共同打出的一张大牌，只有这样才能共同提升双方城市的知名度，才能使沈抚两地旅游业都有所受益，两地旅游景点的收入也会因此有所提高。

三、旅游线路的级别设计

当我们翻看旅行社发放的旅游线路报价单时，会发现这样一个普遍的现象，即同样的线路分为豪华游、经济游、品质游、经典游、精华游、超值游等不同的等级，不同等级的旅游产品在价格、项目和品质上也存在较大的差异。例如，同样是北京五日游，分为特惠常规游、三星品质游、超值纯玩游等，报价从1430元到2610元不等；同样是港澳五日游，分为深度游、纯玩游、尊贵游、超值游等，报价从1680元到4950元不等。

其实，就国内旅游而言，景点有等级，酒店有等级，飞机舱位也分等级，但线路的等级划分还没有统一的标准。现在的线路等级基本上是各个旅行社依据线路中所包含的"吃、住、行、游、购、娱"等各个项目的已有等级自行划分的，目的是适应旅游者的不同需求。这也是旅游线路分级别设计的主要依据和现实需求。

以饭店星级为例。虽然线路等级划分还没有统一标准，但饭店的星级标准国家早已出台。旅行社可以根据旅游者选择入住的饭店星级将旅游线路设计成诸如品质游、精华游或豪华游等不同的等级。由中国国家旅游局(现文化和旅游部)制定的《中华人民共和国旅游(涉外)饭店星级标准》已经将不同星级饭店提供的软硬件设施与服务做了明确的划分。

一星级饭店：建筑结构良好，内外装修采用普通建筑材料，有一定面积的前厅，客房至少有20间可供出租，75%的客房配有卫生间，12小时供应冷热水，设有餐厅等设施，可以满足经济等级旅游者的需求。

二星级饭店：建筑结构良好，内外装修采用较好的建筑材料，前厅具有一定的饭店气氛，客房至少有20间可供出租，客房配有配套的家具，95%的客房配有卫生间，16小时供应冷热水，设有较大的餐厅、商场、理发室，基本上能满足旅游者的生活要求。

三星级饭店：建筑结构良好，内外装修采用较高档的建筑材料，布局基本合理，外观具有一定特色或地方民族风格，大厅内装修美观别致，标准客房装修美观，都设有卫生间，24小时供应冷热水、冷暖气、直拨电话服务等，设备齐全。有大小餐厅提供中西菜，还设有会议室、游艺厅、酒吧间、咖啡厅、美容室、健身室等设施。这类饭店数量多，服务具有一定水平，价格适中，在国际上较流行，备受旅游者青睐。

四星级饭店：饭店外观独具风格，或具有鲜明的地方民族风格。装修豪华，大厅气氛高雅，服务设施完善，环境幽雅，提供优质服务，旅游者进店后能得到较高级的物质和精神享受，主要满足经济地位较高的旅游者的高消费需求。

五星级饭店：饭店建筑设备十分豪华，大厅装潢豪华，环境优美，设施更加完善，卫生间有淋浴、蒸气浴、自动按摩缸等豪华设备，还配有现代化设备，如计算机、保冷箱等高档设施。

此外，在具体的游程安排上，应为不同等级的线路配备不同的活动与消费项目，或者在保证景区或活动项目数量一致的前提下，在其他细节上做出调整。例如，经济游的景点不应明显少于豪华游，但在细节的安排上应有所区分。在设计经济游线路时，景点安排应该在保证旅游者身心承受能力的前提下尽量紧凑，而豪华游可以让旅游者有较多时间去欣赏和游览。在购物安排上，豪华游线路应在一定程度上有所减少，甚至可以在征得旅游者意见后，不安排购物。在住宿标准上，经济游线路可以考虑二星级以下甚至没有星级的饭店，而豪华游一般都应安排三星级以上的饭店。

小案例· 渝见三峡·世纪游轮宝石号·哈尔滨起止五日游报价与接待标准

1. 线路报价

此五日游线路所经过的节点城市为哈尔滨—重庆—万州—云阳—丰都—重庆—哈尔滨。成人报价为4680元起(基本团费)，报价仅供参考，实际参团价格请查看开班计划。

报价包含：往返飞机交通票；世纪邮轮船票；旅行社责任险；全程旅游酒店住宿；行程中用餐、旅游车；行程内景点门票；导游服务。

费用不含：船上的服务费、酒水、上网、棋牌及其他未包含的费用。12岁以上旅游者在船票价格基础上需支付150元/人游船服务费(内宾自愿支付)。旅游费用不包括旅游者因违约、自身过错、自由活动期间内行程或自身疾病引起的人身和财产损失；因交通延误、罢工、天气、飞机机器故障、航班取消或更改等不可抗力原因所引致的额外费用；特殊要求费用；洗衣、电话、饮料、烟酒、付费电视、行李搬运等私人费用；丰都鬼城景区索道费用，单程20元/人，往返30元/人；旅游意外伤害险、航空保险、景点索道或船票、缆车及电瓶车费用、旅游者自由活动期间费用及自愿参加项目的费用；个人单房差。

2. 接待标准

(1) 住宿。重庆段双人标准间，邮轮上双人阳台房；团队中如出现单男单女情况，我社有权拆夫妻及加床，如旅游者不愿拼房或加床，产生单房差由旅游者自行承担(房差按实际产生价格收费)；如因酒店满房、被征用、区域停水停电等原因不能正常接待，将安排不低于以上酒店档次的酒店。

(2) 用餐。全程含"五早八正"(十人一桌，八菜一汤)。世纪邮轮上为自助团餐，团餐一律不含酒水，自动放弃不退餐费。注：小孩如不占床，全程早餐不含。

(3) 交通。沈阳—重庆—沈阳往返机票；世纪邮轮；当地空调旅游车(旅游过程中所用的车辆以实际接待人数为准核定车型，保证每人一个正座)。如因天气、罢工、瘟疫、政府政策性调整等不可抗力原因或其他不可预知的突发意外情形造成航班延误、取消，我社协助解决，衍生费用由旅游者承担。

(4) 门票。如因政府原因不开放的景点，按照旅行社与景区协议价退还门票；如因天气等不可抗拒因素不能游览景区时，按照旅行社与景区协议价退还门票；持有优免证件，诸如老年证、军官证、教师证、学生证、导游证、残疾证等，因为团体综合优惠报价，均不再退任何费用。不含行程中电瓶车及缆车费用，这两项需按景区标准另行付费。

(5) 导游。提供优秀地接中文导游讲解服务(带团导游不负责散客接送站，由公司委派专职人员负责接送站)。

(6) 保险。要参与旅行社责任险，旅游者报名时须提供身份证(或护照、港澳通行证、军人证)等有效证件复印件，或由旅游者亲自誊写在合同上，如果旅游者提供的证件信息有误，所产生一切损失(如无法登机、保险索赔等问题)由旅游者自行承担。

(7) 老年旅游者出游提示。60周岁以上的旅游者报名参加旅游团时，请填写"健康证明"，说明年龄及身体健康状况，以及根据身体健康状况不宜参加某些特殊游程或者项目(如交通工具、饮食、特殊地域环境限制等)，并提供家属的联系方式。70周岁以上的旅游者请由家属陪同。保险赔额大幅下降。因服务能力所限，不接受80周岁以上的旅游者单独出游报名，敬请谅解。

资料来源：康辉旅游[EB/OL]. https://www.cct.cn/. 作者整理

第四节　旅游线路设计的步骤

　　旅游线路是指在一定的地域空间，旅游经营者针对旅游客源市场的需求，凭借交通路线和交通工具，遵循一定原则，将若干旅游地的旅游吸引物、旅游设施和旅游服务等合理地贯穿起来，专为旅游者开展旅游活动而设计的游览路线。旅游线路是旅游供给和旅游需求联结的纽带，是实现旅游者旅游欲望的重要手段。旅游线路在时间上是从旅游者接受旅游经营者提供的服务开始，直至脱离这种服务为止；在内容上包括旅游过程中旅游者利用和享用的一切因素，涉及食、住、行、游、购、娱等要素。从旅游服务贯穿整个旅游过程这一角度看，旅游线路又是旅游产品销售的实际形式。本书在此处主要介绍三种旅游线路设计的步骤，为旅游线路设计的实际操作提供几个可供参考的范式。

一、"三位一体"线路设计步骤

在安士伟和单成宗(2005)提出的旅游线路设计"三位一体"方法论中，"三位"即三位分析，是指在旅游线路设计时，要对区域旅游主体、旅游客体和旅游媒体这三个主要因素进行科学全面的调查、分析和评价；"一体"即整合一体法，是指将三位分析评价的结果进行整合，制定旅游线路方案，然后对各旅游线路进行评价，选择一条最适于开发的旅游线路，推向市场，形成旅游产品。

"三位一体"旅游线路设计主要分为两个相对独立的阶段。

第一阶段：三位分析阶段。根据供求双方所表现的三个方面——旅游主体(旅游者)、旅游客体(旅游资源)和旅游媒体(旅游交通、旅行社、旅游酒店和公共媒体等)进行全面的调查分析。

第二阶段："整合一体化"阶段。将三位分析的结果进行一体化整合，设计、评估和选择最优的线路设计方案。

基于"三位一体"方法轮的旅游线路设计步骤如图4-1所示。

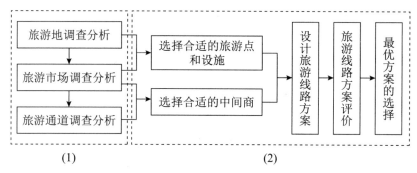

图4-1 基于"三位一体"方法论的旅游线路设计步骤

二、基于旅行社需求的旅游线路设计步骤

赵纲(2011)通过对旅行社设计旅游线路的经验、教训的调查与分析，结合相关理论知识，总结出旅行社设计旅游线路的七个步骤。

第一步：调查并分析现实客源、需求市场和拟开发旅游景区(点)的特点。

第二步：旅行社设计、拟订与选择方案。

第三步：旅游景区(点)的特色宣传。

第四步：潜在客源市场的意向性分析。

第五步：旅行社统筹配置旅游六要素。

第六步：旅游线路的确定、试运行与检验。

第七步：通过不断地修订、完善，最终把新旅游线路全面推向市场。

基于旅行社需求的旅游线路设计流程如图4-2所示。

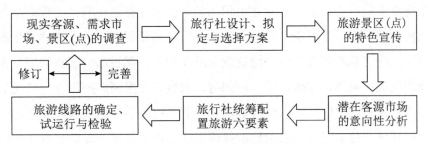

图4-2　基于旅行社需求的旅游线路设计流程

三、旅游线路设计的技术路线

龚军姣(2005)提出了旅游线路设计的技术路线(见图4-3)，并总结出旅游线路设计的技术路线可分为四个步骤。

第一步：景区的借势。

第二步：潜在客源市场的意向性调查。

第三步：统筹配置六要素。

第四步：线路的确定与检验。

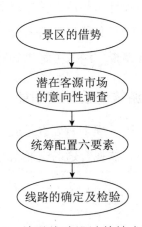

图4-3　旅游线路设计的技术路线

(一) 景区的借势：旅游线路设计的前提

线路设计必须以景区为基础，没有景区，线路设计将成为无源之水、无本之木。旅行社在设计线路之前，应该积极地与拟纳入线路的景区沟通，充分了解各景区，再进行有针对性的宣传、促销。借助旅游景区的知名度和美誉度，参与景区的宣传是旅行社设计旅游线路的前提条件，也是线路成功的必要保证。旅行社积极主动地与政府、景区合作宣传景区，可以获得更多的机会，例如，优先组织团队去该景区旅游、获得由政府组织的诸如千人团的组团机会等，甚至是买断经营权。例如，广东国旅假期同神农架林区旅游局签订了"神农架旅游线路广东专营协议"。协议规定从某年某月某日起，国旅假期在两年内投入数万元对神农架进行包装、宣传、推广，同时，用数万元买断广州至宜昌双飞航班。神农架林区政府为了保障国旅假期投入的巨额商业利益，对酒店、地接社和景区进行了大力协调，使国旅假期享有独家经营神农架旅游线路上的酒店、景区、车队和机票的经营权。这就意味着，广东省内其他旅行社组团游览神农架将由国旅假期统一批发。实践证明，广东国旅假期与景区的合作很成功，提高了经济效益。

(二) 潜在客源市场的意向性调查：旅游线路设计的依据

潜在客源市场的意向性调查是旅游线路设计的依据。景区借势之后，还要看这些景区能否得到市场的认可，旅游企业必须对产品的潜在客源市场进行意向性调查，这是旅行企业设计线路的依据。市场是旅游企业发展的风向标，企业除了应该满足市场需求外，还应大胆创新，走在市场前沿，不断开发新产品，激发旅游者的出游欲望。如果只是市场需要什么线路，旅游企业就生产什么线路，等到旅游企业生产出来的时候，市场可能又不需要了，所以旅游企业应该通过线路设计引导相应的市场需求，让市场跟着旅游企业走，这样，旅行企业才能在发展中把握主动权。所以，旅游企业在推出线路之前，首先要针对拟推出的线路进行客源市场的意向性调查，深入了解、分析市场，以准确把握市场需求。

(三) 统筹配置六要素：旅游线路设计的职能

统筹配置"食、住、行、游、购、娱"六要素是旅行社设计线路的职能，具体包括统筹安排时间和空间、制定合理价格、选择合适的交通工具、恰当安排住宿和购物及娱乐活动、配备合适的导游等。

(四) 线路的确定及检验

经过以上三个步骤，最终可以确定旅游线路，但线路设计得是否合理，还应再次通过现实客源市场的检验。旅游线路产品和一般商品不同，在旅游者消费之前，无法预知其效用，也没有"退货"的机会，旅游者必须亲自参与消费，至于一次旅游经历究竟能给旅游者带来多大的效用、多大的满足，只有等旅游结束后才能得出答案。旅游效用只是一种主观心理评价，旅游者之间的差异会导致不一样甚至相反的评价结果。为了使主观心理评价客观化，旅行社可以制定一系列旅游者满意度指标，采取问卷调查的方式，在散团之前请旅游者填写意见反馈表，从而得到相对客观的结果，为以后的旅游线路设计提供科学依据，以便旅行社不断完善旅游线路。

本章小结

在现有的旅游市场中，旅游企业推出的旅游线路都比较相似，甚至完全一致，为了在竞争中取胜，旅游企业普遍采用价格战这种简单的方法来应对，造成整个旅游市场平均利润不断下降的后果。由此，不断创新线路设计方法成为一种新的竞争策略。

旅游线路设计是一个复杂的过程，必须要依据体验、创新、美学等指导思想，秉承满足旅游者需求、交通编排合理、注重安全以及旅游点布局合理等原则，采用借鉴、创新或级别等设计方法去优化旅游线路产品的各种组合，才能实现旅游线路产品的社会效益与经济效益的最大化。

思考与练习

一、思考题

1. 旅游线路设计要依据怎样的指导思想和原则？

2. 如何进行旅游线路创新？

3. 在现实环境中，旅游企业为何要推出不同级别的旅游线路产品？

4. 何谓旅游线路设计"三位一体"方法论？

二、案例分析

在省城一家电子产品公司打工的小马终于结束了长达七年的爱情长跑，11月13日，他和新娘将踏上期待已久的红地毯。连日来，在安排婚礼的余暇，小马开始四处搜罗报纸上刊登的旅游分类广告和旅行社线路报价单，为月底的蜜月旅游做准备。然而资料收集得越多，小马越迷惑，旅游目的地不是海南就是云南，线路安排基本千篇一律，想要选择一条有新意又浪漫的蜜月游线路，怎么这么难？

讨论：

1. 案例中小马的困惑是不是一个普遍现象？

2. 蜜月游旅游线路设计千篇一律的原因是什么？

三、实训练习

结合所学知识，请你为案例分析中的小马设计一条创新型的蜜月游线路。

(一) 线路设计要求

1. 主题鲜明，所设计的线路要有响亮、易记、新颖并体现主题内容的名称。

2. 内容丰富，线路设计的主体内容要丰富多彩，传统内容要推陈出新，尽量加入新的活动项目和内容。

3. 行程安排设计科学合理，应注明线路为几日游，除游览内容外，应兼顾食宿、交通、购物和娱乐等方面内容。

4. 线路设计方案以文字为主，还可以附上相关景区图片、活动简介和线路示意图等。

5. 设计方案要简明扼要、清晰易懂。

(二) 评价标准

1. 独特性。线路特色突出，地域自然文化特色鲜明。

2. 创新性。线路创意新颖，注重对资源的创新整合、有效利用，突出体现旅游消费趋势和新理念。

3. 体验性。线路具有较强的体验功能，可使旅游者积极参与其中，亲身感受，避免不切实际的设计。

4. 时代性。线路具有鲜明的时代特色，反映时代精神和新风貌。

5. 实用性。线路具有较强的操作性和适游性，有一定的市场开发潜力，可供多数旅游者游览。

6. 完整性。线路具有较完备的旅游要素，涵盖食、住、行、游、购、娱等内容。

第五章
旅游线路市场销售策略

随着旅游市场竞争日趋激烈，市场销售对于各个旅游企业来说尤为重要，现代旅游企业如果沿用传统的销售模式，没有针对不断变化的市场对销售模式进行调整和创新，那么陈旧僵化的销售模式必将阻碍经营业绩的提升和企业的进一步发展。此外，旅游业受到外部环境影响较大，不断变化的外部环境给旅游企业及其旅游产品销售带来了巨大的压力。因此，基于党的二十大报告精神，在统筹疫情防控取得重大积极成果以及重启出入境旅游活动的背景下，本章重点阐述了旅游线路产品销售中的价格、渠道以及促销策略。

 学习目标

(1) 理解旅游线路设计产品价格的构成要素。
(2) 重点掌握旅游线路产品的定价策略。
(3) 重点掌握旅游线路产品间接销售渠道的类别。
(4) 了解网络销售渠道的作用。
(5) 掌握旅游线路产品促销的方式。

第一节 旅游线路产品的价格策略

旅游线路产品的综合性、无形性、不可转移性、生产与消费的不可分割性、不可贮存性以及易波动性等，决定了旅游者只有在完成旅游全过程之后才能做出对旅游线路产品质量的评价，这也决定了在旅游者不了解旅游线路产品的情况下，价格将成为影响旅游者购买决策的主要因素。这迫切要求我们仔细研究旅游者的消费行为，认真制定旅游线路产品的价格策略。

一、旅游线路产品的价格构成

　　旅游线路产品价格是旅游者为了满足旅游活动的需要所购买的旅游线路产品的价格，它是旅游线路产品价值的货币表现形式。旅游线路产品价格的作用包括：促进旅游市场机制的正常运转；维护竞争的正常进行；防止旅游市场价格大起大落；保持旅游业稳定发展；加强旅游市场价格管理；保护广大消费者的权益。以下是构成旅游线路产品价格的具体要素。

(一) 出境旅游线路产品的价格构成

　　(1) 前往旅游目的地所在国家的签证费及由其产生的杂费。

　　(2) 旅游交通费，具体包括往返国内外的国际交通费；客源地城市与出境城市之间的交通费；旅游目的地所在国家之间的交通费；旅游目的地国内城市之间的交通费；若乘飞机，必须包含所有的机场建设费、燃油税；旅游景区(点)内必须产生的交通费。

　　(3) 旅游住宿费，包括旅游过程中产生的所有国内外住宿费用。

　　(4) 旅游景点门票费，包括旅游目的地所在国家知名旅游景点，即旅游线路报价中所列收费旅游景点的首道门票费。

　　(5) 旅游餐饮费，如在报价中注明"含餐"，则必须注明所包括旅游餐饮的具体次数、标准与种类(早、中、晚餐)，否则报价中不应出现"含餐"字样。

　　(6) 小费，包括所有旅游目的地所在国家、城市应付小费的总和。

　　(7) 综合服务费，包括领队费用，旅游目的地所在国家导游服务费用和组团旅行社的利润。

(二) 国内旅游线路产品的价格构成

　　(1) 旅游交通费，具体包括往返旅游目的地的交通费，若乘飞机，必须包含所有的机场建设费、燃油税；旅游景区(点)内必须产生的交通费。

　　(2) 旅游住宿费，包括旅游过程中产生的所有住宿费用。

　　(3) 旅游景点门票费，包括旅游过程中旅游目的地所在城市知名旅游景点，即旅游线路报价中所列收费旅游景点的首道门票费。

　　(4) 旅游餐饮费，如果在报价中注明"含餐"，则必须注明所包括旅游餐饮的具体次数、标准与种类(早、中、晚餐)，否则报价中不应出现"含餐"字样。

　　(5) 综合服务费，包括全陪、地陪、定点陪同等所需导游的陪同费用和组团旅行社的利润。

📖 **小案例•**　　　**莫斯科+圣彼得堡+金环古城+新西伯利亚八日游**

2022年6月27日出团，报价9799元/人。

1. 线路特色

俄罗斯三大城市：莫斯科、圣彼得堡、新西伯利亚＋谢尔盖耶夫。

莫斯科：俄罗斯的首都，俄罗斯的政治、经济、科学文化及交通中心，欧洲最大的城市。

红场：莫斯科的心脏，俄罗斯重要节日举行群众集会和阅兵的地方。

列宁山观景台：观赏莫斯科全貌的绝佳地点。

金环古城：世界文化遗产，保留了俄罗斯独一无二的历史与文化名胜。

谢尔盖耶夫：俄罗斯最伟大的宗教圣地——圣三一修道院坐落于此，其修建过程长达六个世纪，是非常灵验的祈福圣地。

圣彼得堡：被誉为"北方威尼斯"，俄罗斯的科学、文化、艺术之都。

艾尔米塔什博物馆：沙皇宫殿，世界四大博物馆之一，馆藏珍宝270多万件。

彼得大帝夏宫：被誉为"俄罗斯的凡尔赛宫"，位于芬兰湾南岸，占地面积400多公顷。

彼得保罗要塞：圣彼得堡市的发祥地，圣彼得堡最古老的军事古堡建筑。

新西伯利亚：俄罗斯第三大城市，鄂毕河穿城而过，森林草原、青山绿水，美丽富饶的西伯利亚大地充满了大自然的神奇色彩，被誉为"森林中的城市"。

亚历山大·涅夫斯基大教堂：巴尔干半岛最大的教堂，占地面积3170平米。

鄂毕河：世界著名长河，全长4315千米(以卡通河为源头计算)，流域面积为297.3万平方千米。

2. 费用包含项目

☆ 行程所列国际机票。

☆ 俄罗斯团队旅游免签证名单。

☆ 行程所列酒店或同级酒店标准间住宿(散拼团队安排同性别客人入住同一间房，不能保证夫妻同住一间房)。

☆ 行程所列早、午、晚餐，正餐中餐标准为八菜一汤(不含酒水)。

☆ 提供旅游巴士，配专业司机。

☆ 行程所列景点首道门票包括：艾尔米塔什博物馆(冬宫)、彼得大帝夏宫、圣三一修道院。

☆ 圣彼得堡—莫斯科火车票(四人包厢)。

☆ 旅行社责任险及俄罗斯当地医疗救助险。

☆ 全程专业出境领队服务。

3.费用不包含项目

☆ 服务费560元人民币(出发时机场交给领队)。

☆ 单房差：350元/间/晚。

☆ 酒水饮料、洗衣、通信、行李搬运、司机服务费等。

☆ 出入境的行李海关课税，超重行李的托运费、管理费等。

☆ 旅游者因违约、自身过错、自由活动期间行为或自身疾病引起的人身和财产损失。

☆ 行程以外观光节目或自费活动项目。

☆ 其他未约定由旅行社支付的费用(如单房差、机场候机转机期间及火车上的餐饮、因不可抗力产生的额外费用等)。

☆ 个人旅游意外保险(建议购买)。

需注意，70岁及以上老年人需签署健康承诺函。

二、旅游线路产品的定价步骤

科学地确定旅游线路产品的价格，一般应遵循以下五个步骤。

(一) 研究目标市场旅游者的购买行为

旅游企业在一定的目标市场中有针对性地开展旅游线路产品的营销活动，才能取得良好的收益。因此，旅游企业对旅游线路产品定价前，应先调查目标市场旅游消费者购买行为的相关资料——消费偏好、购买能力、需求容量、对价格的敏感程度等状况，据此采取灵活的价格政策引导旅游者做出购买决策。同时，通过旅游消费者对旅游线路产品的认知价值和消费需求程度进行评估，预测消费者所能接受的最高价格水平。

(二) 评估旅游线路产品的成本

旅游线路产品的成本评估主要包括：掌握旅游线路产品的成本结构；进行盈亏平衡点分析；计算单位旅游线路产品的固定成本、变动成本以及最低成本。最低成本是旅游企业生产旅游线路产品可以支撑的价格下限，是制定旅游线路价格的重要参考依据。

(三) 分析旅游市场所处的环境

旅游线路产品的价格与市场环境的变化紧密相关。这里所说的市场环境，既是指目标市场，又是指旅游大市场。旅游企业在制定旅游线路产品的价格时，必须综合考虑在区域性或者国际性的旅游大市场中，自身所面临的机遇以及来自各方面的挑战。例如，潜在竞争者可能制定的价格、竞争对手制定的价格、各种社会文化环境因素引起的人们消费心理变化等方面的问题。

(四) 确定旅游线路产品的定价目标

旅游线路产品的定价目标的科学与否，关系到旅游企业能否生存与发展。因此，旅游企业在确定旅游产品的定价目标时，要综合考虑影响产品价格的各方面因素，根据旅游市场需求、旅游企业自身规模与实力和市场竞争状况，结合旅游企业的发展战略，确定符合该旅游产品实际的定价目标。这样使旅游企业在进行旅游产品定价和价格调整时会有所依据，即使整体环境发生变化，旅游企业也能够灵活地采取措施，实现其定价目标。

(五) 选择旅游产品定价的方法及策略

要使旅游线路产品的价值顺利实现，并使旅游产品的价格易于为消费者所接受，旅游企业必须遵循旅游产品定价的基本原理，同时针对不同消费者的心理需求，巧妙地进行旅游线路定价。唯有如此，才能做到旅游产品定价的科学性与艺术性相结合，才能为旅游企业与消费者创造良好的合作环境。

三、旅游线路产品定价的影响因素

(一) 旅游线路产品本身的价值

在市场经济中，旅游线路产品的价值在很大程度上决定了该旅游线路产品的价格，价格是价值的表现形式。

(二) 旅游线路产品的成本和利润预期

旅游线路产品定价在一般情况下不应低于旅游线路产品的成本，否则会造成企业亏本经营，理性的投资者不会这样做。当然，旅游线路产品定价低于成本定价有其特殊的目的，如新旅游产品低于成本价销售是为了先期占领市场。如果投资者把预期利润看得较高，旅游产品定价就较高；如果投资者把预期利润看得较低，旅游产品定价就较低。因此，旅游产品的成本和利润预期在很大程度上影响了旅游产品定价。

(三) 旅游线路产品的价格弹性

所谓价格弹性是指价格变动引起的需求量的变化程度，即需求的灵敏度。如果某种旅游线路产品的价格弹性大，那么旅游企业就有可能通过调整价格来促进销售；反之，如果某种旅游线路产品缺少价格弹性，那么该旅游产品的价格相对来说比较稳定。

(四) 旅游企业定价目标

定价目标即定价所要达到的目的。旅游企业的定价目标主要有追求最大利润、保持或者扩大市场占有率、稳定价格水平、适应或者防止竞争、创名牌等。定价目标不同，必然会影响价格的选择。

(五) 国家政策

国家政策对旅游线路产品定价的影响表现在许多方面。例如，国家的价格政策、金融政策、税收政策、产业政策等都会直接影响旅游企业对旅游线路产品的定价。

(六) 竞争者价格

现代市场竞争中，价格成为一种有效直接的竞争手段，旅游同业的定价策略、方法将直接影响旅游企业的定价。

(七) 旅游线路产品的差异性

如果某旅游线路产品与其他旅游线路产品差异性较大，那么该旅游线路产品就有更大的空间和可能性制定较高的价格，因为旅游者缺少该旅游线路产品的替代品，并且很难将该旅游线路产品价格与同类旅游线路产品价格进行比较。

四、旅游线路产品的定价目标、原则和方法

(一) 旅游线路产品的定价目标

1. 以追求理想利润为目标

获得利润是旅游企业的经营目的，也是衡量旅游企业经营管理效率的重要标准之一。此目标是指旅行社期望通过制定较高的价格，尽可能获取更高的销售利润。

2. 以维持或提高市场占有率为目标

一般来说，市场占有率与产品价格成反比关系，即为了扩大市场占有率，旅行社可能

会采取比竞争对手更低的价格进行销售,目的是获得长远利益。一旦市场占有率达到一定程度,旅游企业将适当提高价格从而获取更大的利润。

3. 以维持企业生存为目标

这是一种应急和短期的目标,当旅游企业面临困境的时候,为度过经营危机,以保本价格甚至亏本价格出售旅游线路产品。

4. 以应对与防止竞争为目标

对于实力较弱的旅游线路,主要采取与竞争者价格相同或稍低的价格出售旅游线路产品。而对于实力雄厚的旅游企业,也可以通过低价来达到阻止竞争对手进入市场的目的。

(二) 旅游线路产品的定价原则

1. 供求导向原则

以旅游市场产品的供求状况来制定和调整价格。

2. 质量原则

按质论价,优质优价,使价格与旅行社提供的服务质量成正比。

3. 稳定性原则

价格一旦制定则应在一定时期内保持稳定性,以增强旅游者对旅行社产品价格的信任感。

4. 灵活性原则

旅行社的产品价格不是固定不变的,因为旅行社的经营有很强的季节性,旅行社应根据不同时期市场的供求状况来调整产品价格。

(三) 旅游线路产品的定价方法

1. 总成本加成定价法

总成本加成定价法的计算公式为

$$单位产品价格 = \frac{总成本 + 预期总利润}{预期产品产量}$$

$$= \frac{(固定成本 + 单位变动成本 \times 产量) \times (1 + 预期成本利润)}{预期产品产量}$$

$$= 单位产品成本 \times (1 + 成本利润率)$$

若考虑税率,总成本加成定价法的计算公式可进一步调整为

$$单位产品价格=\frac{单位产品成本\times(1+成本利润率)}{1-营业税率}$$

在旅游线路产品单位成本一定的条件下，制定旅游产品价格的关键在于确定成本利润率。

2. 变动成本加成定价法

变动成本加成定价法又称边际贡献定价法，是旅游企业根据单位产品的变动成本来制定产品的价格，制定出来的价格只要高于单位产品的变动成本，旅游企业就可以继续生产和销售该产品，否则就应停产、停销。相关的计算公式为

单位产品边际贡献=销售单价-单位产品变动成本

单位产品价格=单位产品变动成本+单位产品边际贡献

例如，一间客房的成本价为100元/天，其成本构成为固定成本60元、变动成本40元，如不得已销售价降为90元/天，卖则亏10元/天，还有边际贡献50元；不卖则亏60元/天，故还是卖为好，企业应选择继续经营。但是，如果售价低于40元/天，则不卖为好，此时应该相应更换旅游线路中的住宿企业。

因此，可以说变动成本加成定价法是保证旅游产品的边际贡献大于零的定价方法，即旅游产品的单价大于单位变动成本的定价方法。

3. 盈亏平衡定价法

盈亏平衡定价法是指旅游企业在既定的固定成本、平均变动成本和旅游产品预计销量的条件下，实现销售收入与总成本相等时的旅游产品价格，也就是旅游企业不赔不赚时的产品价格，又称为保本定价法，这是市场不景气时采用的定价方法。相关的计算公式为

$$单位产品价格=\frac{固定成本总额}{预计销量}+单位变动成本$$

以旅游线路中的住宿价格变动为例，如某饭店有客房400间，每间客房分摊固定成本为150元，单位变动成本为40元，饭店年均出租率为70%，饭店房价定为多少才能使饭店盈利？

$$房价=\frac{150\times400}{400\times70\%}+40\approx254(元)$$

因此，房价高于254元，才能使饭店盈利。

4. 顾客价值定价法

张震(2017)对顾客价值定价法进行了诠释。通过分析不同消费群体对旅游线路产品的

关注点，来确定顾客价值的关注点，从而分析部分旅游线路产品的定价趋势，以此来决定产品定价。通常来说，消费者的顾客价值可以转化为消费者对旅游线路产品的感受价值，而感受价值并不是消费者全部能够得到的，其中消费者可获得的感受价值可以通过公式及调查得到的数据进行计算，相关计算公式为

$$感受获得价值 = \frac{感受利益或品质}{感受总牺牲}$$

感受获得价值与旅游线路产品中的具体要素存在关联，这些数据具体来自线路产品中的交通、餐饮、酒店、购物、娱乐等环节的质量，还与消费者的心理认知存在密切关系。旅行社需要对消费者进行成本分析和计算，得出感受获得价值，再利用合适的策略进行旅游线路产品定价。

5. 投资回收定价法

投资回收定价法是指旅游企业为确保投资按期回收，并获得预期利润，根据投资生产地产品的成本费用及预期生产的产品数量，确定能实现营销目标价格的定价方法。

利用投资回收定价法时，必须注意产品销量和服务设施的利用率。需注意，采用该方法确定的价格在投资回收期内不仅包括单位产品应摊投资额，也包括单位产品新发生或经常性的成本费用。

投资回收定价法一般为静态计算方法，没有考虑资金的时间价值等动态因素，所计算的结果只能供旅游企业确定产品价格时作为参考，而不能作为唯一的依据。

6. 竞争导向定价法

(1) 率先定价法。这是一种主动竞争的定价方法，一般为实力雄厚或产品独具特色的旅游企业所采用。该方法所确定的旅游线路产品的价格若能符合市场的实际需要，率先定价的旅游企业会在竞争激烈的市场环境中获得较大的收益，居于主动地位。

(2) 追随核心定价法。这是根据旅游市场中同类产品的平均价格水平，或以竞争对手的价格为基础的定价方法。在许多同行相互竞争的情况下，每个旅游企业都经营着类似的旅游线路产品，若价格高于别人，就可能失去大量销售额；若价格低于别人，就必须增加销售额来弥补降低的单位产品利润，而这样做又可能迫使竞争者随之降低价格，从而失去价格优势。

(3) 排他性定价法。这是以较低的旅游价格排挤竞争对手，争夺市场份额的定价方法。如果说追随核心定价法是防御性的，那么排他性定价法则是进攻性的。该定价方法又可以分为绝对低价法和相对低价法两种。

小案例 香港"购物门"事件

网络上曾出现这样一段视频：某香港女导游用无礼的语言不断责难和辱骂内地旅行团游客不肯购物，甚至以制造食宿方面的难题威胁他们必须购物。事后，该女导游在立法会议员及旅游公司老板的陪同下，向媒体交代事件经过。女导游向香港市民及内地同胞道歉，但指责团友出言刺激在先，"他们用一些非常尖锐的言语来对待我"。对此，团友强调，根本没有人以言语激怒她，"是她说我们东西买少了"。整个事件中，民众纷纷指责导游素质低下，但这仅仅是表象，导致该事件发生的根本原因在于旅行社业普遍存在的一种运作模式——"零负团费"模式。

所谓零负团费，就是旅行社在接游客团队时，只收成本价，甚至低于成本价收客。在此运行模式下，旅行社和导游的收入以游客购物和自费活动佣金为主，"回扣"项目颇多。可见，"零负团费"的本质是欺诈游客，非法牟利。

资料来源：易婷婷，梁子应. 旅行社"零负团费"现象及对策分析——香港"购物门"事件引发的思考[J]. 重庆科技学院学报：社会科学版，2011(1).

五、旅游线路产品的定价策略

旅游线路产品定价是市场开发的一个关键问题，若定价得当，旅游线路产品就可能打开销路，占领市场，给企业带来利润；反之，就可能受到消费者的抵制，甚至导致新产品推广失败。对于一条新的旅游线路产品来说，其价格制定一般发生在产品生命周期的投入期。此时由于旅行社以前没有经营过这种产品，对相关的旅游消费需求和成本缺乏资料，市场上又没有可供参考的价格，一般政府也没有相应的限价政策，因而产品定价较为灵活。旅游线路产品通常有五种基本定价策略，即撇脂定价策略、渗透定价策略、中位定价策略、心理定价策略和折扣定价策略。

(一) 撇脂定价策略

撇脂定价策略是指在旅游线路产品投入期，旅行社以高价推出新产品，随着旅游线路产品生命周期的推移和产品销售量的增加，再逐步地降低价格。这种定价策略适合于时尚型旅游线路产品或登山、探险猎奇等专业型旅游线路。新的旅游线路产品推出初期，市场上几乎没有竞争者，制定高价可以在一部分求新欲望强又有支付能力的消费者中，树立独特的、高价值和高质量的产品形象。当产品进入成长和成熟期，再通过降价来适应对价格比较敏感的一般消费者。

(二) 渗透定价策略

渗透定价策略与撇脂定价策略正好相反，它是以微利、无利甚至亏损的低价全力推出新产品，以便增加销量，迅速占领市场，并获得较高的市场占有率。这是一种薄利多销、颇具竞争力的策略。陈婷婷(2011)认为，渗透定价策略符合周期型旅游线路产品生命周期的特点。周期型旅游线路产品所面对的消费人群虽然广泛，但该类旅游线路产品受时间和季节等影响较大，并且每种旅游线路产品几乎都有其特定的消费者群体。

(三) 中位定价策略

中位定价策略是介于撇脂定价策略和渗透定价策略之间的一种折中价格策略，又称"满意定价策略"。此种策略缺乏鲜明的特点，对各方面兼顾太多，在特殊的市场环境下，容易丧失市场占有率和获取高额利润的机会。

(四) 心理定价策略

心理定价策略是利用消费者对价格的心理反应，针对不同的旅游线路产品和不同的旅游消费者，通过定价刺激来激发旅游消费者购买某种旅游线路产品的积极性，如整数定价策略、尾数定价策略、声望定价策略和习惯定价策略。

例如，辽宁康辉国际旅行社将2017年6月拟组名为"悉尼灯光节半自由行"旅游团队线路价格定在9999元，仅比10 000元低1元，但却充分体现了基于旅游者心理的定价方式；再如，沈阳国旅将2017年6月拟组名为"普吉四晚六日"团队旅游线路价格定为比较吉利的6600元，优惠之后的价格为整数6000元。

(五) 折扣定价策略

折扣定价策略是指旅行社根据交易方式、数量、时间及条件，在确定旅游产品基本标价的基础上，实行一定幅度的折扣或减让的定价策略。具体包括以下几种策略。

1. 数量折扣

数量折扣也称为"批量折扣"，是根据旅游者购买数量或金额的多少而给予不同折扣的优惠，用以鼓励旅游者多购买的一种策略。折扣方式包括累计数量折扣(在一定时期内，根据旅游者购买的总数量或总金额给予折扣)和非累计数量折扣(又称为一次性折扣，是指对旅游者一次购买超过规定数量或金额给予的价格优惠)。

2. 现金折扣策略

现金折扣策略也称提前支付折扣，它是指旅行社对按期付款或提前付款的消费者按原价给予一定的折扣优惠，目的是鼓励购买者提前付款，以便旅行社尽快收回款项，加速资金周转。

3. 同业折扣

同业折扣是指旅游线路产品和服务的生产企业根据各类中间商在市场营销中担负的不同职责，给予不同的价格折扣，目的是鼓励批发商大量订购。例如，希尔顿酒店向旅游批发商代替团队定房所收取的价格通常会低于一般团队直接定价的15%，这将直接影响旅游团队预订客房的价格，也会影响旅游线路的报价。

4. 季节和地区折扣

季节和地区折扣是指对购买淡季旅游产品或冷点旅游线路产品的消费者所给予的折扣优惠。此种优惠不能低于旅游线路产品和服务的成本。

小资料•   11月的出游低谷

由于天气渐冷，国内外不少旅游目的地已进入旅游淡季，11月份旅游报价大幅下调。各大旅游企业发布的相关产品信息显示，从2019年10月下旬到11月，国内、出境旅游产品降价区间普遍在10%至30%之间，最高降幅相比十一假期可达五成。来自驴妈妈旅游网的数据则显示，国内长线游方面，成都、青岛、厦门等方向降幅为20%～30%，三亚、大理、丽江、桂林等降幅为30%～40%，部分线路降幅高达50%。此外，携程方面表示，从上海出发到日本、马来西亚、菲律宾自由行报价都是一千出头；从重庆等地到泰国自由行线路价格则在800多元。日本、泰国等大热目的地都降价1/3，东南亚短线自由行价格一般为2000～4000元。澳大利亚、欧洲等十一假期报价较高的区域，在十一假期后也迎来了"大跳水"，相关自由行线路资源基本人均价格为6000元。

资料来源：人民网[EB/OL]. http://www.people.com.cn/. 作者整理

第二节 旅游线路产品的渠道策略

旅游线路产品的销售渠道是指旅游线路产品的生产者将产品提供给最终消费者的途径。在旅游市场上，没有哪一个企业能够拥有全部或者足够的控制权，只有建立起完善的营销渠道，才能为企业提供方便的销售网络，使企业能够快速发布有关旅游线路产品信息，在企业与消费者之间搭起一座沟通的桥梁。

一、旅游线路产品销售渠道的类型

旅游线路产品的销售渠道主要包括三个类型：一是直接销售渠道，即直接将旅游线路产品销售给最终消费者，没有中间环节；二是间接销售渠道，即在旅行社和旅游线路产品的最终消费者之间介入一个或多个中间环节的销售分销系统；三是网络销售渠道，即旅游企业自己建立网站，利用网站直接面向旅游者开展网络直销。

(一) 直接销售渠道

这类渠道没有介入其他成分，也无层次多少之分，是一个结构单一的营销通道。直接销售渠道的优点是旅游企业与旅游者直接接触，有助于及时、准确、全面地了解旅游者的意见和要求，有助于提高旅游线路产品的质量；由于没有中间商插手，能够缩短旅游线路产品在流通领域的时间，使产品及时进入消费领域；旅游企业可以省去中间商的营销费用，以较低的成本获取较高的收益。直接销售渠道的缺点是旅游企业直接面对的旅游者比较庞杂，需建立自身的销售机构，聘用人员和购买设施，同时也增加了管理难度。选择直接营销渠道的企业必须具有一定规模，产品种类多，有充足的人力、物力。所以，直接销售渠道一般适用于大型旅行社，因为其细分市场较多，可以形成规模生产。国内旅行社主要采用这种渠道。

从旅游线路产品的特性来看，旅游线路产品的品质、种类、档次、等级以及所处的生命周期阶段等因素，对旅游线路产品营销渠道的选择起着很大的制约作用，如旅游景点、餐馆、商务性酒店、旅游汽车公司等企业主要采用直接销售渠道。从旅游线路产品性质来看，档次高、价位高、市场小、顾客少的旅游线路产品宜采用直接销售渠道；从消费者情况来看，若消费者量多并且较为集中，为减少销售环节和节约营销费用，也宜采用直接销售渠道。

(二) 间接销售渠道

我国的国际旅行社在国际入境游业务中主要采用间接销售渠道，即国际旅行社把产品销售给国外的旅游经营批发商，国外的旅游经营批发商将购得的旅游线路产品进一步完善(如增加往返目的国和客源国的国际航班机票预订)或重新组合(如增加亚洲其他旅游目的地以满足旅游者的需求等)，再经过自己的零售系统或旅游零售商代理销售给海外旅游者，或者由旅游经营批发商直接销售给海外旅游者。国际包价旅游线路产品的间接销售渠道如图5-1所示。

图5-1 国际包价旅游线路产品的间接销售渠道示意图

间接销售渠道策略具体可以分为广泛性销售渠道、选择性销售渠道以及专营性销售渠道三种类型。

1. 广泛性销售渠道

广泛性销售渠道，即在同一渠道层次(旅游产品批发商层次和零售商层次)选择多个中间商推销本社的旅游线路产品。比如，在沈阳市有很多中国青年旅行社的销售网点，这些网点就是旅游线路销售的零售商(可以是一些不知名的小旅行社)，他们形成的销售网络可以方便沈阳旅游者购买中国青年旅行社的线路产品。

2. 选择性销售渠道

选择性销售渠道，即旅行社在一定的市场中只选择几家旅行社作为中间商。相对于广泛性销售渠道，旅行社采用这类渠道可以有目的地选择少数有销售能力的中间商进行产品推广，不仅可以降低成本，还可以稳定与中间商之间的业务关系。

3. 专营性销售渠道

专营性销售渠道，即旅行社在一定的市场中只选择一家当地的旅行社作为中间商。相较于广泛性销售渠道策略，它是有目的地选择一家有销售能力的中间商进行产品推广，既可以降低成本，又可以稳定与中间商之间的业务关系。但由于旅行社对中间商的依赖性过强，如果中间商经营失误，旅行社就有可能在该地区失去一部分市场。

(三) 网络销售渠道

网络销售渠道是利用互联网提供产品和服务，以便使用计算机或其他技术手段的目标市场通过电子手段进行交易活动。一个完善的旅游线路网上销售渠道应有线路产品预订和结算功能。网络销售渠道与传统直接销售渠道一样，都没有销售中间商，但不一样的是，旅游企业可以通过建设网络营销站点，让顾客直接通过网站预订旅游线路产品，并通过网上银行支付结算，简化了资金流转的流程。

1. 基于传统网络渠道的网络销售

在传统的网络销售模式下，企业通常采取建立企业网站、投放网络广告以及开展网络促销活动的形式来进行网络营销。这些网络营销渠道通常都是以计算机为主的上网终端，采用大众传播的形式。

(1) 建立企业网站。企业网站是企业最早采用的网络销售渠道，通过建立企业网站，能为大众了解企业提供一个窗口，也有利于企业形象的传播。企业通常在其网站上发布企业文化、企业简介、产品或服务简介、企业荣誉等信息。尽管企业网站能够在一定程度上促进其产品或服务的推广，但这种销售方式比较被动且不易到达目标客户群，网民也很少会因其产品或服务而主动去关注某个企业网站，营销效果不佳。

（2）投放网络广告。相比企业网站，企业网络广告是一种有效的网络销售方式。网络广告的形式包括网页广告、流媒体视频广告、网络软文等。相比传统媒体广告，网络广告的投放费用较低，可以通过高覆盖率和高频次帮助企业迅速树立形象品牌，但由于网络广告投放的费用较低，导致各种网络广告太多，不仅容易引起网民的厌恶情绪，还可能造成事倍功半的效果。

（3）开展网络促销活动。以团购为代表的网络促销也是企业开展网络营销的重要渠道，商家通过与团购网站合作，推出低折扣的产品，吸引消费者前往体验商家的产品或服务，对商家留下印象从而进行二次消费。团购的形式在推行初期广受追捧，然而由于产品价格折扣导致消费者体验低于预期，消费者进行二次消费的概率并不高，它并不是一种长期有效的网络销售方式。

2. 基于微信平台等的新媒体销售渠道

如今是新媒体时代，大众传播已不再是企业网络营销的唯一选择，相比之下，网络人际传播已成为网络销售更有效的新途径。微信作为一款手机软件与个人信息紧密相关，智能手机可以随时随地轻松上网，这是家庭电脑所做不到的。此外，微信平台相比于其他网络平台在传播方面也具有显著优势。

（1）熟人网络，小众传播。根据微信官方网站最新数据统计，微信在2022年第一季度拥有近12.9亿用户。作为一款手机社交软件能在短时间被大众所接受，一个主要原因就是其用户来源基于已有的腾讯用户，同时微信还可以实现跨平台的好友添加，微信用户可以通过访问手机通讯录来添加已开通微信业务的朋友和家人。微信不同于其他类似社交平台的特点就在于其建立起来的人际网络是一种熟人网络，其内部传播是一种基于熟人网络的小众传播，可信度和到达率是传统媒介无法达到的。

（2）信息丰富，便于分享。新媒体不同于传统媒体的一个显著特点就是移动互联网技术的应用，人们通过手机等终端可以随时随地浏览资讯、传递消息，使碎片化的时间得以充分利用，而微信在这方面可谓做到了极致。微信特有的对讲功能，使得社交不再局限于文本传输，而是图片、文字、声音、视频等丰富的媒体传播形式，更加便于用户分享所见所闻；同时用户除了使用聊天功能，还可以通过微信"朋友圈"功能，将内容分享给好友。

（3）微信公众平台，一对多传播。微信公众平台于2012年8月18日正式上线，通过这一平台，个人和企业都可以打造微信公众号，并实现和特定群体的文字、图片、语音的全方位沟通与互动。微信公众平台是企业进行业务推广的重要途径，其传播方式是一对多传播，平台直接将消息推送到手机，因此到达率和被观看率几乎是100%。有许多个人或企业微信公众号因其优质的推送内容而拥有数量庞大的粉丝群体，由于粉丝和用户对微信公众号的高度认可，借助微信公众号进行植入式广告推广不易引起用户的抵触，加上高到达率和被观看率，推广效果十分理想。

3. 企业利用新媒体开展网络营销的策略

(1) 注重口碑营销。在新媒体条件下，受众不仅仅是企业营销活动的目标，网络媒介已使得他们成为传播者。消费者会将自己对企业产品或服务的体验与评价传播到网络上，或是向自己的"朋友圈"进行传播。在新媒体时代，影响消费者购买决定的重要因素是来自网络上的评价和朋友圈中的口碑。因此，企业在利用新媒体进行网络传播时，尤其应该注意在用户群中树立良好的口碑。

(2) 产品订制，精准营销。用户希望得到什么样的产品，我们就生产什么样的产品，这是4C(顾客、成本、便利、沟通)营销理念的核心观点。然而当下用户的需求越来越个性化，商家难以通过市场调查了解每一个用户对产品的需求。而新媒体却可以在一定程度上满足这种需求，用户可通过微博、微信等平台与商家进行沟通，以获得订制的信息和产品。传统形式的广告不易被受众接受的原因就在于其内容定位不够精准，而新媒体为商家提供了了解客户信息的机会，企业应充分利用这种机会进行广告内容的精准定位。

(3) 积极采用互联网以及抖音、快手短视频等营销手段。《2021中国互联网营销发展报告》的数据显示，2020年中国互联网从广告延伸至营销服务全流程的倾向更加明显，中国互联网营销市场总规模达10 457亿元。2021年文旅产业指数实验室发布了2021年10月全国5A景区新媒体传播力指数报告，公布了抖音号传播力指数排名前十位的5A级景区，依次为河南老君山风景名胜区、欢乐长隆、芜湖方特、清明上河园、深圳欢乐谷、中华恐龙园、光雾山旅游景区、洛阳白云山旅游度假区、喀什古城景区、湖南张家界天门山景区。利用互联网，特别是抖音、快手等短视频进行景区营销能够将旅游线路产品信息快速、直观地传达给潜在消费者，增加产品销量。

新媒体对大众的消费行为产生了深刻的影响，消费者的购买行为也不再依赖广告和促销，企业应顺应消费者行为的改变，把握机会，积极开拓新媒体营销渠道，利用好新媒体的优势，转换营销观念和模式，弥补传统网络销售的不足，从而达到更好的销售效果。

二、选择销售中间商需考虑的因素

旅游企业想要扩大发展，就需要增加其产品销量。增加产品销量不可能只靠回头客的购买，更为重要的是让更多的人成为产品购买者。随着市场范围的变化，很多目标市场所在地同企业所在地之间距离较过去更远，国际旅游市场更是如此。因此合理选择销售中间商作为合作伙伴，就成了旅游企业在使用间接销售渠道的过程中必须要考虑的问题。旅行社选择销售中间商时，需要考虑以下因素。

1. 经济效益的可靠性

旅行社应选择那些经营历史长、财力状况良好、资信可靠的中间商。

2. 市场的一致性

中间商的目标市场应与旅行社的目标市场相吻合，所处的地理位置也应在旅行社客源较为集中的地区。

3. 中间商对旅行社的依赖程度

有的国外中间商专营中国旅游业务，所以对中国旅行社的依赖程度很高，这可以增强旅行社对它的信心。

4. 合作意向性

只有中间商对旅行社的线路产品有兴趣、有诚意，才会积极、热情地去推销。

5. 规模与数量

旅行社在同一国家或地区应选择适当数量、适当规模的中间商。如果中间商过多，会造成广告和推销方面的重复与浪费，中间环节增多，还会增加交易成本；反之，如果中间商太少，则有可能形成销售不力的局面。如果中间商规模过大，实力雄厚，组团能力强，就容易形成垄断的局面，旅行社在与其合作与业务谈判的过程中可能会受制于人；如果中间商的规模太小，组团能力差，则不利于旅行社产品的推销。

三、销售渠道的作用与管理

(一) 销售渠道的作用

无论采取何种销售渠道，其作用体现在以下八个方面。

(1) 收集和传播营销环境中的市场信息。

(2) 传播有关其供应产品的具有说服力的信息。

(3) 寻找潜在买主并与之交流。

(4) 塑造产品并使它适合消费者需要，相关活动包括生产、分级、组装和包装。

(5) 针对产品的价格和其他条件进行最终协议，以实现所有权或持有权的转移。

(6) 让作为旅游线路产品组成部分之一的旅游商发挥作用。

(7) 筹集和调动资金，以负担分销工作所需费用。

(8) 承担某些财务风险。

(二) 销售渠道的管理

1. 建立销售商档案

建立销售商档案可以使旅行社随时了解中间商的经营历史与现状，通过综合分析与比较研究，探索进一步合作与扩大合作的可能性，并对销售得力的中间商给予价格优惠或奖励等。在档案中，要对专门负责本社业务的中间商业务代表的信息进行详细记录，以备将来更好地进行合作与联系。旅行社与旅游中间商合作情况登记表如表5-1所示。

2. 及时沟通信息

向中间商及时、准确、完整地提供产品的信息，是保证中间商有效推销的重要条件；而从中间商那里获得旅游者对产品的反馈信息，则是旅行社改造产品和开发产品的重要依据。

3. 有针对性地实行优惠与奖励

例如，减免预订金、组织奖励旅游等。

4. 适时调整中间商队伍

旅行社应根据自身发展情况和中间商的发展情况，适时调整中间商队伍。旅行社在下述情况下应做出调整中间商的决策：原有的中间商所能提供的服务质量下降；旅行社产品种类和档次发生变化；旅行社需要扩大销售；旅行社开辟新市场；旅行社客源结构发生变化。

表5-1　旅行社与旅游中间商合作情况登记表

中间商名称：			注册国别：
中间商法人代表：	营业执照编号：		业务联系人：
营业地址：			电话与传真：
电子信箱：			
中间商详细情况：			
与我社建立业务关系的途径与时间：			
与我社合作情况记录：			
我社联系部门与联系人：			
备注：			

资料来源：陈建斌. 旅行社经营管理[M]. 2版. 武汉：华中科技大学出版社，2017.

第三节 旅游线路产品的促销策略

旅游业的高速发展离不开旅游促销。旅游线路产品促销就是旅游企业通过各种方式，把旅游线路产品的有关信息传递给旅游消费者，从而影响、唤起、促使消费者购买旅游线路产品的过程。随着各国旅游业竞争的不断加剧，旅游线路产品的促销正逐渐成为左右一国旅游业兴衰成败的关键。

一、旅游线路产品促销的作用

(一) 宣传促销是出售旅游线路产品的需要

旅游业的任务是生产并售卖旅游产品以获取利润。旅游线路产品包括旅游吸引物(分为自然吸引物和人文吸引物)、旅游设施、旅游购物和旅游服务等。所有的旅游产品和服务都要通过宣传促销来引起旅游者的消费兴趣，并进一步增强其购买欲望，才能达到让旅游者购买(观光、享受、消费)的目的。

(二) 宣传促销是旅游产业开发的需要

旅游业是一种能实现价值和创造价值的产业，具有经济性、文化性、带动性和涉外性。旅游业本身包括"吃、住、行、游、购、娱"六个要素，每一个要素涉及的产品和服务都需要通过宣传促销使之众所周知，最终售卖出去，实现价值，获取盈利。因此，从旅游产业开发以及产业投资经营的角度来看，必须大力宣传促销，使之能招徕旅游者购买，旅游价值才能实现。

(三) 宣传促销是旅游经济发展的需要

在市场经济条件下，旅游经济是一种交换经济，旅游企业只有用旅游产品和服务的使用价值与旅游购买者的货币价值相交换，才能不断地获得更多的利润。将旅游业作为新的经济增长点来培育发展，就是要以市场为导向，满足旅游市场需求，做好宣传促销，在政府宏观调控政策引导下，在竞争、供求和价格杠杆即在市场经济机制作用下，合理配置旅游资源，从而获得最大效益，进而推进旅游经济快速健康发展。

二、旅游线路产品促销的影响因素

不同的促销手段其特点各不相同，在不同的时间、空间等情况下，对于不同旅游企业和旅游产品应选择合适的促销策略和手段，有些因素会直接对旅游产品促销产生影响。

(一) 目标市场特点

一方面目标市场不同，促销工具发挥的作用就会不同。不同的市场范围决定了旅游企业必须选择不同的促销工具及其组合。如果目标市场地域范围大，最好选择广告的方式；反之，如果目标市场地域范围较小，则宜采用人员推销的方式；如目标市场地域属中等范围，则适宜综合运用多种促销组合的方式。另一方面市场类型不同，促销工具的作用也不同。城市市场应多采用广告的方式，而乡村市场应多采用人员上门推销的方式；消费者文化水平较高时，宜采用广告和公共宣传相结合的方式。

(二) 旅游产品类型

旅游者在选择旅游产品之前，往往根据自己的收入情况和消费偏好进行衡量，旅游企业也应随着这种变化调整旅游产品的销售策略。对于价格昂贵、购买风险较大的旅游产品(如洲际旅游)，一般广告类促销所提供的信息，并不能让旅游者建立起充分的信心。在这种情况下，旅游者更倾向于理智性购买，希望能得到更为直接可靠的信息，对于这类产品，人员推销是重要的促销手段；而对于价格不高、短途或季节性较强的旅游产品，旅游者通常表现出品牌偏好(品牌代表一种口碑)，因而采用广告促销手段效果会比较显著。

(三) 旅游产品的生命周期

当旅游产品处于引入期时，打开市场是旅游企业的主要任务，广告宣传有广泛的覆盖面，能够在短期内形成品牌效应；当旅游产品处于成长期时，旅游企业应提高旅游产品的市场占有率，应以广告和公共宣传为主，辅以多种促销方式占领市场；当旅游产品处于成熟期时，旅游企业应以巩固产品的市场地位为主，广告和人员推销是重点促销手段，以便于增强企业的市场竞争力；当旅游线路产品进入衰退期时，旅游企业的营销战略重点已发生转移，一般采用营业推广的方式，以求回收资金，投入新的旅游产品的经营。

(四) 国内外的经济形势

国内外经济长短期的发展趋势通常会影响消费者的信心，因此旅游企业应依据不同的经济形势选择合适的促销手段。例如，在通货膨胀时期，旅游者对旅游产品价格十分敏感，旅游企业可以加大对广告的投入量；人民币汇率升值也会对我国的入境旅游产生影响。在这种情况下，针对从事我国入境游排在前几位的国家，旅游部门应组织旅游促销团(人员推销)，加大入境游的宣传力度。

(四) 国家与地方的旅游行业政策法规

国家与地方的旅游行业相关政策、法律法规也会影响旅游线路产品的促销活动。例如，旅游目的地政府对外地旅游者所采取的态度是积极的还是消极抵制的；面对外地或外国旅游者的入境，各个国家或地区所采取的入境政策等都会直接影响旅游线路产品促销活动在当地能否顺利开展并收获积极的结果。

三、旅游线路产品促销的方式

(一) 依靠政府，借势造势

之所以依靠政府，是因为政府承担着指引旅游业整体走向市场的责任，具有强大的组织力、影响力，借助政府是旅游企业走向市场的捷径。例如，2015年10月18—27日，第一届全国青年运动会(以下简称"青运会")在福州市举行，福建省旅游局积极借助首届青运会这一大型综合平台，开展以"清新福建·青运之旅"为主题的青运会系列旅游宣传营销活动，全面展示"清新福建"的品牌形象，着力提升福建旅游的知名度和影响力。首先，开设《清新福建·青运之旅》电视专题栏目。在"清新福建"品牌总揽下，在青运会期间，将以海丝文化为核心，以茶文化为主线，推出《清新福建·青运之旅》电视专题栏目，内容由"清新青运、青运之旅、清新指数"三部分组成，着力全方位展示"清新福建"内容及产品，凸显福建独具特色的生态优势。该栏目的主要亮点体现在两个方面，一方面是世界冠军(或亚洲冠军)当导游，几十位福建籍体坛名将化身旅游体验师，以各自独有的方式，逐一将"清新福建"品牌介绍给电视机前的广大观众；另一方面是"青运圣女"体验式报道，面向全省高校选拔青春靓丽的在校学生组建成"青运圣女"队伍，积极发挥年轻人的无限创意，对"清新福建"开展体验式报道。其次，规划和营销旅游线路。在青运会期间，为展示"清新福建"品牌形象，福建省旅游局围绕"世遗、茶旅、红色、海丝、民俗"等"清新福建"旅游核心要素，推出"活力海丝之旅"(漳州、泉州、厦门、莆田、福州、平潭岛)、"活力金秋之旅"(永定土楼、南靖土楼)、"活力红色之旅"(古田会议会址、上杭县、才溪)、"活力青运之旅"(太姥山、冠豸山、桃源洞)、"活力世遗之旅"(武夷山、泰宁大金湖、世界文化遗产福建土楼)、"活力养生之旅"(福州、龙岩、厦门、漳州云霄)、"山盟海誓之旅"(爱在黄浦江,情定冠豸山)共七条精品旅游线路产品,丰富和活跃旅游市场,聚焦"清新福建"品牌。

(二) 借助媒体,广示天下

现代社会是一个信息社会,信息的载体是传播媒体,包括电视、电影、报纸、杂志、广告等。这些媒体已经成为大众关注的焦点和信息的来源渠道。旅游企业借助媒体广示天下,可以迅速提升自己的知名度。

小案例 **以情动人,制胜于"感性诉求"**

《庐山恋》是庐山文化产业的重要组成部分。2002年底,世界吉尼斯英国总部正式授予该电影为同一影院连续播放时间最长的电影并纳入吉尼斯纪录。正是因为通过影视大力宣传以迷人的庐山为背景的爱情故事,庐山借此提高了知名度,从而不断扩大其影响力,同时被定义为一个独具特色的旅游文化品牌。

资料来源:黄红英.庐山旅游广告现状与发展对策[J]. 科技信息,2012(11).

(三) 口号开路,形象导入

形象宣传已经成为现代营销的重要策略。树立形象、传播形象是每一个企业乃至每一个城市、每一个地区需要注重的促销方式。用简洁、明快的语言或图册,浓缩旅游线路以及旅游线路所包含的旅游六要素的形象,更容易使旅游者留下深刻的印象,从而做出旅游出行的选择。

小案例 **"京杭大运河"(杭州段)旅游形象分析**

自从1971年Hunt(亨特)在其博士论文《形象:旅游发展的一个因素》(*Image:a factor of tourism*)中提出旅游目的地形象的概念之后,旅游目的地形象便成为旅游研究的热点问题。蒋婷(2016)使用ROST Content Mining(由武汉大学信息管理学院沈阳教授开发的一款内容挖掘软件)对搜索引擎、网页、论坛、微博、聊天群等各类信息来源的文本进行分词、词频、社会网络、语义网络、聚类等分析,有效实现文本挖掘,系统定量地分析当前旅游者对京杭大运河的形象感知,结果如表5-2所示。

表5-2　旅游者对京杭大运河的形象感知统计

旅游形象认知维度	词条(按出现频率大小排列)
旅游地理位置认知形象	中国、江南、北京、浙江、杭州、江苏、苏州、拱墅区
旅游景点认知形象	云航、京杭大运河、拱宸桥、博物馆、桥西、码头、武林、截取、小河直街、运河广场、公园、钱塘江、西湖、塘栖、古运河、长江、香积寺、船闸、富义仓
旅游服务与设施认知形象	水上巴士、游船、船只、公交、交通

资料来源：蒋婷. 基于网络文本的京杭大运河(杭州段)旅游形象感知研究[J]. 常州工学院学报，2016(6).

(四) 区域联合，携手促销

如果一个地区或某一个旅游企业在旅游市场中孤军奋战，会显得势单力薄，也很难提升市场信任度，而区域联合对市场的吸引力会在无形中加大，使这个地区或旅游企业在区域联合中得到整体优势所带来的巨大利益。例如，针对如何向海外游客宣传本国旅游线路这个问题，孙梦阳和赵晓燕(2015)提出，可与国外旅行社合作开展境外联合促销，为积极推介旅行社产品、组团量较大的旅行社提供部分或全部海外促销费用。积极参加海外旅游促销活动，有选择地参加国家旅游局(现文化和旅游部)和各驻外办事处牵头组织的境外旅游展览和联合宣传推广，积极发挥市场主体职能，将适销对路的旅游产品投入境外展会和客源国市场，加强预约洽谈，与境外旅行商开展广泛交易，实现"带着产品出去，带着客户回来"。

(五) 科技领先，网络推广

现代科技极大地影响着我们的生活，科技进步也给旅游业的发展注入了新的活力。网络促销已经成为世界范围内最热、上升速度最快的促销手段。旅游企业应认真研究如何借助科技，实行网络促销，迅速跟上时代的步伐。扬州朱自清故居的网络营销是一个比较典型的网络推广旅游资源的案例。扬州朱自清故居是国家级重点文物保护单位、爱国主义教育基地和"小公民"示范基地。滕云等(2017)指出，由于朱自清故居的旅游资源开发一直采用传统的营销方式，致使朱自清故居的信息传播限定在狭小的空间内，市场影响力与知名度较小。同时，在扬州市范围内，以郑板桥为代表的扬州八怪纪念馆，以个园为代表的扬州盐商宅邸等，势必对其形成有力的同类竞争。因此，朱自清故居充分利用互联网的优越性，通过建立自己的官方网站、构建网络合作平台与网络营销体系，让更多的旅游者了解景区及其产品，方便门票预订与售后服务，这样不仅可以增加景区门票的销售量，还能够及时了解旅游者需求，使景区在旅游市场营销中获得竞争优势，赢得口碑。

(六) 举办活动，集中宣传

各个城市及旅游企业都在积极地研究举办各种活动，包括文体活动、美食活动、康体活动、展示活动等。这些活动有些是大型活动，有些是旅游企业自己组织的小型活动，无论哪种活动，都是旅游企业集中宣传自己的好机会。旅游企业在举办活动时，准备要充分，内容要新颖独特，形式要健康活泼，这样才能在社会上产生轰动效应。如果旅游企业能够定期举办活动，其社会影响力就会得到更大的提升。南非及其相关旅游线路的推出与营销正是借助"南非世界杯"进行"事件营销"或"活动营销"的典型案例。孟丽君(2010)指出，南非和国内旅游企业以世界杯观赛游为核心推出了多条线路，既有常规活动，也有个性化定制，基本上是"多款赛事+旅游"的线路和"自由行套餐"。赛事主要有小组赛、1/4赛、半决赛和决赛，例如"南非世界杯观赛系列团"，产品分为小组赛和决赛两部分，在旅游行程方面，既有去南非的常规线路，又有南非—迪拜的连线产品，行程一般在7～10天。像这类旅游观赛产品，国内各旅行社的报价为3万～7万元。而针对一些倾向于自主安排行程的旅游者，很多旅行社推出了"自由行套餐"。由于酒店、机票和球票的硬性需求紧张，自由行的价格也不菲。"钻石之城"约翰内斯堡、"世外桃源"太阳城、葡萄庄园和野生动物园是这些旅游产品中覆盖率最高的景点。在上述两类旅游线路中，小组赛的团体票和3万元左右的自由行最受欢迎。无论是价格还是产品，各旅行社之间同质化现象都比较严重，但基本上可以满足不同旅游者和球迷的需求。

(七) 关注名人，借名扬名

名人一般是指那些社会上的成功者，他们的影响力相对普通人要大得多。名人会产生一些特殊的吸引力，借助名人吸引旅游者，是旅行社或旅游目的地开展宣传活动的重要方法。李烨和张广海(2016)的研究给出了一些非常具有代表性的例子。他们认为，现当代名人效应主要用来开发和推广旅游产品，"非文无以名地，非人无以胜地"。就国内形势来看，大多是现代名人给古代名人捧场，有的是直接代言，有的是现代名人撰文、演讲，还有的是影视项目、艺术家自觉或不自觉地参与。如《红高粱》《芙蓉镇》《沙家浜》《非诚勿扰》等带红了一些外景拍摄基地；《大染坊》使得淄博周村大街颇负盛名；青州的宋城因一批当代画家的聚集成了远近闻名的文化之州；河南的红旗渠、石板岩也因一批批画家的到访，从单纯的写生基地逐步向旅游产业过渡演绎。

(八) 行业联手，组合产品

旅游业是多行业组成的产业，一个旅游企业不可能囊括全部旅游要素，也不可能满足旅游者的全部需求。因此，必须把分散的要素组合成产品，使产品具有较强的市场竞争力。在市场上，旅游线路的作用远远大于某个设计该条旅游线路的旅行社的作用，旅游者在选择旅行社时，有可能更多地从产品的角度出发，考察所有旅游线路要素的提供商(例如酒店、景区和航空公司等)的服务质量，力图使自己的需求得到最充分的满足。

(九) 人员促销，突出能力

科技进步不可能完全抹杀人的作用，科技也需要人来掌握，更何况旅游促销常常含有情感的因素，而情感是通过人与人之间的交流才得以巩固发展的，因此，在旅游线路促销中，仍然要强调人的能力，有一支好的促销队伍，甚至达到全员促销的良好状态，对旅行社的发展以及进一步开拓市场至关重要。例如，旅行社的前台销售团队在对客促销旅游线路产品的时候，应对每一条线路熟之又熟，把握好线路的特色和优势以及相较于其他旅行社的优劣势。只有在熟知线路的情况下，才能更好地把握旅游者的需求。有的旅游地有多条旅游路线，前台销售人员应根据旅游者的旅游性质、自身情况来推荐线路，为旅游者提供贴心、专业的服务。此外，前台销售人员应掌握一些专业的知识，比如签证材料、两地之间车程、汇率等，这是旅游者必问的基础知识，前台销售人员应认真学习，才能顺利回答旅游者的问题。前台销售人员还应常常出去带团旅游，这样不仅可以了解旅游路线，还可以了解旅游者对这些旅游线路的意见。在带团结束后，把一些建议和意见反馈给计调人员，方便旅游线路的优化。

(十) 提高质量，重视口碑

任何旅游线路促销活动都是在服务质量(包括软件质量和硬件质量)得到基本保证时的对外活动。促销不是骗人上当，也不是一锤子买卖，必须有服务质量的基本保障。这种保障是促销强有力的支撑点，是形成良好口碑的支撑点。有良好的口碑，就会有回头客，就会有越走越亲的熟客。随着网络的普及，通过旅游博客和博友论坛去搜集旅游者对旅游线路的反馈是提高旅游线路质量的渠道。张军洲和连云凯(2012)指出，旅游运营商应该尽快学会利用旅游博客和论坛获取信息，从而使其成为改善和提高旅游产品质量的有力工具。旅游博客和论坛的优势体现在三个方面：第一，通过使用旅游博客和论坛，不仅可以知道旅游者是如何评价自己的旅游产品，还可以了解旅游者对其他旅游产品的评价，从而做到知己知彼，增强自己的竞争力；第二，通过查看旅游者对某旅游产品正面或负面的评价，可以找到自己存在的问题，同时加以改进并提高服务质量，增强自己在相关领域的产品竞争力，开发新的产品和服务，对已有的优势加强宣传；第三，通过分析旅游者感兴趣的内容，可以预测旅游发展的趋势，从而有助于旅游管理者为将来的发展方向做出决策。

本章小结

　　旅游线路产品销售是旅游线路设计工作不可忽视的重要环节，是旅游企业经营与管理的重要内容。旅游线路产品销售既是旅游企业创造效益的重要基础条件，又是满足旅游消费效用最大化的前提。本章对旅游线路产品的价格构成、定价原则与策略、直接销售渠道的作用、间接销售渠道和网络销售渠道的类型与意义以及线路产品促销的方式与作用进行了详细而系统的阐述。

思考与练习

一、思考题

1. 出境与国内旅游线路产品的价格构成有何异同？

2. 旅游线路产品定价应基于怎样的原则？

3. 旅游线路产品的间接销售渠道包括哪些类型？

4. 新媒体促销在旅游线路产品销售中如何应用？

5. 旅游线路产品促销有哪些重要意义？

二、案例分析

龙江剧戏曲旅游产品营销创新

　　在文旅融合背景下，人们对旅游产品的选择更注重它的文化性和地域性，各旅游企业也纷纷推出富有文化内涵的旅游产品，戏曲旅游因此出现在大众的视野中。戏曲旅游产品营销就是营销主体对戏曲旅游产品进行构想、筹划、市场定价、分销及促销的计划和实施，从而满足戏曲文化消费者的旅游消费需求的市场交换活动。旅游企业开展戏曲旅游产品营销，可以根据自身和市场现状，利用营销体系，采取相关方法和措施，吸引旅游者，扩大戏曲旅游市场，增加收益。对于龙江剧戏曲旅游来说，戏曲营销可以以网络、报纸、杂志等多种营销方式为媒介，宣传龙江剧，从而提升龙江剧的知名度，通过戏曲营销将龙江剧发展出去，以龙江剧戏曲旅游的发展推动黑龙江文化旅游的发展，并且根据戏曲营销方法将龙江剧戏曲旅游打造成黑龙江的另一张旅游名片。同时，戏曲营销方式要与时俱进，以更好地将传统文化与新型营销模式相融合，从而更好地传承和发展龙江剧。

　　资料来源：蔡蕾，邵悦，马云驰.文旅融合背景下龙江剧戏曲旅游产品营销创新研究[J].经济师，2021(3).

讨论：

1. 请界定案例中戏曲旅游产品营销的概念。

2. 你认为戏曲旅游产品营销最大的难点是什么？

3. 文旅融合对打造和营销龙江剧戏曲旅游产品的意义是什么？

三、实训练习

1996年，列农和弗勒首次提出"黑色旅游"这个专业术语，此后"黑色旅游"逐渐引起专家学者的广泛研究和媒体的注意，成为一个新的研究热点，同时也成为一个颇具争议的领域。国内外专家学者对"黑色旅游"的定义尚未形成统一的意见，但综合各专家学者的观点，所谓的黑色旅游就是指以自然灾害、人为灾难等给人类社会、经济、文化、生活和自然环境带来巨大破坏和深远影响的事件(战争、地震、恐怖袭击等)为旅游吸引物所开展的旅游活动。开展这种旅游活动，不仅可以实现经济效益，而且更具有教育和纪念意义。

唐山是一座经历过凤凰涅槃的城市，经历过7.8级大地震。虽然地震已经过去多年，但人们仍然记忆深刻，尤其是在汶川地震时，更是重新唤起我们对唐山地震的记忆。唐山共有七处地震遗址被保留下来，其中河北理工大学原图书馆楼、原唐山机车车辆厂铸钢车间及原唐山十中都被列为国家重点文物保护单位，是全国仅有的几处地震遗址"国保"单位。除此，还有地震纪念馆、南湖"唐山大地震"影视拍摄基地等。

请结合上述"黑色旅游"的概念以及唐山旅游资源的特点，通过搜索更多的辅助资料为唐山设计出一个黑色旅游线路产品，并在此基础上提出若干唐山黑色旅游线路产品的销售渠道和销售方法。

第六章
旅游线路设计实训

在掌握旅游线路设计的指导思想、原则与步骤之后，本章的授课重点是如何将旅游线路设计的相关理论与实践相结合，即设计出一条符合市场需求的旅游线路。旅游市场中的旅游线路种类繁多，若想在市场竞争中脱颖而出，不仅需要满足旅游者的需求，还要适应国家旅游业甚至是经济发展战略决策的需要。本章依据近年来国家主要的经济发展战略和旅游业发展新趋势以及党的二十大报告中所提出的"用好红色资源，深入开展社会主义核心价值观宣传教育"精神，结合限制旅游业发展的外部约束条件，立足辽宁，放眼全国，选取了几个重点战略发展试验区，借鉴了一些旅游业发展思路，在此基础上引导学生完成一个旅游线路设计项目，并撰写项目报告。本章力图将前面章节介绍的理论加以应用，使学生能够在未来的从业过程中开拓思路、捕捉市场和国家政策信息，形成线路产品，并最终将产品推向市场。总而言之，本章内容一方面突出国家战略试验区发展需求与旅游线路设计相结合；另一方面让学生了解旅游线路设计的市场基础与政策导向的重要性，使学生掌握旅游线路设计的方法以及与线路设计相关的统计与数据分析方法，重点展开实践教学活动，以提升学生的动手能力。

学习目标

(1) 理解经济新常态下辽宁沿海经济带低碳旅游产品设计与开发。

(2) 掌握旅游碳足迹计算方法。

(3) 理解沈阳经济区旅游资源整合与旅游线路设计的现状及发展趋势。

(4) 理解海南全域旅游线路设计。

(5) 理解陕甘宁红色旅游线路设计。

(6) 理解康养旅游线路设计。

(7) 理解台湾半自助旅游线路设计。

(8) 理解新疆"一带一路"旅游线路开发设计。

(9) 了解其他经典旅游线路的线路特色与设计环节。

(10) 掌握旅游线路评析的方法与主要结论。

(11) 重点掌握旅游线路设计项目报告撰写、展示与答辩流程。

第一节 新常态下辽宁沿海经济带低碳旅游产品设计开发

一、经济新常态内涵解读

当前，中国经济已经进入以中高速、优结构、新动力为主要特征的新常态。准确把握新常态应关注两个方面：一方面是科学判断经济增长潜力，探明中国经济的"底"在何处；另一方面是重新构筑经济增长动力，寻找未来经济增长的新引擎。从本质上来讲，经济新常态是一个发展方式的转变问题，是增长形态的跳跃问题，是动力机制的切换问题。

(一) 经济新常态的内涵

中国经济新常态的内涵是经济发展方式的转变。自改革开放以来，中国经济以年均10%左右的增长速度，在较短时间内实现了由低收入国家向中等收入国家的转变。但是，中国在转型背景下对发达国家的追赶，也付出了高污染、高耗能以及牺牲居民福利的代价。如今，人们对生活质量的诉求日益迫切，倘若继续把发展简单化为增加生产总值，一味追求生产总值的增长而忽视持续健康发展，忽视居民福利乃至生存环境，那么这样的增长将难以持续。中国经济新常态是从追求增长速度向追求发展的稳定性、持续性和全面性战略思维的转变，本质上是发展方式的转变。

(二) 经济新常态的实质

中国经济新常态的实质是经济增长形态的跳跃。经济增长表面上表现为要素的积累和投入的增长，但背后是资源优化配置、产业结构持续演进的动态调整过程。当前，从生产资源的产业配置来看，一方面，钢铁、水泥等行业产能严重过剩，占用了大量生产资源，集聚了巨大的经济风险；另一方面，养老、医疗、教育等行业社会力量进入不足、竞争不充分，导致社会资源严重错配，影响了整个社会的经济效率。以前，我们依靠投资拉动增长，高投资高增长是经济增长的一般形态。今后，我们依靠创造驱动经济增长，"从高速增长转为中高速增长"和"经济结构不断优化升级"是经济增长的一般形态。所以，新常态的实质是旧增长形态到新增长形态的跳跃，是传统增长形态到现代增长形态的跳跃，是粗放式增长形态到集约式增长形态的跳跃，是经济增长的低级形态到高级形态的跳跃。

中国经济新常态的关键是经济增长动力的切换。经济增长归根到底要依靠技术进步。

长期以来，我国经济增长的动力机制过于单一，经济发展的不稳定、不全面、不可持续问题伴随我们改革开放的全过程。随着我国经济总量的不断攀升，原有的动力机制已不能适应我国未来经济增长的需要。

(三) 经济新常态下的发展战略

新常态既是机遇，也是挑战。抓住机遇，赢得挑战，关键在于如何适应新常态。我国正处于增长速度换挡期、结构调整阵痛期和前期刺激政策消化期"三期叠加"阶段，既受国际经济形势的不确定性影响，也受累于自身的体制性问题。要化解短期困难，为改革赢得时间、空间，就必须在科学认识新常态的基础上，积极适应新常态。

在发展理念上，要树立以增长促发展、以发展促增长的发展观。习近平总书记在G20峰会(二十国财政部部长和中央银行行长会议)上提议加大对发展问题的关注，树立以增长促发展、以发展促增长的发展观。将增长与发展统一起来，这是以习近平总书记为中心的新一届党中央对经济发展规律认识的新概括、新升华。增长并不等于发展，发展是增长的目的，增长是发展的手段。没有增长就不可能有发展，但没有发展，增长也不可能持续。长期以来，一些地方片面地将经济增长等同于经济发展，一些领导干部盲目崇拜GDP(国内生产总值)，这种认识迷失了经济增长的最终目标，即人的全面发展和社会的全面进步。因此，积极适应经济新常态首先就要抛弃狭隘的发展观，真正确立以增长促发展、以发展促增长的全面的发展观，推动经济发展方式和发展路径做出相应调整。

在发展思维上，要正确处理政府和市场的关系。党的十八届三中全会提出使市场在资源配置中起决定性作用，同时强调更好地发挥政府作用。这既是对过去几十年发展经验的高度概括，也是新常态下处理各种问题必须树立的发展思维。如何处理好政府和市场的关系一直是现代市场经济的核心问题。市场体系的建设和完善、产权的界定和保护以及市场失灵的克服都离不开政府的参与，没有有效的政府保障，市场就无法正常运转。而在市场能够充分发挥决定性作用的竞争性领域，政府这只有形之手又不能伸得过长，更不能替代市场作用。只有政府与市场共生互补、各司其职，经济活力才能得到有效释放，多元化经济增长的动力机制才能真正建立。

在发展战略上，要立足长远、着眼当前。经济新常态是要改变旧的经济运行机制，在新的增长动力正在形成之际，不仅增长存在波动的可能性，而且影子银行、产能过剩、债务负担等存在潜在风险，实现稳定增长的任务更加艰巨。所以，在发展战略上，必须要有长远目光，在各种新矛盾、新问题、新挑战面前沉着冷静、积极应对，忍得住阵痛。同时，也要着眼当前，充分考虑"三期叠加"阶段特有的阶段性风险，为可能出现的各类困难做好预案，为困难群众兜底线、救急难，缓解改革产生的阵痛。

在发展政策上，要坚持区间调控、定向调控、预调微调。当前，国际国内经济下行压力大，各种矛盾交织。中国在宏观政策上，需要综合考虑国内与国际经济形势、经济结构与经济周期，既要保持政策连续性又要考虑决策灵活度，既不过分强调需求刺激又不盲目抵制扩张政策。一是在对经济结构进行调整的同时，必须守住增长和就业的底线，不能失速太多；二是宏观政策保持灵活性，在外部形势变化时，及时做好政策调整准备；三是创新宏观调控工具，摒弃传统的凯恩斯总量调控思路，着重从结构性问题入手，补短板、添后劲，保持经济中高速增长、向中高端水平迈进。改革开放的历史和实践证明，微观主体更活跃、市场活力更旺盛的省市往往是增长质量更高、发展后劲更足的地区。为此，深化改革、政府转型必须立足于增强微观经济的活力——只有营造公平竞争环境，全面搞活微观经济，才能助推企业顺利度过结构调整阵痛期；只有让市场主体成为创新主体、转型升级主体，才能为经济持续健康发展注入强劲动力。

二、辽宁沿海经济带旅游资源

(一) 辽宁沿海经济带旅游资源调查

辽宁沿海经济带从东到西联结了辽宁省所辖的丹东、大连、营口、盘锦、锦州和葫芦岛六个城市，濒临黄海、渤海，呈现"N"字形绵延分布于辽宁省的东、南、西三面，这里山水相依、文明久远、民俗独特、自然人文景观交相辉映。

丹东市具有江、山、边境、海等特色品牌旅游资源，主要旅游资源包括鸭绿江、虎山长城、河口仙境、九水峡、抗美援朝纪念馆、锦江山公园、凤凰山、安平河、红铜沟、世标山庄、水丰湖、太平湾、五龙背、东汤温泉、蒲石河、玉龙湖、五龙山、大小鹿岛、獐岛、青山沟、天桥沟、天华山、大孤山、黄椅山、花脖山、响水寺、白石砬子、大梨树、前阳洞穴遗址、叆河尖西安平县遗址、近代战争遗址、现代桥梁遗址、水电站大坝、江海分界碑、园林工程、民俗风情、柱参、丝绸、板栗等。

大连市具有海、节庆、现代都市风情等特色品牌旅游资源，主要旅游资源包括棒棰岛、老虎滩、星海湾、星海广场、圣亚海洋世界、极地海洋动物馆、碧海山庄、金石滩、发现王国、森林动物园、观光塔、蛇岛、夏家河子海滨、西郊度假区、安波和步云等温泉、朝阳沟森林公园、仙人洞森林公园、仙浴湾、白玉山、东鸡冠山及203高地、中日甲午海战和日俄战争遗址、老铁山、太阳沟、冰峪沟、长山群岛、长兴岛、俄日风情街、滨海路、国际服装节等节庆活动、海鲜、贝雕、现代城市风情等。

营口市具有温泉特色品牌旅游资源，主要旅游资源包括金牛山遗址、石棚、楞严禅寺、盖州上帝庙、思拉堡温泉和熊岳天沐等温泉、望儿山和白沙湾等海滨、月亮湖公园、雪帽山、龟石滩、绣龙等森林公园、墩台山、赤山、西炮台遗址、玄贞观、水产品、水果等。

盘锦市具有湿地、滩涂等特色品牌旅游资源，主要旅游资源包括双台河口自然保护区、辽河碑林、辽河文化产业园区、丹顶鹤和黑嘴鸥等珍稀鸟类、芦苇等湿地植被、河蟹和文蛤等湿地水产、翅碱蓬等盐生滩涂植被、有机稻米、张氏祖居祖坟、甲午古战场、南大荒农场、辽河油井塔林、湖滨公园、中兴公园、马术俱乐部、鼎翔生态旅游区、西安现代农业园区等。

锦州市具有园、山、馆、寺、窟、辽文化等特色品牌旅游资源，主要旅游资源包括世博园、医巫闾山、北镇庙、万佛堂石窟、奉国寺、笔架山及天桥、辽沈战役纪念馆、大广济寺及其辽塔、锦州市博物馆、崇兴寺双塔、北镇鼓楼、李成梁石坊、北普陀山、龙岗墓群、吴楚庄园、松山生态园、青岩寺、黑山天主堂、翠岩山、大小凌河、女儿河、二郎洞、生生果园、义县八塔山、义县化石馆、动物园、东湖公园、道光廿五贡酒、沟帮子熏鸡工业旅游示范点、北镇农业旅游区等。

葫芦岛市具有海、岛、泉、城等特色品牌旅游资源，主要旅游资源包括兴城古城、兴城海滨、九门口水上长城、碣石宫、觉华岛、葫芦山庄、兴城温泉、祖氏石坊、文庙、首山、龙潭大峡谷、葫芦岛军港、绥中新浪海滨浴场、虹螺山、止锚湾、塔子沟双塔、龙湾海滨、莲花山圣水寺、灵山寺、乌金塘水库、前所城、朱梅墓园、人文纪念公园、塔山阻击战纪念塔等。

(二) 辽宁沿海经济带旅游资源的结构解析

由于旅游资源性质、价值、区位条件、规模、组合等有很大的差异，其内容、形式、开发模式呈现多元化的特征，不同类型的旅游资源的开发方式、开发重点、开发途径也不同，通过对内容丰富、品种繁多、特色鲜明的旅游资源进行类型解构，深层次剖析其价值和功能，可以为旅游资源开发、旅游业发展提供宏观决策依据，也可以为规划开发提供参考，避免出现开发趋同和产业同构，有利于最大限度地发挥旅游资源的功能和效益。

1. 辽宁沿海优良级旅游资源

为了促进我国旅游资源的永续利用和旅游业可持续发展，国家质量技术监督局于1999年发布了《旅游区(点)质量等级的划分与评定》国家标准，这是我国第一个评定旅游资源的国家标准，该标准从旅游资源品位与价值、旅游资源与环境保护等十个方面把旅游区(点)

质量等级划分为5级，从高到低依次为5A、4A、3A、2A、A。辽宁沿海经济带六个城市旅游资源类型多样，内容丰富。截至2020年，沿海经济带六个城市中已经拥有大连市中山区老虎滩海洋公园—老虎滩极地馆、大连市金州区金石滩景区(地质公园—发现王国—蜡像馆—文化博览广场)和盘锦市红海滩风景廊道景区三个国家5A级景区(详见附录B)；此外，经济带六个城市(或城市部分地区)也纷纷入选第一、第二批国家级全域旅游示范区(详见附录C)。为辽宁沿海经济带旅游业发展提供了坚实的资源基础。

2. 辽宁沿海国家级品牌旅游资源的比较优势

旅游区是承载旅游资源的大类，其中包括若干小类，如风景名胜区、自然保护区、森林公园等。辽宁沿海各类旅游区中不乏高品位的旅游资源，如万里长城中仅有的水上长城——九门口长城，作为世界文化遗产已闻名海内外。还有中朝两国的界江——鸭绿江等景区已形成较高的知名度和美誉度。辽宁沿海共有世界级旅游品牌2处，主要国家级旅游品牌68处，分别占全省同级旅游品牌总数的28.6%和50.7%，其中有些类别具有绝对比较优势，例如旅游度假区占全省比例的80%，国家级风景名胜区和国家级自然保护区分别占全省比例的77.8%和69.2%。辽宁沿海具有比较优势的旅游资源主要是自然类型旅游资源，适合开展生态旅游、休闲度假旅游等潮流旅游项目，这也正是辽宁沿海经济带旅游发展的潜力所在。

3. 辽宁沿海旅游资源的空间结构解析

旅游资源的空间结构是指旅游资源分布形成的点、线、面等空间组合关系。辽宁沿海众多不同类型、各具特色的旅游资源连接起来，构成了纵横交错、多层次、多系统的网络结构。总体来看，辽宁沿海旅游资源空间分布呈现点轴式和圈层式并存的结构模式。大连、丹东、营口、盘锦、锦州、葫芦岛六个城市的旅游资源众多，形成旅游发展中的"节点"，贯通六个城市的交通通道沿线聚集形成了丹大山水边境风光带、盘营大滨海休闲游憩带、盘葫走廊文化带等各具特色的旅游资源"轴"，点轴联结形成旅游资源网络。这里既有以蓝色海洋旅游资源为依托闻名海内外的"浪漫之都"大连，还有以"三沿"(沿海、沿江、沿边)著称的丹东，更有扼守中国咽喉的红色之都锦州。丹东、大连和锦州由于历史发展、区位等因素形成了以全市旅游资源为基础，通过规划共绘、交通共建、市场共拓、产业共兴，优化配置旅游资源，形成旅游的核心层、近郊层与远郊层的多级旅游圈层。以大连为代表的"大城"和营口盖州思拉堡温泉小镇为代表的"小镇"，以及全国最长的滨海公路等形成的点轴与圈层交错纵横，构造了辽宁沿海旅游资源的网络结构，这一"大城小镇嵌景区"的空间分布为"全域旅游"奠定了坚实的资源基础。

三、辽宁沿海经济带旅游碳足迹测算

近年来，在辽宁老工业基地经济下行的趋势下，作为辽宁省唯一被纳入国家级沿海经济带区域经济发展战略的辽宁沿海经济带的经济增长也出现了增长乏力的现象。2020年，辽宁沿海六市实现地区生产总值1.23万亿元，与2019年的1.225万亿元数据基本持平。新常态概念的提出为辽宁老工业基地的再次振兴指明了经济增长路径与增长方式调整的方向。虽然学界对于新常态的界定尚未统一，但其本质在于寻求国家和地区经济结构和经济增长动力的升级与调整。为此，加大现代服务业的投入与政策扶持，应成为经济带内部产业结构升级的重要目标。作为现代服务业的重要组成部分，旅游业的发展对于沿海经济带的经济增长具有极大的推动作用。虽然从"十一五"末期至今经济带作为一个整体的旅游人次与旅游收入等指标取得了平稳的增长，但旅游业的增长方式本身还不能被称为一种"环境友好"的增长，还不符合经济新常态所提出的改变以资源耗费为代价的经济增长方式的基本原则，因此，探寻经济带旅游低碳化发展就成为旅游业经济增长方式调整的必然选择。解决问题的前提是对问题的清晰把握，测算经济带旅游碳足迹，从而衡量经济带旅游业发展的碳排放强度，即对环境的破坏程度，就成为首先需要解决的核心问题。

(一) 旅游碳足迹研究概述

虽然关于"碳足迹"的研究在近年来才成为学界以及业界关注的焦点，但"碳足迹"本身并非一个全新的概念，在过去数年中，其根本内涵与基于生命周期理论对全球变暖潜能值(global warming potential，GWP)的估算结果密切相关，可以被用来衡量温室气体的排放量或排放强度。但此处"碳足迹"中的"碳"并非仅指二氧化碳，而是促成温室效应的温室气体的总称。由于统计数据过于庞大，为了方便应用和测算，Wright 等提出只使用二氧化碳和甲烷这两种气体来测算碳足迹。

相对于"碳足迹"来说，关于"旅游碳足迹"的研究相对要晚一些，但仍主要以生命周期理论作为依托，探讨旅游产品的生产、交换以及消费过程的碳排放强度及其对环境的影响。在具体测算方法上，国外学者普遍采用虚拟旅游卫星账户法去估算旅游碳足迹，例如 Jackson 等利用旅游卫星账户估算了加拿大的旅游碳足迹，Jones & Munday则同样使用旅游卫星账户并配合环境卫星账户测算了威尔士的旅游碳足迹数值等。由于我国的虚拟旅游卫星账户还处于建设初期，数据的收集和方法的使用还不是非常完善，旅游卫星账户法并没有被国内学界和业界所广泛采用。通过对国内学者研究成果进行梳理，发现环境影响模型"*I=PAT*"是"旅游碳足迹"测算方法的主要依据，并据此构建了"旅游碳足迹"总量模型。环境影响模型"I=PAT"诞生于20世纪70年代，缘起于对美国环境变化影响因素的探究。Ehrlich & Holden提出人口、人均消费或者人均产出以及科技进步都对美国环境产生了直接的负面影响，并最终构建了"I=PAT"模型。模型中的I(impact)代表人类活动对环境的影响，P(population)代表地区人口数量对环境的影响，A(affluence)代表人均消费对环境的影响，通常用人均GDP来计算，而T(technology)则代表技术进步所产生的影响。国内学者在进行"旅游碳足迹"的研究中，借鉴了"I=PAT"环境影响模型及其构建思路，构建并使用基于旅游者消费的"旅游碳足迹"总量模型去测算"旅游碳足迹"。该模型可被表述为"总旅游碳足迹 = 旅游收入×旅游碳排放强度系数"，公式中的总旅游碳足迹用"吨标准煤"这一单位计量，而旅游碳排放强度系数则广泛采用623.13千克/千美元这一数值。

在旅游碳足迹测算和低碳旅游开发之间的关系研究方面，刘啸认为低碳旅游的本质内涵即在不降低旅游者体验的前提下，降低旅游业碳排放强度。江丽芳和王晓云也指出低碳旅游是一种降低"碳"的旅游，它通过降低旅游者旅游活动的碳排放，促使旅游业成为一种有益于环境的绿色产业。可见，测算旅游碳足迹或者碳排放量强度是开发低碳旅游模式的基本前提与经验数据支撑，低碳旅游开发则是降低碳排放，从而实现与环境和谐共生的旅游业增长路径。

(二) 旅游碳足迹测算模型

碳足迹测算模型可采用王立国、周焱等人设定的模型，其表达式为

$$总旅游碳足迹 = 旅游收入 \times 旅游碳排放系数$$

模型中的旅游碳排放系数值为623.13千克/千美元。

(三) 测算结果及评价

基于上述"旅游碳足迹"总量模型，依据张振家(2016)提出的研究方法测算了辽宁沿海经济带2016—2020年旅游业收入与总旅游碳足迹，具体的测算结果如表6-1所示。

表6-1　辽宁沿海经济带2016—2020年旅游业收入与总旅游碳足迹

年份	旅游总收入/亿美元	总旅游碳足迹/吨标准煤
2016	322.62	20 103 420.06
2017	385.82	24 041 601.66
2018	412.67	25 714 705.71
2019	469.65	29 265 300.45
2020	205.25	12 789 743.25

数据来源：编者依据2016—2020年辽宁沿海经济带六市国民经济与社会发展统计公报以及2020—2021辽宁省统计年鉴数据计算而得

表6-1的数据显示，2016—2019年，辽宁沿海经济带旅游碳足迹总值从20 103 420.06吨标准煤稳步提升1.45倍至2019年的29 265 300.45吨标准煤。可以说，旅游业在这个期间的不断发展以及旅游总收入的平稳增长是推动经济带旅游碳排放量不断上升的核心推力。在此处需要指出的是，随着2020年初新冠疫情的不断蔓延，包括辽宁沿海经济带六个城市在内的国内旅游行业以及国际旅游进出口贸易的发展几乎陷入全面停滞状态，六个城市的旅游总收入也都受到了巨大的影响，因此，辽宁沿海经济带的旅游总碳足迹的值也出现了巨大的滑坡。

图6-1更为直观地揭示出辽宁沿海经济带总旅游碳足迹的动态变化趋势。相对而言，虽然2016—2019年的国际旅游收入总体呈上升态势，但新冠疫情的全球蔓延对辽宁沿海经济带的旅游碳足迹的变化产生了极大的影响。

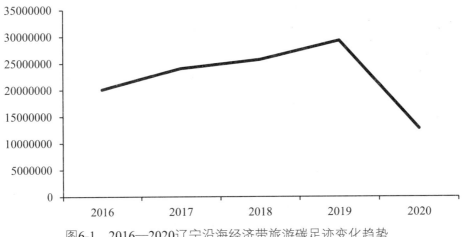

图6-1　2016—2020辽宁沿海经济带旅游碳足迹变化趋势

从表6-2的数据可以看出，在辽宁沿海经济带所辖的六个城市中，大连的旅游产业发展所产生的碳排放构成了辽宁沿海经济带旅游碳排放量的主要部分。其中，2016—2019年大连的总旅游碳足迹占据辽宁沿海经济带总旅游碳足迹份额的50%，并且即使在疫情蔓延的2020年，大连的总旅游碳足迹仍占据辽宁沿海经济带总旅游碳足迹的45.54%。可见，大连在辽宁沿海经济带旅游业发展中占据最为重要的位置，一方面为辽宁沿海经济带旅游业的发展带来了客源和收入，另一方面导致辽宁沿海经济带碳排放量不断增加。

表6-2　2016—2020大连市旅游业收入与旅游碳足迹

年份	国际旅游收入/亿美元	国内旅游收入/亿美元	总旅游收入/亿美元	国际旅游碳足迹/吨标准煤	国内旅游碳足迹/吨标准煤	总旅游碳足迹/吨标准煤	总旅游碳足迹占经济带比重/%
2016	5.4	158.56	163.58	336 490.2	9 880 349.28	10193 160.54	50.70
2017	5.5	190.4	195.9	336 490.2	11 864 395.2	12 207 116.7	50.77

（续表）

年份	国际旅游收入/亿美元	国内旅游收入/亿美元	总旅游收入/亿美元	国际旅游碳足迹/吨标准煤	国内旅游碳足迹/吨标准煤	总旅游碳足迹/吨标准煤	总旅游碳足迹占经济带比重/%
2018	5.7	204.11	209.81	336 490.2	12718 706.43	13 073 890.53	50.84
2019	5.9	231.62	237.52	336 490.2	14 432 937.06	14 800 583.76	50.57
2020	0.62	92.85	93.48	336 490.2	5 785 762.05	5 825 019.24	45.54

数据来源：编者依据大连市2016—2020国民经济与社会发展统计公报和大连统计年鉴数据计算而得

四、辽宁沿海经济带低碳旅游产品设计与低碳旅游开发

"旅游碳足迹"用于测算旅游活动给环境来的破坏程度，减少旅游活动、限制旅游产品的生产、交换与消费是最为直接和有效的保护环境的方法。然而事实并非如此简单。一方面，旅游业不仅是现代服务业最为重要的组成部分之一，还是包括沿海经济带在内的我国大部分地区以及地区政府积极推动发展的重要产业，在刺激地区经济增长和收入水平（见表6-1、表6-2）、提高就业、促进文化交流甚至保障地区稳定等方面都发挥着直接或隐性的作用；另一方面，从事旅游活动也是大众旅游时代人们外出休闲娱乐、增长知识、开阔眼界以及增强文化与风俗体验的天然需求。因此，通过对沿海经济带旅游碳足迹进行的测算和对结果进行的分析，对学界、业界以及政策制定者的启示不仅仅是要做到适时、适度的合理限制旅游业发展，更重要的是调整思路、制定规范、勇于实践，积极探寻出旅游资源保护与开发并进的低碳化发展旅游业的可行路径。

(一) 依托"互联网+"做好低碳理念的传播与旅游者的教育工作

宣传与教育工作的重中之重是要让低碳理念真正地深入人心，引导旅游者选择低碳化旅游方式，这样才能促使每一个旅游者从身边小事做起，培养低碳旅游消费理念。然而，传统的媒介宣传往往是由媒介生产低碳旅游或环保出游的信息，作为信息传播对象只能被动接收这种信息，至于旅游者或潜在旅游者能否接受或在多大程度上认可并接受这种信息很难预期。在经济新常态下，经济结构与经济增长动力转型的内在需求的"互联网+"将转变传统媒介所常用的上述单方面信息输出的信息传播方式，更多地利用自媒体、微博、微信等方式让旅游者或潜在旅游者自主地参与到信息的生产、传播等环节，从旅游者的角度去完成信息内容的撰写并自主选择传播途径，将更为有效地达到低碳旅游宣传与教育旅游者的目的。可见，"互联网+媒介"模式并非传统意义上的"媒介+互联网"模式的同义变换，而是一种全新的信息内容生产传播的理念与方式。

(二) 坚守"旅游景区承载力"底线，促进景区可持续发展

旅游资源开发的基础是自然资源与人文资源，其中自然资源和部分人文资源的开发、利用具有不可逆性的特点。旅游开发若想尊重这种"不可逆"，就要坚守"旅游景区承载力"底线。"旅游景区承载力"是指以最低限度的环境破坏力和满足游客最低游览需求为原则的景区最大载客量，是旅游景区开发的底线。2010—2014年，辽宁沿海经济带国内旅游人次猛增了5000万，入境旅游人次虽然有所波动，但仍然维持在每年200万人次左右(见表6-1)。不断涌入的客流将对经济带旅游景区的承载力提出巨大而持续的挑战。从技术角度出发，应长期坚持科学限流、错时出游等措施，例如，部分景点在旅游旺季可限制私人汽车的驶入量，旅游景区禁止机动车出入，改用公共交通、电动车、自行车等低碳或零碳的交通工具；从经营角度出发，景区的经营者应在眼前利益和可持续发展中寻求平衡，并在两者发生矛盾时，其经营和管理行为向后者倾斜。

(三) 切实维护旅游生态系统安全

辽宁沿海经济带内部旅游资源丰富，所辖的六个城市中，每个城市至少有一个省级以上自然保护区，例如，盘锦的双台河口自然保护区、丹东鸭绿江口湿地自然保护区、大连长海海洋珍贵生物自然保护区、锦州义县古生物化石自然保护区、营口玉石岭自然保护区以及葫芦岛白狼山自然保护区等。这些自然保护区对经济带旅游生态系统建设的完整性以及旅游业进一步开放与开发的意义十分重大。因此，应对经济带内部旅游生态系统中的各级自然保护区、风景名胜区、濒危物种及其栖息地要加强监管，提高惩治力度，不可过度开发和开放旅游资源，切实维护旅游生态系统的安全。

(四) 创新性开发低碳旅游产品和服务

为旅游活动提供"食、住、行、游、购、娱"等旅游产品或服务的企业应秉持低碳、减排的理念，结合行业和企业自身特点，创新性开发既能满足游客需求，又能与环境和谐共生的低碳化旅游产品或服务。旅游餐饮企业可以着手从厨房生产到菜肴销售的整个链条中融入低碳理念，潜心研究低碳化的烹饪方法，提供低碳营养菜谱并在销售环节向顾客普及低碳餐饮的益处，积极引导顾客进行低碳消费。旅行社和旅游景区应根据景区的生态环境和资源特点，设计出能给游客带来游览感受最大化、碳排放量最小化的游览路线，例如，可以在海岸线或自然保护区等景区，设计徒步旅游线路或自行车旅游线路等。旅游饭店应着力开发低碳客房和低碳设施，例如，使用低碳环保的建筑材料，减少一次性洗漱用品的使用，以及采用引力免冲马桶和LED节能光控感应灯等。总之，适当的旅游产品和服

务创新有利于旅游业的发展和资源的高效利用，创新性的低碳旅游产品和服务不但能够满足旅游者参与和体验的心理需求，而且有助于减少旅游活动的碳排放量。

(五) 发挥大连在辽宁沿海经济带低碳旅游开发中的核心与示范作用

大连市的旅游碳足迹占据辽宁沿海经济带总旅游碳足迹1/2以上的比重，成为辽宁沿海经济带旅游碳排放总量的最大源头，因此，大连市应成为辽宁沿海经济带降低碳排放并发展低碳旅游的核心城市。为了降低碳排放和发展低碳旅游，国家出台了多个相关法律法规，例如《中华人民共和国旅游法》和《中华人民共和国环境保护法》，大连市也出台了诸如《大连市城市绿线管理办法》《大连市节约用水条例》《大连市餐厨垃圾管理办法》《大连市人民政府办公厅关于推进大连市再生资源回收体系建设的实施意见》等有一定关联的地方性法律法规或政策规范。但通过前文的相关数据可以看出，大连市针对低碳旅游开发的管理机制还有进一步完善的空间。对此，大连市旅游管理部门、相关监督部门、相关法律法规制定和执法部门都应秉持低碳旅游开发的新思想、新意识，去发展和完善一套专门针对低碳旅游发展的管理机制和相关法律体系。此外，大连市是辽宁沿海经济带内所辖各城市中拥有国家A级景区、星级酒店和旅行社最多的城市。根据《2020年大连市国民经济与社会发展统计公报》数据，大连市拥有国家A级旅游景区(点)56个、旅游星级宾馆(饭店)103家以及旅行社483家。因此，大连市旅游景区、旅游饭店、旅行社在开发、生产和提供旅游产品和服务的过程中，更应采用低碳技术，践行低碳理念，为辽宁沿海经济带其他各城市开展低碳旅游活动起到示范作用。

思考与练习

一、思考题

1. 如何开发低碳旅游线路？
2. 如何计算旅游碳足迹？

二、实训练习

□ 实训目的

习近平总书记在《习近平谈治国理政》第三卷指出："生态环境是关系党的使命宗旨的重大政治问题，也是关系民生的重大社会问题。"因此，探讨如何降低旅游活动对生态环境的负面影响是旅游业无法回避的重要任务。在这个过程中，为了保持旅游活动的正常开展与环境保护之间最大限度的平衡，环境友好的旅游线路设计或旅游线路设计的低碳化是切实可行的方法。为此，需要学生掌握如何测算与评价旅游活动对环境的影响。通过此实训环节，学生可以学会分析随着旅游线路的开发、游客的涌入，地区旅游碳足迹将产生的变化以及此变化趋势背后的原因，并撰写实训报告。

□ 基本要求

1. 根据课堂所学，以及在课堂上边学边做和在课下深入思考与练习，请使用旅游碳足迹计算公式计算你的家乡城市或家乡所在省份其他城市的旅游碳足迹。

2. 计算旅游碳足迹的时间区间为你能获取资料的近五年时间，例如可以使用2016—2020年的数据来进行计算。

3. 此实训报告正文包括以下几个部分，应做到阐述详尽、解释透彻、有依据支持。

(1) 旅游碳足迹数据展示(建议使用表格)。

(2) 旅游碳足迹数据趋势变化展示(建议使用折线图)。

(3) 旅游碳足迹变化趋势的文字描述与原因分析，具体包括以下两方面。

① 旅游碳足迹变化趋势的文字描述。

② 旅游碳足迹变化趋势背后的原因分析。

4. 上述实训报告正文中关于"变化趋势及其原因"的阐述与分析的内容应详尽，且有理有据。

5. 原则上，此实训报告应为计算机输入并打印，字体字号为小四号宋体，行间距为1.5倍行距。

6. 杜绝相互抄袭，一经发现，取消本次成绩。

第二节 沈阳经济区旅游资源整合与旅游线路设计

一、沈阳经济区旅游资源调查与评价

(一) 沈阳经济区旅游资源调查

沈阳经济区地处东北亚的中心地带，包括沈阳、鞍山、抚顺、本溪、营口、阜新、辽阳、铁岭八个城市及其所辖行政区域，总面积75 402平方千米，占辽宁省总面积的50.95%，总人口2359万人，占辽宁省总人口的56%。李鹏升、李悦铮和江海旭(2014)调查表明，2011年，沈阳经济区完成固定资产投资9921.5亿元，实现地区生产总值13 939.9亿元，增长率为18.77%，占全省生产总值62.72%。2023年，沈阳经济区地区生产总值达到15778.7亿元，占全省生产总值52.23%。城镇化率达到70%，是我国城镇化水平最高的地区之一。2010年，国家发改委批复沈阳经济区为"国家新型工业化综合配套改革试验区"，有效促进区域经济增长，推动区域一体化的发展进程。旅游一体化是沈阳经济区第三产业发展的关键，实现旅游资源、信息资源共享，共建旅游基础设施平台，联创区域旅游品牌是沈阳经济区旅游业发展的战略所在。根据2020年沈阳市与鞍山市国民经济与社会发展统计公报数据，沈阳市全年旅游总收入502.6亿元，比上年下降42.6%；鞍山市全年旅游总收入275.2亿元，比上年下降45.1%。各城市旅游实力的不平衡性既为区域旅游的互补发展提供机遇，也为区域旅游开发带来挑战。推进沈阳经济区旅游一体化的发展必须对各城市旅游竞争力进行客观评价，分门别类评析各城市旅游发展存在的不足，找出互补性，提出合理的合作机制，实现区域旅游效益的最大化。沈阳经济区是辽宁旅游资源集聚地带，区内拥有世界文化遗产3项，国家5A级旅游景区1处，4A级旅游景区30处，国家级森林公园15处，国家级自然保护区1处，国家地质公园1处，国家级历史文化名城2个，国家级风景名胜区2处，全国重点文物保护单位61处。沈阳经济区自然景观、历史文化景观极为丰富，而且区域内各个城市旅游景观独具特色，差异性大。其中，沈阳旅游资源类型多样，包含自然景观观赏类、历史文化遗迹类、古式建筑遗址类以及休闲服务娱乐类等资源；本溪景色宜人，以山水自然景观和奇特景观等观赏类旅游资源为主；抚顺独具特色，以红色文化资源、休闲度假旅游资源为主；营口濒临海域，以水体景观、海岸景观为主。由此可以看出沈阳经济区内各城市旅游景观类型具有互补性，如果将经济区各城市旅游资源有机地联系在一起，就可以建设集观光、文化、休闲、度假、会展、工业等于一体的综合性旅游基地，也可以增强区域旅游的竞争力。

区位优势是区域内旅游资源、旅游产品进行整合的前提条件。沈阳经济区位于东北亚的中心，具有明显的区位优势，这对辽宁省甚至是整个东北地区经济的发展都发挥了至关重要的作用。区域内部交通体系较为发达，基本上形成了"海、陆、空"全面发展的立体化交通网络，现已形成以沈阳为中心、以百公里为半径的"一小时经济圈"，便利的交通将经济区域内各城市连接起来，减少了区域内旅游者出行的费用与时间，可以真正形成区域内无障碍旅游。在对外交通方面，沈阳经济区拥有东北地区最大的国际航空港、最大的铁路交通枢纽和发达的高等级公路网，拥有7500万吨以上吞吐量的港口，是我国综合交通运输最发达的地区之一。

(二) 沈阳经济区旅游资源评价

在沈阳经济区所辖八个城市中，沈阳旅游基础设施竞争力综合得分最高，主要得益于其基础设施建设最佳。沈阳是全国拥有三级甲等医院最多的城市之一，其卫生、医疗、科技在全国名列前茅；作为辽宁省的国家历史文化名城，沈阳拥有三处世界文化遗产——沈阳故宫、沈阳北陵(昭陵)、沈阳东陵(福陵)；沈阳还是东北地区最大的航空、铁路、公路交通枢纽。鞍山和抚顺与沈阳相比差距较明显。沈阳依靠其在旅游经济水平方面的较高得分，以绝对优势成为旅游发展现状竞争力最强的城市。沈阳生产总值占沈阳经济区的51.47%，第三产业增加值约占1/2，其他如入境游客、国内游客、国际游客、旅游外汇收入、国内旅游收入、旅游总收入等约占1/3。经济社会的长足发展、人民生活水平的不断提高、旅游产业的快速发展促使沈阳成为辽宁省乃至东北地区的增长极。本溪和鞍山处于第二梯队，整体实力较强，其中，本溪的旅游业发展态势良好。在沈阳经济区城市旅游竞争力评价中，排在前三位的分别是沈阳、鞍山和辽阳，拥有较好的旅游发展前景。旅游综合竞争力排名由高到低依次为沈阳、鞍山、本溪、抚顺、营口、辽阳、铁岭、阜新。

沈阳作为沈阳经济区的核心城市、东北第一大城市，现已成为中国东北的经济、文化、交通和商贸中心，凭借雄厚的经济实力、完善的城市基础设施、优越的地理位置和丰富的旅游资源，成为旅游综合竞争力最强的城市。鞍山作为辽宁省第三大城市，工业经济发达，位于"沈大黄金经济带"的重要支点，区位优势明显，各项竞争力排名均居前三位，旅游综合竞争力水平位居第二。本溪旅游资源得天独厚，在2011年中国百强旅游城市中排名第45位，在辽宁省内仅次于大连和沈阳，本溪桓仁县更是位列2020中国旅游潜力百强县名单之中，本溪凭借丰富的旅游资源，使旅游业成为城市转型的优势产业，但在潜在支撑竞争力方面，应加强自身建设。抚顺地理位置优越，东与吉林省接壤，西邻沈阳。抚顺作为辽宁省第四大城市，其基础设施水平较高，旅游产业发展较好，但社会经济支撑水平和城市环境支撑水平还有待提高。营口作为沈阳经济区唯一的沿海城市，发挥辽宁省乃至东北亚重要航运枢纽的作用，营口同时得到振兴东北老工业基地环渤海开发开放战略和新型工业化综合配套改革试验区的国家政策支持，迎来经济发展难得的历史机遇期，应抓住政策和区位优势，持续提高基础设施水平、社会经济支撑水平和城市环境支撑水平，不断推动旅游向前发展。辽阳在人均道路面积、旅游重要程度和城市环境支撑水平方面具有较大优势，但这些因素对提高城市旅游综合竞争力的贡献率较低，辽阳作为东北地区建城最早的城市，曾一直是东北地区的政治、经济、文化中心，辽阳应深入挖掘其悠久的历史和灿烂的文化，大力发展旅游及相关产业。铁岭以农业和畜牧业为主，第三产业增加值占GDP的比重在八个城市中最低，仅为27.61%，这极大地影响了铁岭旅游产业的发展。阜新旅游综合竞争力排名垫底，主要是其基础设施水平、人均道路面积和旅游经济水平得分最低，总体来说，阜新应借助国家批复建设沈阳经济区为国家新型工业化综合配套改革试验区的东风，争取更多的政策和资金支持，全力推动沈阳、阜新区域的重要交通物流节点建设，从而间接提升阜新的旅游综合竞争力。

二、沈阳经济区旅游客源市场分析

旅游市场是指在旅游产品的形成和交换过程中所反映出来的各种经济现象和经济关系的总和，具有复杂性、系统性、结构性、波动性和异地性的特征。旅游市场的发展规模主要通过客源市场来表现。旅游客源市场的空间结构主要是指旅游者的空间分布及特征，根据旅游者来源的不同，可以分为入境客源市场、国内客源市场和本地客源市场。旅游资源吸引力的大小决定了客源市场的半径和密度，而旅游者数量又直接关系到旅游地的经济效益。截至2019年末，沈阳经济区共接待入境游客1 464 690人次，实现外汇收入8.84亿美元；接待国内旅游者3.49亿人次，实现旅游收入2959.6亿元人民币。沈阳市在整个经济区旅游业中占据主导地位，因其是入境旅游的必经之地，旅游客源市场空间结构在一定程度上代表着整个经济区的旅游空间结构；鞍山、本溪、抚顺仅次于沈阳，旅游人数和旅游收入在整个经济区旅游业中所占比重较大；辽阳国内旅游市场发展较好，入境旅游市场较差；营口国内旅游市场所占份额较小，而入境旅游发展较好；铁岭、阜新无论是旅游人数还是旅游收入，在整个经济区旅游业所占比重均较小。

(一) 国内客源市场空间结构分析

近年来，沈阳经济区的旅游业实现了飞跃式发展，国内旅游接待人数和国内旅游收入实现了快速增长，国内旅游接待人数和国内旅游收入要远远高于入境旅游人数和旅游外汇收入，这表明国内客源市场一直以来都是沈阳经济区旅游市场的主要支柱。

国内客源市场的空间分布并不均匀，从地域分布来看，沈阳经济区作为辽宁省的政治、经济、文化、交通中心，对省内客源市场具有一定的吸引力，所以省内客源市场是一个稳定的客源市场；从省外构成来看，北京、天津、山东、吉林、黑龙江等毗邻城市和省区是沈阳经济区主要的省外客源市场。根据近年来对沈阳经济区客源市场的调查资料整理得出沈阳经济区国内客源市场分布图，从六大行政区域看，东北地区、华北地区、华东地区的山东省无疑是沈阳经济区最大的省外客源市场；华东地区、中南地区虽然距离沈阳经济区较远，但因其经济发展水平较高，已成为沈阳经济区的次级省外客源市场；西南地区、西北地区距离沈阳经济区较远，经济联系不紧密，所占比重较小。

(二) 入境客源市场空间结构分析

自21世纪以来，随着我国旅游业的蓬勃发展，沈阳经济区的旅游业也得到了快速的发展，入境旅游人数和旅游外汇收入均有较大幅度增长。沈阳经济区境外客源地具有明显的区域集中性，主要集中在韩国和日本，受客源地经济社会条件影响较大，入境旅游客源市场较不稳定。

沈阳经济区国内客源市场空间分布较为分散，趋于成熟和稳定，但在分布上呈现一定的距离衰减规律。主要客源市场分布在北京、天津、山东、吉林、黑龙江等周边经济发达、人口稠密地区；次要客源市场分布在华东、中南等经济发展条件较好地区；西北、西南地区所占比重较小。入境客源市场空间分布较为集中，客源市场具有一定的波动性，以韩国和日本为主，其他国家或地区所占比重较小。

三、沈阳经济区精品旅游线路设计

高冰和夏学英(2015)指出，打破行政区域界限、跨各市整合开发旅游线路能够促进沈阳经济区旅游资源以及旅游经济的转型升级。首先，将沈阳经济区内最具知名度的旅游景点串联起来，推出最具竞争力的黄金旅游线路(见表6-3)。例如，沈阳、抚顺、辽阳三市应深入挖掘满族民俗文化旅游，并结合鞍山、辽阳两市的佛教文化，打造区域内黄金旅游线路。其次，针对游客需求的差异，对经济区内旅游资源进行优化和整合，编排适合不同游客需求的旅游线路。例如，红色旅游线路、历史文化遗产线路、奇特景观线路、休闲度假线路、冰雪旅游线路、工业旅游线路等。最后，针对交通条件、市场需求，设计出适合区域内市场、区域外市场、国际市场的旅游线路。线路整合时应充分考虑旅游者在区域内停留的时间，针对旅游者停留时间重点推出一日旅游线路、二日旅游线路、三日旅游线路。

表6-3　沈阳经济区精品线路及主要景点

主题	精品线路	主要景点
红色经典主题游	抚顺—沈阳—本溪 沈阳—辽阳—鞍山—营口 抚顺—沈阳—铁岭	沈阳："九·一八"历史博物馆、张学良旧居陈列馆、毛泽东视察高坎纪念馆 鞍山：黄显声将军故居、张学良将军出生地纪念馆 抚顺：抚顺战犯管理所旧址陈列馆、平顶山惨案遗址 本溪：辽宁东北抗联史实陈列馆、东北抗日联军第一军西征会议旧址 营口：西炮台遗址 铁岭：周恩来同志少年读书旧址

(续表)

主题	精品线路	主要景点
文化遗产主题游	抚顺—沈阳—本溪 抚顺—沈阳—辽阳	沈阳：清故宫、沈阳昭陵、沈阳福陵、沈阳皇寺、清初四塔 抚顺：清永陵、赫图阿拉老城 本溪：五女山山城 辽阳：东京城、东京陵、广佑寺 阜新：瑞应寺、千佛山风景区
奇特景观主题游	沈阳—鞍山—辽阳—本溪	沈阳：沈阳怪坡、沈阳陨石山公园 鞍山：玉佛苑 辽阳：辽阳冷热地奇观 本溪：本溪地温异常带、本溪水洞
休闲度假主题游	沈阳—辽阳—鞍山—营口	沈阳：沈阳满族民俗村、沈阳国家森林公园、沈阳植物园、盛京高尔夫球俱乐部 辽阳：辽阳汤河风景区 鞍山：鞍山千山、鞍山汤岗子温泉 营口：营口望儿山
冰雪世界主题游	沈阳—本溪—辽阳	沈阳：沈阳东北亚滑雪场、沈阳棋盘山冰雪大世界 本溪：本溪湖、东风湖冰雪大世界 辽阳：辽阳弓长岭滑雪场
工业基地主题游	沈阳—鞍山—抚顺	沈阳：沈阳老龙口酒博物馆、沈阳航空博览园、沈阳金杯客车生产线 鞍山：鞍山鞍钢 抚顺：抚顺西露天矿

资料来源：高冰，夏学英. 基于一体化发展的沈阳经济区旅游产品整合研究[J]. 湖北广播电视大学学报，2015(4).

思考与练习

一、思考题

1. 何谓"沈阳经济区"？

2. 沈阳经济区旅游资源的共性是什么？

二、实训练习

请依据沈阳经济区旅游资源与线路的归纳方法，归纳总结出自己家乡精品旅游线路即经典景区景点，并用类似于表6-3的方式进行归类。

第三节 海南全域旅游线路设计

一、全域旅游内涵

厉新建等认为，"全域旅游"是指各行业积极融入，各部门共同管理，居民游客共同享有，充分挖掘目的地的吸引物，创造全过程与全时空的旅游产品，从而满足游客与居民全方位的体验需求。该概念不仅突出旅游业重要的产业地位，而且强调全域旅游提升人们生活品质的价值和功能。于洁等提出，"全域旅游"是指打破行政界线的框定，将区域作为整体进行规划，是资源整合、产品丰富、社区参与、权力协同、产业链延伸的系统旅游，但不是所有产业让位于旅游业，也不是全民参与。随着研究的不断深入，学界对全域旅游的解读较丰富，但基本观点趋于一致。国家旅游局(现文化和旅游部)给出的定义是"全域旅游是将特定区域作为完整旅游目的地进行整体规划布局、综合统筹管理、一体化营销推广，促进旅游业全区域、全要素、全产业链发展，实现旅游业全域共建、全域共融、全域共享的发展模式"。发展全域旅游是贯彻落实新的发展理念、适应旅游业发展新形势、遵循旅游业发展内在规律的客观需要，是转变旅游发展方式、实现由门票经济向产业经济转变的内在要求，是优化旅游空间配置、开辟旅游业发展新空间的有效途径。吕俊芳提出了"全域旅游"的三个发展条件，即社会条件——全民休闲时代的到来；人口条件——非农人口比重增加；资源条件——旅游资源的全域化。"全域旅游"的核心是重新整合旅游资源，在空间板块形成特色各异的旅游产品或业态集群。

国家已经创建了两批全域旅游示范区(首批示范区见附录C)。开展国家全域旅游示范区创建工作，通过试点示范和引领带动，不仅有利于各地因地制宜、突出特色、塑造品牌，形成各具特色、开放包容、共建共享的旅游发展新生态，还有利于充分调动各方力量、整合资源、优化配置，开创大旅游发展新格局。

二、海南：全国首个全域旅游示范省

2016年，国家旅游局(现文化和旅游部)将海南省确定为首个全域旅游创建省。海南省成为全域旅游创建省以后，将享受到国家旅游局(现文化和旅游部)推出的八项支持措施，包括优先纳入中央和地方预算内投资支持对象，优先支持旅游基础设施建设，优先纳入旅游投资优选项目名录，优先安排旅游外交、宣传推广重点活动及纳入国家旅游宣传推广重点支持范围，优先纳入国家旅游改革创新试点示范领域，优先支持A级景区等国家重点旅游品牌创建，优先安排旅游人才培训，优先列入国家旅游重点联系区域。

三、琼海全域旅游：农田、公园还是景区

首个全域旅游创建省为何花落海南？一个重要的原因就是在推进全域旅游方面，海南已经进行了许多有益的探索和改革创新，积累了许多宝贵经验，尤其是琼海的全域旅游模式受到了业界高度赞赏。

以"红色娘子军、万泉河、博鳌亚洲论坛"闻名的中国优秀旅游城市——海南省琼海市，坚守"不砍树、不占田、不拆房，就地城镇化"原则，围绕"全域是景区、处处是景观、村村是景点、人人是导游"的创建目标，着力把美丽乡村、特色小镇、农业公园、重点景区的"点"做精做美，使旅游公路、旅游绿道等"线"互联互通，使治安、食宿、交通、互联网等旅游服务"面"成形成势，以"点、线、面"相结合的方式，推动全域旅游发展。整个琼海市成为一个没有边界、没有围墙、没有门票，主客共享、旅居相宜的大景区，有效促进了农业与旅游业的有机融合，实现了就地城镇化，走出了一条独具琼海特色的全域型旅游发展之路，成为全国首批创建"全域旅游示范区"的单位，并荣获"全国休闲农业与乡村旅游示范县"等称号。

"这是农田？是公园？抑或景区？"2015年3月15日，海南省精神文明建设暨特色风情小镇与美丽乡村建设现场会在琼海市召开，前来龙寿洋万亩田野公园参观的与会代表困惑了。对这个问题，可以这样回答：都是，又都不完全是。这是一片多元化的土地，是琼海推进全域旅游创新的一个缩影。

"我在村里的农家乐'草根三味'打工，但家里农活也没落下。"傍晚，琼海市塔洋镇鱼良村委会下村村民王千乐下班后，扛起农具到自家香蕉地里接着干起了农活。龙寿洋万亩田野公园实际是一块农用地，琼海对这里的开发充分保护和尊重了现有农村的地形村貌、田园风光、农业业态和生态本底。

"这里漂亮又好玩，能骑行、能划船，还能喝咖啡，最重要的是不要门票！"游客罗先生坐在咖啡驿站里由衷感慨，田野公园是一种全新的旅游业态，没有围墙、没有边界、没有门票，琼海整个城市都是景区。

琼海提出"田园城市·幸福琼海"战略，将全市当成一个5A级景区来建设。根据各个镇的人文特点、产业特色和自然禀赋进行个性化的规划设计，逐步把12个镇建设成"一镇一特色、一镇一风情、一镇一产业"。琼海找准12个特色小镇的发展定位。潭门镇挖掘千百年来的渔业文化，展露渔港新姿；中原镇挖掘著名侨乡的"下南洋"文化，吹拂南洋风情；博鳌镇把琼海民居文化与作为博鳌亚洲论坛所在地所体现的时尚元素融合，吸引八

方来客；大路镇立足深厚的农耕文化和农业传统，建设互联网农业小镇……其中，博鳌镇和万泉镇被评为全国"美丽宜居示范小镇"，潭门镇、博鳌镇和中原镇被评为"全国特色旅游景观名镇"。

琼海的全域旅游发展实践表明，琼海市正依托国家农业公园和风情小镇建设，以旅游业为龙头发展第三产业，带动第一、第二产业结构调整升级。通过田园小道、景观通道、慢行车道等配套设施，把景点、公园、村庄、民居风情、生态景观等串联起来，使全市成为一个田园式大景区。

小案例　　　　　　　　　　　　　　　**琼海踏河看海两日游**

第一天：红色娘子军纪念园—万泉河—官塘温泉

第一天到达琼海后，首先来到为纪念"中国工农红军第二独立师女子军特务连"而建造的红色娘子军纪念园，坐在八九十岁的红军奶奶身旁，听她们讲述那段艰苦的岁月。随后在万泉河边散散步，哼唱着"万泉河水清又清"的歌谣。傍晚时分再泡泡官塘温泉，体会"世界少有，海南无双"的温泉热矿水带给人的舒适惬意。

第二天：博鳌亚洲论坛成立会址—东方文化苑—玉带滩

第二天早晨，可以打车或坐公交去往博鳌镇。首先去看看博鳌亚洲论坛的会址，看看国际化的会议中心是怎样的安排与布局，与那些电视中反复出现的场景合张影。随后去万泉河的入海口玉带滩，河的一边湍流，海的一边安静，海浪互相拍打旋转，海纳百川的气势略见一斑。傍晚时分可以在海边的躺椅休息下，或者直接下海游泳、冲浪。

资料来源：去哪儿网[EB/OL]. https://www.qunar.com/. 作者整理

思考与练习

一、思考题

1. 何谓"全域旅游"？

2. 全域旅游发展背景与前景如何？

二、实训练习

1. 请详细阅读附录C，并立足于一处全域旅游示范区，评价该示范区现有的全域旅游线路，并对其进行改良创新。

2. 请详细阅读附录C，并对比至少两处全域旅游示范区所拥有的全域旅游线路，评价异同点。

3. 请详细阅读附录C，并选择一处全域旅游示范区，为其全域旅游发展设计一条或多条旅游线路。

第四节 陕甘宁红色旅游线路设计

一、红色旅游内涵

近年来，红色旅游越来越受欢迎，迎来了发展新机遇。2021年3月29日，文化和旅游部召开2021年第一季度例行新闻发布会，介绍文化和旅游部围绕庆祝中国共产党成立100周年主题开展相关工作情况。其中，在红色旅游工作推进方面，应重点做好四个方面的工作：一是丰富红色旅游产品供给，推出一系列红色旅游线路，充分发挥红色教育功能；二是推动融合发展，不断增强红色旅游为民意识；三是加强人才建设，不断提升红色旅游发展水平；四是加强宣传推广，不断营造红色旅游发展良好氛围。

何谓"红色旅游"？在中共中央办公厅、国务院办公厅颁布的《2004—2010年全国红色旅游发展规划纲要》中，红色旅游是指以中国共产党领导人民在革命和战争时期建树丰功伟绩所形成的纪念地、标志物为载体，以其所承载的革命历史、革命事迹和革命精神为内涵，组织接待旅游者开展缅怀学习、参观游览的主题性旅游活动。但刘克帅发表在《旅游学刊》的一篇文章却提出，这一概念在红色景区扩容后已显得过于狭窄，因此尝试重新界定红色旅游，即红色旅游旨在促进参观者将个体生命与国家和民族命运紧密相连，通过激发其基于社会现实的神圣体验，塑造其对重大事件的社会记忆，从而构建参观者的社会认同，达到个体(归属感和自尊)和社会(凝聚力)的共赢。

二、红色旅游开发原则

(一) 开放性原则

红色旅游开发要有开放性的思维，不能局限于某些革命人物、某些历史事件，而是要把握红色旅游的实质——爱国主义教育与旅游相结合，寓教于游。一方面，凡是能够起到传播中国革命优良传统作风的因素，在可能的条件下都要深挖、收录和开发为旅游产品，不断地丰富红色旅游的内容，充分发挥红色旅游的社会作用和经济作用；另一方面，红色旅游的开发要走"空间联合""类型联合"等开放性发展道路。

(二) 系统性原则

红色旅游的发展要放在旅游的大环境中来考虑，综合考虑到旅游区、旅游者和旅游区周边环境等因素，尽量做到主题鲜明，与周边氛围协调。红色旅游产品的开发应该遵循系统性原则，依据旅游六要素来系统研究产品的开发与建设。

(三) 创新性原则

红色旅游要讲究创新，要在资源整合、产品设计、市场营销、景区管理等方面进行创新。大多数旅游者可能错误地将红色旅游等同于"瞻伟人、游故居、听故事"等简单的活动，要通过创新改变旅游者心中的片面认识，尽可能地提高他们对红色旅游的兴趣。

(四) 节约性原则

红色旅游的主要目的之一是向旅游者传播革命前辈艰苦奋斗、勤俭节约的优良作风。在红色旅游产品的开发建设上同样要秉承这一原则，节约自然和社会资源，做好规划，尽可能地利用现有的旅游基础设施，切忌重复建设。

(五) 市场性原则

红色旅游的最终落脚点是在经济和社会的发展上。开发红色旅游产品，要遵循"消费者导向"原则，配合旅游者的兴趣，讲究经济效应，不能变成纯粹的政治旅游。

三、红色旅游线路设计的"三个突出"

(一) 突出红色主题

红色旅游是"红色"和"旅游"的有机结合体，其中"红色"是内涵，"旅游"是形式。红色旅游资源是红色旅游线路设计的内容和题材，是进入旅游市场的方式和途径，要充分挖掘红色旅游资源的社会效益与经济效益。

(二) 突出红色体验

在红色旅游景区，无论是革命圣地还是伟人故居，大多是物品陈列配以图片文字解说，表现方式单一并略显陈旧，缺乏教育和审美体验的创造性设计。在设计红色旅游线路时，应深入挖掘红色旅游线路的文化内涵，应以旅游者为中心，从娱乐、教育和审美体验入手，多方位整合"红色"体验元素，为旅游者创造重回革命年代的难忘经历。

(三) 突出红色旅游服务

红色旅游除教育功能外，还有休闲娱乐功能。但鉴于红色景区的地理、历史特点及红色主题的限制，红色旅游应从服务上着重做好以下三方面工作。

(1) 要与其他旅游产品相结合。在设计红色旅游线路时，可以将红色旅游产品或服务与民俗旅游产品、休闲旅游产品、保健旅游产品、度假旅游产品等其他类型的旅游产品有机地融合在一起。

(2) 要配备高素质人员。旅游企业配备的高素质人员包括红色旅游设计人员、红色旅游营销人员、红色旅游景区服务人员等。

(3) 要提供个性化旅游服务。旅游企业可以通过一些细微化、延伸化、人本化的服务变化，让旅游者产生情感共鸣。

四、陕甘宁联合打造红色旅游线路

2009年，甘肃省会宁县和华池县联合宁夏回族自治区固原市、陕西省延安市及多个红色旅游景区，共同举办"会宁—六盘山—华池—延安"红色旅游线路推介活动，并发表了红色旅游区域合作宣言，表示要共同发展红色旅游、共同打造精品线路、共同培育红色品牌、共同开放旅游市场，建立长效合作机制、信息共享机制、行为约束机制，进一步促进红色旅游健康持续发展。

红色旅游主线：集中在延安，发散至西安或宁夏银川。王家坪、枣园、杨家岭、南泥湾……一道道山来一道道梁，一个个窑洞一座座房。延安的每一寸土地，每一处遗址，都勾起人们无限的红色追忆。但仅仅是红色，总觉得少了些什么，不妨再向延安周边的榆林而去，奔着"塞上江南"银川而去，"红花"还需"绿叶"衬，红色资源与绿色资源共赏，视线将不会单调，内心将更加丰盈。

(一) 延安—黄帝陵—西安

史话：延安，中国革命的圣地。1937年1月，中国工农红军完成二万五千里长征后进驻延安，至1947年3月，延安一直是中共中央所在地。

在王家坪延安革命纪念馆看历史照片和革命文物，延安精神又回到了心中；杨家岭的早晨依然静悄悄，在杨家岭的中央大礼堂，还高悬着中共第七次全国代表大会的会标；中共中央书记处所在地枣园环境清幽，中央小礼堂后山下的毛泽东、周恩来、刘少奇、朱德等旧居还保持着当年的模样。

乘车从延安革命圣地返回西安，途中拜谒中华民族始祖之陵寝——黄帝陵。返回西安后，大家可以将目光投向秦陵兵马俑、华清池等地，或者前往山西吉县领略黄河壶口瀑布的壮观。

另外推荐距延安约3.5个小时车程的榆林市。榆林城北5千米处的红石峡、石刻令世人瞩目，电影《东邪西毒》曾在此取景。号称"长城第一台"的镇北台以及中国最大的沙漠淡水湖——红碱淖风景区都值得一游。

(二) 西宁—中卫—固原—银川

史话：西宁，1936年秋，中国工农红军西路军与反动军队在此浴血奋战达五个月之久。

西宁市"中国工农红军西路军纪念馆"陈列了70多件实物、340多幅照片和图片以及大量的历史函电、文献资料等展品，把人们带进当年工农红军西路军浴血奋战的历史中。

五六月份正是青海湖观鸟的最好时期；宁夏沙坡头，漫漫沙海尤其宁静，滑沙是不错的选择；银川被誉为"塞上江南"，集大漠风光与江南景色于一体。

思考与练习

一、思考题

1. 何谓"红色旅游"？

2. 红色旅游开发的原则是什么？

二、实训练习

结合所学知识，在全国范围内寻找红色旅游资源，并设计出一条具有创新精神的红色旅游线路。

第五节 台湾半自助旅游线路设计

一、半自助旅游产品内涵

半自助旅游是近年来在国内外流行的一种旅游形式。半自助旅游一改过去传统的旅游者接收包价旅游产品这一僵化的旅游形式，由旅游者自主选择旅游项目，决定旅游时间，而车辆及住宿等旅行琐事皆由旅行社代办。在一定程度上，半自助旅游满足了人们外出旅游"轻松愉快、活泼多样"的强烈愿望，适应了当代旅游者希望展示旅游个性的需求；同时，旅游者通过旅行社订房订票，大大降低了旅行费用。半自助旅游兼具自助旅游自由自在的优点和组团旅游方便、安全的优点，具有自由、方便、便宜、安全、舒适等优势。

陶庆华(2007)指出，半自助旅游产品是由旅行社经营的接受旅游者专门订单委托，并向旅游者提供旅行指导和单项或几项服务的个性化旅游业务。与传统意义上团队旅游产品以及完全自助旅游产品有着本质的区别：首先，团队旅游产品是全程服务，而半自助旅游产品是仅提供旅游过程中的部分服务，对旅游者来说更加自由，不仅能使成本最低化，而且可使旅游体验更好。其次，半自助旅游者相对于完全自助旅游者来说，在旅游过程中减少了盲目性和不确定性，安全性也较高。最后，半自助旅游产品比团队旅游价格低，重复性更高。

二、半自助旅游产品的市场需求

赖富强和刘庆(2003)认为，半自助旅游消除了团队游和自助游的不足之处，促进旅行社改变其经营方式和观念，增强旅游的个性化色彩等，这是半自助旅游独特的优势，也是它可以成为旅游市场主流的保证。赵铎和赵阳(2018)认为，随着旅游经济的不断发展，旅游方式也发生了变化，选择传统包价游出行的旅游者比例呈现较大的下降趋势，而类似自助旅游、半自助旅游等非传统出游方式受到越来越多旅游者的关注与青睐。但我国半自助旅游市场尚未成熟，向往半自助旅游的人远超实际出行的人。根据艾瑞咨询网2016年相关调研数据，向往自助旅游的比例是58.6%，该数据与13.1%的实际市场份额形成鲜明的反差，这意味着会有45.5%向往自助旅游的市场份额将转移到半自助旅游。这些数据可以说明，半自助旅游产品具有巨大的市场开发潜力。

中国实行改革开放政策以来，人们生活水平不断提高，进入21世纪后，家庭汽车拥有量以前所未有的速度大幅度增加，这在客观上形成了自驾车旅游方式，同时，也潜藏着对半自助旅游的巨大需求。商务旅游者和家庭的旅游需求变动性较大，需要特别的单项服务，对于半自助旅游的市场需求十分庞大，这为旅行社提供单项半自助旅游服务提供了广阔的客源市场。网络技术的应用成为半自助旅游发展的催化剂，网络的特点与半自助旅游的优势恰好吻合，这要求旅行社为游客提供尽可能详尽的信息服务和可靠的预订服务。

三、厦门旅游集团漳州分社推出台湾半自助旅游线路

厦门旅游集团漳州分社推出的台湾半自助旅游线路受到了旅游者的好评。了解以下线路，可以帮助我们获得更为直观的感受。

(一) 旅游线路 I

专车迎宾—慈湖—爱情故事馆—大溪老街—百货名店城

时间：一日游

主题：怀旧九份，寻山海恋

如果你喜欢看台湾综艺节目，那对九份老街不会陌生。主要景观聚集地基山街是九份小镇最热闹的街道，乡土小吃芋仔番薯、九份第一家茶坊及九份文史工作室都在那里，还有观景台可以看海景。九份的竖崎路是特殊的丰字道路，为九份的直向道路，绝无仅有的阶梯路上有很多观景茶馆。

走完九份，绕到东北角海岸公园。鼻头角是东北角海岸突出海上的一个岬角，与台湾本岛最东面的三貂角(贡寮区)和最北面的富贵角(石门区)合称"北台湾三角"，在海域地理上极为重要。鼻头角因突岬方位，使海水因潮汐的流势，在鼻头角灯塔下的海面形成一处俗称"卷螺水"的大漩涡，以顺时针方向旋转，大潮大旋，小潮小旋，甚为壮观。

这条线路还搭配游赏福隆风景区。出了福隆火车站，越过滨海公路，经过福隆桥，沿左边的小道前行，就是福隆的旧街。福隆站前便当店林立，是当地最具代表性的名产。

(二) 旅游线路 II

专车迎宾—阴阳海—东北角海岸公园—福隆风景区—九份老街—百货名店城

时间：一日游

新北市莺歌区的莺歌陶瓷老街为莺歌陶业最早聚集地，早期窑厂林立，陶瓷工艺距今已有两百多年的历史，早期生产技艺由大陆师傅所流传，使用的坯土皆采自尖山附近，使得尖山埔地区成为陶瓷重镇，也让莺歌冠上"台湾景德镇"之美称。

新北市三峡老街长约200米，其建筑从民国初年留存至今，相连不断的红砖拱廊、充满古意的建筑，总是让人油然升起一股念旧情怀。

新北市乌来泰雅民族博物馆是展现当地民族历史的最佳舞台，它坐落于乌来商圈入口处，建有地下一层、地上三层建筑物，尽显乌来泰雅族的历史渊源、自然生态和文化风华。

(三) 旅游线路Ⅲ

深度游台北+自由行

时间：十五日游

贴士：跟随该线路深度游完台北后，剩余十天的时间可以选择自由行，并规划其他自由行行程。

如果你想深度游台湾，可以先选择深度游台北。华山1914文化创意产业园区、四四南村等都是台北必游之地。

华山1914文化创意产业园区前身为"台北酒厂"，是台北市市定古迹。1999年之后，该园区成为提供给文艺界、非营利团体及个人使用的艺术展览、音乐表演等文化活动场地。

四四南村有特展馆、展示馆、展演馆、社区馆、四四广场及文化公园，可提供场地让个人或团体展览其作品。

(四) 旅游线路Ⅳ

经典台湾、金门游+自由行

时间：六日游

"经典台湾、金门游+自由行"从品尝逢甲夜市的小吃开始，随后几日游览日月潭风景区、台北故宫博物院、野柳风景区、101摩天大楼、孙中山纪念馆、翟山坑道、莒光楼、得月楼。

日月潭风景区位于台湾本岛中央南投县的鱼池乡，是台湾最大的淡水湖泊。旅游者搭乘豪华游艇饱览日月潭美丽风光，环湖观览著名景点玄光寺、文武庙。日月潭潭面以拉鲁岛为界，东侧形如日轮，西侧状如月钩。氤氲水汽及层次分明的山景变化，一景一物皆浑然天成，诗画般的意境足以让人流连忘返。

台北故宫博物院为中国三大博物馆之一，有"中华文化宝库"之誉。馆内藏品的年代几乎涵盖五千年的中国文明史，品类丰富。

该线路的自由活动地点定在台北。旅游者可以享受一个没有闹钟的清晨，然后自行安排行程。爱美的旅游者可以到五分埔淘宝；爱潮流服饰的旅游者可以到台北市万华区感受时尚与传统融合的感觉；傍晚时分可以搭乘捷运前往淡水区，步行在夕阳下；爱追星的旅游者可以前往小巨蛋体育馆；喜欢美食的旅游者可以走访台北各大夜市，将小吃一次尝个够；爱看书的旅游者可以逛逛台北书店，那里是台北城市品格与人文精神的体现地之一。

一、思考题

1. 何谓"半自助旅游"？

2. 半自助旅游的市场需求如何？

二、实训练习

结合所学知识，设计出一条具有创新精神的半自助旅游线路。

第六节 新疆"一带一路"旅游线路设计

一、丝绸之路旅游线路开发的背景

无论是贯通西北地区的陆路丝绸之路，还是连接南部沿海的海上丝绸之路，从古至今都充满了神秘冒险和异域风情，吸引着众多国内外旅游者，这是一条广受欢迎、享誉世界的旅游精品线路。而"一带一路"倡议的提出，则让"丝路之旅"超越了旅游产品、旅游线路的简单范畴，赋予旅游促进跨区域、跨国界的政治认同、政策融合、设施互通、经济合作、人员往来、文化交融的重任。这既为相关区域的旅游发展带来了空前机遇，也为旅游管理部门的总体协调提出了重大挑战。

国家旅游局(现文化和旅游部)已制定《丝绸之路经济带和21世纪海上丝绸之路旅游合作发展战略规划》，此规划将对加强国内丝绸之路沿线各省乃至海陆丝绸之路沿线各国的旅游发展与合作起到重要的引导作用。

二、新疆在"一带一路"上的旅游业发展战略选择

新疆维吾尔自治区地处亚欧大陆腹心，与八个国家接壤，向西面向中亚、西亚，辐射欧洲。得天独厚的地缘区位，成就了新疆在国家"一带一路"倡议中的先天优势和独特地位。那么面对"一带一路"重大机遇，新疆如何发挥优势扛起国家使命？新疆给出了答案，将发展旅游业作为实施"一带一路"倡议的重要突破口。

新疆维吾尔自治区党委、政府高度重视旅游业，提出要刻不容缓地发展旅游业，把旅游业作为国民经济的战略性支柱产业、改善民生的重要富民产业和让人民群众更加满意的

现代服务业，把新疆建设成为丝绸之路经济带旅游集散中心，把南疆建设成为丝绸之路文化和民俗风情旅游目的地。

思路决定出路，清晰的战略定位给新疆旅游业注入了蓬勃活力。从顶层设计到实际实施，从政策、资金到基础设施建设、人才培养，新疆都紧紧围绕"丝绸之路经济带旅游集散中心"展开。看规划，《丝绸之路经济带旅游集散中心规划》和《南疆丝绸之路文化和民族风情旅游目的地规划》的编制工作正在紧锣密鼓地推进；看顶层设计，推出了《旅游业发展三年行动计划》，实施"国家5A级景区倍增计划"；看线路，经培育形成了两条国际旅游线路和六条跨国旅游线路；看项目，旅游集散中心首个实体项目、被称为新疆景点的"总导游"——新疆旅游大厦开建；看业态，全疆100个新业态重点项目总投资超过547亿元，完成投资140亿元，在"商、养、学、闲、情、奇"旅游新六要素的拓展和延伸方面，迈出了重要一步……

在新疆霍尔果斯、阿拉山口、红其拉甫、吐尔尕特等口岸日趋繁荣的景象和喀纳斯、可可托海、赛里木湖、那拉提草原、天山天池、喀什老城边境旅游市场的活跃氛围中，我们坚定了信心：以旅游产业带动"一带一路"人流、物流、资金流和信息流，有序推动"一带一路"区域经济一体化发展，是全面实现"一带一路"倡议构想的可行路径。

■ 三、新疆在"一带一路"中的中哈旅游互动中的机遇

2016年7月，中国和哈萨克斯坦正式启动中国旅游团队赴哈萨克斯坦的旅游业务，标志着中国公民赴哈旅游团签政策正式落地实施。2017年6月9日，人民日报海外版的报道称，中国赴哈团队旅游正式启动尽管尚不足一年，但已显现良好的发展态势，哈萨克斯坦逐渐被中国旅游者所熟悉。

2016年，中国公民首站赴哈萨克斯坦旅游人数达到25.79万人次，以团队游为主，更多的旅游者还处于熟悉哈萨克斯坦相关旅游资源的了解阶段。同时，2017年前4个月来华的哈萨克斯坦旅游者为7.34万人次，同比上升16.6%，增幅明显。

中青旅首席品牌官徐晓磊介绍说，作为世界上国土面积最大的内陆国，哈萨克斯坦横跨亚欧大陆，旅游资源丰富。哈萨克斯坦文化积淀十分丰厚，古丝绸之路贯穿全境，世界遗产——亚萨维陵墓影响深远，首都阿斯塔纳有中亚最大的清真寺——哈兹拉特苏丹清真寺。泰姆格里大峡谷里神秘的岩石雕刻距今已有3000年。哈萨克斯坦辽阔的平原适宜自驾。

来自中国旅游研究院的专项调查表明，一些拥有出境游经验的中国旅游者对哈萨克

斯坦充满兴趣。他们对哈萨克斯坦的印象是"很好玩的国家,壮美的自然风光,荒野上空荡荡的古迹,大快朵颐地吃肉,豪迈尽情地歌舞,大多数美景山高路远,是自驾游的首选"。中国旅游研究院院长戴斌认为,哈萨克斯坦通过发挥自己的后发优势,完全有可能成为中国旅游者游览中亚国家的首选目的地和"一带一路"旅游合作的关键节点国家。

与哈萨克斯坦接壤的新疆维吾尔自治区推出了"穿越天山廊道,探秘世界遗产"中哈吉三国跨境自驾游、"中俄哈蒙"环阿尔泰山跨境自驾游,填补了中国与哈萨克斯坦等国的国际自驾旅游的空白。

思考与练习

一、思考题

1. "一带一路"倡议与旅游业之间的关系如何?

2. "一带一路"倡议将为新疆的旅游业带来哪些机遇?

二、实训练习

结合附录G,选择几个"一带一路"倡议覆盖的国家或地区,设计一条由我国出发的"一带一路"旅游线路。

第七节 康养旅游线路设计

一、康养旅游概述

张振家(2021)认为,保证安全与健康对于参与旅游活动的旅游者来说至关重要。旅游和生活的交织与融合趋势变得越来越明显,旅游消费也变得前所未有的复杂,新的需求正在积聚。疫情以前,旅游者出行的动机往往更多在于放松身心,游览祖国壮丽的美景;而疫情过后,旅游者更加看重亲情以及家人的健康,因此,能够与家人一起分享旅行乐趣的养生类旅游产品与出游方式,受到了潜在旅游者更大程度的关注。

国家旅游局(现文化和旅游部)将康养旅游定义为利用营养饮食、修身养性、爱护环境等多种方式来使人在身心上达到与自然和谐的良好状态的与之相关的各种旅游的总和。与康养旅游相关概念有紧密联系的还包括保健旅游、健康旅游、养生旅游以及医疗旅游等。Hall(2011)指出,1973年,世界旅游组织已经将健康旅游定义为利用国家自然资源,特别是水和气候以及所提供一些健康设施来开展的旅游活动。1987年，Goodrich J N和Goodrich G E提出保健旅游这一概念，并将其定义为"旅游设施(如酒店)或目的地的一种尝试，目的是除提供常规旅游设施外，突出宣传其保健服务及设施来吸引游客"。国内学者王艳和高元衡(2007)则进一步从作用与功能的角度，将健康旅游划分为医疗养生、休闲调整、体质增强三种类型。此外，周功梅、宋瑞和刘倩倩(2021)指出，医疗旅游模式主要包含两种类型：一是传统国际医疗保健模式，即发展中国家富裕病人前往发达国家寻求治疗；二是发达国家病人前往发展中国家寻求治疗。相比较而言，第二种模式的增长更为显著。

二、康养旅游产品开发原则

陈学清(2020)指出，康养旅游产品开发应坚持以下两项原则。

第一，坚持市场导向的产品创新理念。结合特定康养市场的体验需求，包括娱乐性、知识性、参与性、愉悦性、刺激性和成就感、解脱感、归属感、荣耀感等，利用自身优势资源和基础条件，特别是当地特色文化资源和环境资源，组合设计多样化的体验式康养旅游产品，满足市场身心健康和精神享受的需求。

第二，突出产品体验主题设计的独特性。在体验化设计前提分析的基础上，提炼出合适的体验主题，并构造出具备特殊意象的体验场景和活动项目，从而实现各项体验因素的载体化和物质化，设计出体验型旅游产品系列。

为了更加清晰地阐述康养旅游产品开发的基本原则，本教材在此处列举了河北康养旅游产品开发的例子，以飨读者。白明刚(2021)基于河北康养旅游资源现状提出了创新性打造山地、森林、温泉等康养旅游资源，全力打造六大主题康养旅游产品。

(1) 山地康养旅游，围绕燕山—太行山，着力推动山地度假、运动养生、乡村度假等山地康养旅游产品开发。

(2) 森林康养旅游，围绕105个省级以上森林公园，选择森林覆盖率高、景观优美、负氧离子和植物精气含量高的区域，着力推动森林康养步道、森林氧吧等森林康养旅游产品开发。

(3) 温泉康养旅游，围绕温泉地热资源，着力推动温泉浴、温泉理疗、美体SPA等康养旅游产品开发。

(4) 中医药康养旅游，围绕安国药都、知名药企、中医文化、知名中药生产基地，着力推动医疗保健、美容养生、养老社区、药膳养生等中医药康养旅游产品开发。

(5) 海滨康养旅游，围绕487公里长的海岸线，着力推动沙疗、泥疗等海滨康养旅游产品开发。

(6) 避暑康养旅游，围绕燕山—太行山800米以上的山地，着力推动避暑度假、养老社区等避暑康养旅游产品开发。

三、海南打造五条精品康养旅游线路

由海南省旅游和文化广电体育厅主办的"健康游欢乐购冬日暖阳享康养——2021年海南康养旅游推广活动"于9月27日在海口启动。本次活动从"中医药轻医疗康养旅游、温泉康养旅游、运动康养旅游、滨海度假康养旅游、雨林康养旅游"五个维度，联动海南医旅融合康养旅游全产业链企业参与，选出五大精品线路，分别是：轻奢医养——中医药轻医疗康养之旅、律动时光——运动康养之旅、漫调滨海——滨海度假康养之旅、海岛"森"呼吸——雨林康养之旅、暖冬泉涌——温泉康养之旅。

以轻奢医养——中医药轻医疗康养之旅为例，体验康养旅游线路的魅力所在。本条线路包括日月广场免税购物/骑楼老街—琼海博鳌乐城国际医疗旅游先行区—琼海市博鳌宝鹤堂国医康养中心—沙美村湿地—龙寿洋万亩田野公园—南海国家博物馆—万宁冲浪小镇日月湾—兴隆咖啡谷共享农庄—万宁兴隆温泉度假区泡温泉—兴隆南药植物园(研究所)—海口东寨港国家级自然保护区—夜游海口湾灯光秀。该线路涵盖医养、康养、休养三大关键词，内容十分丰富，七天六晚的行程贯穿海口、琼海、万宁三个市，旅游者不仅可以体验海南时下最火热的离岛免税购物，品尝本土特色小吃，还可前往博鳌体验世界顶尖水平的医疗服务，将身体检查、美容养生、医疗保健与旅游度假完美结合。此外，还有冲浪、喝咖啡、泡温泉等特色体验，动静皆宜，旅游者可充分感受"中医药+轻医疗"的康养套餐，开启全身心的治愈之旅!

思考与练习

一、思考题

1. "康养旅游"的定义是什么？

2. "康养旅游产品开发的原则是什么？

二、实训练习

请参与本节介绍的河北以及海南康养旅游线路开发的经验和案例，结合自己家乡的旅游资源，设计出一条康养旅游线路。

第八节 国内经典旅游线路评析

一、昆明、大理、丽江双飞六日游

(一) 线路介绍

线路名称：福州到云南昆明、大理、丽江双飞六日尊贵游

线路网上报价：成人价为4230元；儿童价为2450元。

(二) 价格说明

(1) 当前价格为2019年9月23日的跟团游价格，选择不同类型与不同日期参团，价格可能不同。

(2) 儿童、老人、学生、军人、伤残人士乘坐交通工具、购买景区门票以及产品服务等的优惠政策与标准不同，如有相关疑问可在线咨询旅行社。

(3) 出发城市：福州。

(4) 发团日期：天天发团，请提前两天报名。

(5) 交通方式：往返乘坐飞机。

(三) 参考行程

第一天，搭乘厦门航空公司从福州到昆明的飞机MF8437/0825/1125(含中餐)，鲜花接机，随后乘车前往梦幻云南的第一站——大理(约4小时，全程高速)，特别赠送全国最大型实体恐龙模型群"侏罗纪公园"实景再现——世界恐龙谷(国家4A级景区，游览时间约60分钟)。宿：大理(指定四星级酒店)。

第二天，早餐后游览特别赠送——大理国九位皇帝出家的崇圣寺，千年古塔——三塔景区(大理最具标志性景区，游览时间约60分钟)；游文献名邦——大理古城，漫步驰名中外的洋人街(游览时间约60分钟，城内到处可见古朴雅致的白族传统民居)；参观喜洲白族民居、大理白族民居百年老宅——宝成府(游览及用餐时间约60分钟)，品尝白族土八碗喜宴，土八碗喜宴由白族传统洱海水煮鱼、千张肉、喜洲爽口香等组成，还可以体验另类婚俗等。观赏白族特色三道茶歌舞表演(体会"一苦二甜三回味"的人生哲理)后，乘车赴丽江，赠送游览被嘉庆和光绪皇帝敕加"龙神"封号的中国名泉——黑龙潭(游览时间约30

分钟);游"形如官印、权镇四方"的大研古镇,漫步街市,领略"家家溪水绕户转,户户垂杨赛江南"的独特古城风貌。在丽江古城内找个自己喜欢的地方坐下,遐想千年古镇所经历的沧桑和风雨,或者去街边小店品尝一下酥油茶、丽江粑粑,去一米阳光喝杯酒(晚餐自理)。宿:丽江(指定五星级酒店)。

第三天,早餐后前往天然冰川博物馆——玉龙雪山风景区(大小索道费用自理,大小索道游览时间约60分钟)、甘海子牧场、白水河,赠送张艺谋导演的大型原生态实景演出《印象丽江》雪山篇(价格为190元/人),雪山融化而成的蓝月谷(电瓶车40元/人,费用自理)、纳西族中部东巴圣地——玉水寨(游览时间约60分钟),赠送游览千年的茶马古道上保存完好的重要集镇——束河古镇(游览时间约50分钟,走进优美的田园风光,领略民俗风情、历史遗迹以及多元文化景观,是丽江古城的补充与延伸)。宿:丽江(指定五星级酒店)。

第四天,早餐后乘车至大理(车程约3.5小时),途中游览银都水乡新华民俗村(游览时间约50分钟),乘汽车前往昆明(约4小时,全程高速),体验露天森林温泉SPA,让来自地层深处的温泉水浸润您的肌肤,森林中20多个星罗棋布的特色泡池可以消除您在旅程中的疲乏,让您感受美食养生专家蔡澜先生评价的人生最大的享受——露天温泉,客房内更有专属于您的私人泡池,让您尽享SPA乐趣。(温馨提示:请自备泳衣;云南早晚温差较大,晚上气温约14℃)。宿:昆明(指定五星级酒店)。

第五天,早餐后游天下奇观——石林(世界上面积最广、形态最完整的地表喀斯特地貌之一,这里还有"阿诗玛"的美丽传说、热烈欢快的撒尼歌舞)、七彩云南(免费品尝普洱茶,东南亚最大的集旅游餐饮、休闲于一体的特色购物景区,游览时间约120分钟)。宿:昆明(指定五星级酒店)。

第六天,早餐后逛鲜花市场,体验云南十八怪之一的"鲜花称斤卖"。乘坐飞机(机上简餐)昆明/福州MF8438/1220/1445返回。

(四) 途经景点

途经城市和目的地:丽江(丽江景点及丽江天气)、昆明(昆明景点及昆明天气)、普洱(普洱景点及普洱天气),丽江古城、甘海子、玉水寨、束河古镇、石林、玉龙雪山、茶马古道。

(五) 费用说明(性质:跟团游)

(1) 含:全程指定四星+五星级酒店、正餐(八菜两汤,十人一桌,五早九正,不含酒水,餐标18元/人,风味餐为赠送不退费)、空调旅游车、优秀导游、景点第一道门票、丽江古城维护费、印象丽江、福州/昆明往返机票及机场建设税。

(2) 不含:旅游保险、航空保险、纳西古乐(甲票:160元/人;乙票:140元/人)、骑马费、恐龙谷电瓶车(10元/人)、崇圣寺三塔电瓶车(15元/人)、玉龙雪山大索道(152元/人)、云杉坪小索道(57元/人)、索道环保车(20元/人)、白水河环保车(20元/人)、蓝月谷电瓶车(40元/人)、世博吉鑫宴舞(238元/人，普通座位票)。

(3) 我社有调整行程的权利(保证景点及质量)，若因人力不可抗拒因素而导致更改行程，所产生的一切费用由旅游者承担；若产生自然单间差，由旅游者现付。注：赠送项目均为我社额外赠送，如有门票减免一律不予退费。

(4) 丽江景点已整合为"大玉龙"捆绑式销售(即套票)，行程中若有未游览完的景点，均不能退补。

(六) 线路评价

1. 优点

(1) 该旅游线路市场定位明确，以市场需求为导向，将该旅游线路定位为尊贵游，即豪华游，其服务对象为上层人士或者收入较高者，符合旅行社产品设计的市场原则。

(2) 该旅游线路的设置在上游产品的安排方面比较恰当。对于"食、住、行、游、购、娱"的安排也都贴近该线路的市场定位。

(3) 在第一天的行程中，考虑到游客经过约2个小时的飞行旅程和5个小时的汽车行程，本身比较疲惫，第一天的行程安排较少，符合产品设计的合理化原则，时间安排合理。

(4) 该线路主要涉及的旅游项目多是赠送的，但是不包括部分特殊交通和自费项目所产生的费用。该线路中对于相关信息都已经标注清楚。

(5) 该线路途经城市都是云南著名的旅游景点地区，沿途秀美的风光将会在很大程度上减少旅游者在地区交通中产生的疲倦感。

(6) 该线路通过"点"与"线"相结合的互动设计(即突出"食、住、行、游、购、娱"六要素的均衡设计与体现意境的程序设计)和交通方式人性化等方面的设计，突出云南旅游生态和特色民俗风情旅游的主题，使整个行程内涵深化。

(7) 该旅游线路景点游览顺序安排得较为合理。该线路将比较值得游览的景点以及对旅游者比较有吸引力的景点穿插在整个线路中，使旅游行程有张有弛，松弛有度，符合旅游者游览过程中的心理。

2. 缺点

(1) 该旅游线路的价格是以9月23日的价格为基准，但是该日期距离国庆节还有一周的时间，且在国庆节期间，许多航空公司都会采取一定的价格策略，所以在价格上可能会存在一定的差距。

(2) 通过查询相同线路发现存在许多与其相似的线路，这种状况使该线路的存在不具有独特性，而且该旅游线路费用相比其他同类线路不具有优势，使其市场竞争性受到很大考验。该线路若想占有一定的市场份额，需要在服务和相关细节方面做好工作，否则该线路便失去了该有的市场竞争力。

(3) 由于该旅游线路的市场定位超出很大部分旅游者的消费水平，失去了一定的市场。

(4) 由于云南各旅游目的地的可进入性等方面的限制，存在交通方面的限制问题，容易造成旅游者的厌倦心理。

二、张家界、凤凰古城、沱江泛舟、陈斗南宅院三日游

(一) 参考行程

第一天：接团，张家界国家森林公园之黄石寨、金鞭溪一日游

上午：中旅导游及司机在张家界火车站或机场举接站牌免费接站，旅游者乘坐拼团旅游空调专车前往中国第一个国家级森林公园——张家界国家森林公园(门票：248元已含)，游览大氧吧广场(每立方厘米空气中含8～10万个负氧离子)，登海拔1200米的张家界最大的凌空观景台——黄石寨精品游览线，千山万壑尽收眼底，沿着山顶环寨游道行走，可欣赏到黄石寨绝美的自然风光，沿途可欣赏六奇阁、摘星台、双门迎宾、五指峰、雾海金龟等武陵绝景。

下午：漫步游览美丽的大峡谷——金鞭溪，金鞭溪全长7.5公里，步行游览约2.5小时。金鞭溪是天然形成的美丽溪流，因金鞭岩而得名，溪谷植被繁茂，溪水四季清澈，被称为"山水画廊""人间仙境"。沿途游览金鞭岩、神鹰护鞭、劈山救母、醉罗汉、文星岩、紫草潭、千里相会、水绕四门、观音送子、师徒取经、长寿泉、蜡烛峰、双龟探溪、秀才藏书等著名景点。晚上可自费观看被文化和旅游部授予"国家文化产业示范基地"光荣称号的魅力湘西大剧院的场内演艺与场外篝火。

住宿：武陵源景区。

特别贴士：第一天进景区需要乘车、爬山，建议行李精简，适合穿旅游鞋或者休闲运动服装。

第二天：游袁家界、天子山、十里画廊

上午：酒店早餐后，乘景区免费环保车至水绕四门，可乘天下第一梯——百龙电梯(56元/人，自费)到达袁家界风景区。袁家界风景区是张家界的核心景观和精品游览线，以雄、奇、险、峻著称，在十多华里的环山游道上，沿途景色美不胜收，可观赏到电影《阿凡达》中"哈利路亚山"的原型"乾坤柱"、迄今为止发现落差最高的天然石桥天下第一

桥、九天玄梯、八卦图、猿人望月、拜仙台等景点。

下午：乘车前往世界峰林奇观——天子山风景区，"谁人识得天子面，归来不看天下山"，可见天子山风光旖旎，景色秀美，景点众多；游览天子阁、西海石林、御笔峰、仙女献花、贺龙公园、贺龙铜像等武陵绝景；游览巧夺天工的十里画廊，沿途可欣赏全家福、三姐妹峰、向王观书、寿星迎宾、采药老人、锦鼠观天、猛虎啸天等景点。随后乘车赴凤凰古城，沿途观赏湘西民俗风情。凤凰古城是中国最美丽的古城之一，夜景更是让人痴迷，在沱江边上放飞河灯，为家人、朋友祈祷、祈福，泛泛沱江之水伴着您美好的愿望，在凤凰之夜成为一道亮丽的风景线；凤凰古城的酒吧更是喧闹而不失浪漫情调；走在明清风格的石板街上，感受沈从文笔下《边城》的古朴；丰富繁多的当地特产、手工艺品更会让你爱不释手。

住宿：凤凰古城。

第三天：游凤凰古城、送团

酒店早餐后，参观凤凰古城陈斗南将军宅院(门票已含)、北门城楼、沱江跳岩、古虹桥、万名塔、南华门、夺翠楼、东正民俗老街、古城吊脚楼等。参观结束后，返回张家界市送团，结束愉快之旅！

(二) 线路评价

1. 优点

(1) 景点分布紧凑，可以让旅游者在短短三天之内游览张家界、凤凰古城等地的优秀景点。

(2) 主题鲜明。都是以美丽山水风景及古城风情为主的游览主题，能够让旅游者更清晰地感受张家界、凤凰古城的特点。

(3) 价格优惠，食宿安排稳妥。旅游者能用较少的钱游览到较多的风景，并且不用为食宿费心。

(4) 此线路适合时间不充足，但想游览张家界和感受凤凰古城古老民俗的旅游者。

2. 缺点

(1) 由于时间比较紧迫，行程安排相对比较紧张，导致旅游者无法深入了解及细细品味美丽的张家界风景、凤凰古城民俗文化。

(2) 由于是组团旅游，旅游者游览时较被动，不能很好地根据自己的实际情况改变游览路线。

(3) 各景点特色相似，旅游者游览到后面可能会产生意兴阑珊的感觉。

三、丝绸之路十三日游

(一) 参考行程

第一天：于指定时间、地点集合乘车前往深圳机场，乘XO9304(15：30/22：30)航班飞新疆乌鲁木齐市自由活动。住：徕远宾馆。

第二天：09：00早餐，09：30前往天池游览，13：30在蒙古包用餐，17：30回乌鲁木齐市。住：徕远宾馆。

第三天：08：00早餐，08：30赴吐鲁番全程(全程190公里)参观火焰山、葡萄沟，13：30在葡萄沟用餐，14：30参观坎儿井、交河故城。住：徕远宾馆。

第四天：08：30早餐，09：00赴石河子。住：石河子宾馆。

第五天：09：00早餐，09：30前往南山牧场(全程70公里)，13：30返回乌鲁木齐市用餐，晚餐后19：58乘坐K890列车前往柳园。住：火车软卧。

第六天：列车上吃完早餐后，约08：25抵达柳园，乘坐空调旅游车至敦煌，午餐后参观中国最大石窟艺术馆——敦煌莫高窟。住：敦煌大酒店。

第七天：08：00早餐后，游览沙漠奇迹——鸣沙山和月牙泉，骑骆驼(自费)领略大漠风光，午餐后乘空调旅游车赴嘉峪关，参观嘉峪关雄伟壮观的城楼和城墙、长城博物馆。晚餐后，乘坐T658火车(21：42)赴兰州。住：火车软卧。

第八天：约07：30抵达兰州，早上在酒店休息，午餐后去市内参观五泉山公园、黄河母亲雕像、黄河第一桥。下午乘坐T655次火车前往西宁(15：48/18：48)。住：西宁宾馆。

第九天：早餐后，游览我国著名的喇嘛寺院——塔尔寺，它是喇嘛教创始人宗喀巴出生地，亦是西北地区佛教活动的中心。游览结束后，前往我国最大内陆咸水湖青海湖、日月山、倒淌河、藏民家访、塔尔寺。晚餐后，乘坐K424次列车前往银川(18：01)。住：火车软卧。

第十天：早上07：00抵达后休息，先游览沙湖，再游览西夏王陵，又称西夏陵、西夏帝陵，有"东方金字塔"之称，是西夏历代帝王(除李睍)陵墓所在地。住：银川长相忆宾馆。

第十一天：早餐后自由活动，午餐后，游览华夏西部影视城，又称"东方好莱坞"。晚餐后，乘坐K2587次列车(18：42)列车前往西安。住：火车卧铺。

第十二天：早上08：50抵达西安，上午参观张学良公馆和大雁塔，下午参观古丝路起点石雕群。住：古都大酒店。

第十三天：早餐后，参观著名的秦陵兵马俑、华清池和五间厅等，午餐后，游览明城墙、碑林。游览结束后，乘坐CZ3252(17：20/19：30)航班返回深圳。

(二) 线路设计原则

这条旅游线路是根据旅游线路设计原则的第五点"推陈出新"原则来设计的。国家西部旅游大开发为许多旅行社提供了前所未有的发展契机。以往丝路游、沙漠游等线路就已层出不穷，但崆峒山、大地湾是第一次在旅游线路中出现。

(三) 线路评价

1. 优点

(1) 景点比较全面，游客可在十三天内饱览丝绸之路的全部美景。

(2) 主题鲜明。

(3) 十月的青海，秋高气爽，凉意习习，十分适合游客游览。

2. 缺点

(1) 由于时间较长，该行程适应人群范围较小，主要群体为中青年人，而对于老年人来说，该行程则会使其疲惫。

(2) 团队行程中，难以将购物娱乐等项目介绍不清楚。

第九节　实训任务设计

一、实训项目：旅游线路设计

(一) 实训项目

旅游线路设计。

(二) 实训目的

旅游线路是由旅行社或旅游经营单位设计，为满足不同的旅游者在整个旅游活动中对游览、食宿、交通、娱乐、服务等项目的需求组合而成的产品。在当前的旅游市场中，旅游线路产品的雷同导致旅游企业(特别是旅行社)之间的过度竞争，整个旅游行业的平均利润也随之降低。线路产品创新是旅游企业能够占据竞争优势的核心途径之一。希望学生能够结合课堂所学，以及在课堂上的边学边做与课下的不断思考与设计，通过此项实训工作，巧妙地将旅游线路各个组成部分进行充分融合、统筹设计，例如景区景点、节点间交通工具的选择、旅游行程安排、购物、酒店安排、用餐等，从而最大限度地将所学知识与现实经验进行结合，熟悉旅游企业设计旅游线路的过程，积累旅游线路设计的经验，提升旅游线路设计的能力。

(二) 实训要求

(1) 组建项目小组完成本项实训内容，根据要求设计一条旅游线路，并撰写实训报告。

(2) 结合旅游资源特点，进行旅游线路设计，确定各个线路节点。

(3) 所设计的线路要符合旅游线路设计基本思想与主要原则，并体现一定的设计方法。

(4) 此实训报告总字数(不含每日行程简表)应不少于3000字，且着力对各部分内容进行详尽阐述。

(5) 线路报告需以项目组为单位进行课堂展示，全员参与，每组展示时间不少于10分钟。

(6) 课堂展示后，接受其他小组点评、提问，并进行答辩。

二、实训报告撰写内容与评分表

线路名称：《   》

(一) 目标人群分析

请使用多种市场细分理论与方法定位目标人群，并做出详细解释和说明。

(二) 线路介绍

线路介绍需依据"吃、住、行、游、购、娱与自由活动七个环节"来进行。

(三) 成本分析与报价

此部分需引用数据，并编制表格进行分析，做到详细、合理且有依据。

成本分析：依据食、住、行、游、购、娱等一切旅游者可能支出的项目进行成本汇总。

报价：采用本教材第五章所讲解的旅游线路定价方法(例如，总成本加成定价法)进行报价。

(四) 创新性分析

"创新性"分析应体现"创新"二字，应重点分析此实训项目设计出来的旅游线路与市场上已有线路的不同之处。

(五) 每日行程简表

请使用表格介绍每日行程，并提出行程注意事项。可参照旅行社的旅游行程单编制此表格。

注：本项目总分为100分，评分表如表6-4所示。

表6-4 评分表

评分项目	满分分值	学生得分
项目报告作业——旅游线路内容环节 (得分：　　　　　)		
旅游线路主题是否鲜明	满分10分	
旅游线路要素是否齐全	满分10分	
旅游线路是否具有可操作性	满分10分	
旅游线路的目标人群是否准确	满分10分	
旅游线路成本预算、报价是否合理	满分10分	
课堂表现——旅游线路PPT展示与答辩环节(得分：　　　　)		
线路阐述是否足够详细(10分钟)	满分10分	
是否能够回答其他小组的问题	满分10分	
幻灯片制作是否具有可视性	满分10分	
旅游线路创新性阐述得是否清楚	满分10分	
小组成员是否都参与了答辩	满分10分	
学生项目组总分：		

本章小结

旅游线路设计重在训练与操作，因此本章的主要教学目的在于学以致用。但学以致用的前提不仅是充分掌握前述章节中的知识点和技能，还要与时俱进，适应国家经济发展和旅游业发展的趋势。因此，本章力图使学生在充分理解政策导向的前提下，能够形成多个项目组，设计出具有时代性和创新性的旅游线路。其中，"一带一路"顶层设计、"一带一路"沿线国家旅游线路设计、"全域旅游"线路设计与开发、红色旅游线路设计与开发是本章的实训重点。

参考文献

[1] 安士伟，单成宗. 旅游线路设计"三位一体"方法论的探究[J]. 河南教育学院学报：自然科学版，2005(3).

[2] 白明刚. 康养旅游发展概述及河北省康养旅游发展对策研究[J]. 中国集体经济，2021(2).

[3] 蔡蕾，邵悦，马云驰. 文旅融合背景下龙江剧戏曲旅游产品营销创新研究[J]. 经济师，2021(3).

[4] 陈建斌. 旅行社经营管理[M]. 广州：中山大学出版社，2007.

[5] 陈建斌. 旅行社经营管理[M]. 2版. 武汉：华中科技大学出版社，2017.

[6] 陈启跃. 旅游线路设计[M]. 上海：上海交通大学出版社，2011.

[7] 陈婷婷. 基于特殊生命周期的旅游产品价格组合策略[J]. 合作经济与科技，2011(6).

[8] 陈小春. 旅行社管理学[M]. 北京：中国旅游出版社，2003.

[9] 戴斌，杜江，乔花芳. 旅行社管理[M]. 北京：高等教育出版社，2010.

[10] 戴晓丹. 浅析旅游动机的类型及特征[J]. 科技信息，2010(29).

[11] 凡丹. 旅游线路的创新探讨[J]. 吕梁教育学院学报，2009(3).

[12] 高冰，夏学英. 基于一体化发展的沈阳经济区旅游产品整合研究[J]. 湖北广播电视大学学报，2015(4).

[13] 高峰. 旅游网络营销渠道策略分析[J]. 人民论坛，2010(5).

[14] 龚军姣. 核心—边缘理论在旅游线路设计中的运用[J]. 太原城市职业技术学院学报，2005(2).

[15] 龚军姣. 旅游线路设计研究[D]. 长沙：湖南师范大学，2005.

[16] 龚维嘉. 旅游线路开发与设计[M]. 合肥：合肥工业大学出版社，2008.

[17] 顾延珺. 我国旅游线路设计成果的法律保护制度研究[D]. 上海：上海师范大学，2013.

[18] 侯赛. 海南全域旅游正当时[N]. 海南日报，2016-03-24(32).

[19] 胡华. 旅游线路规划与设计[M]. 北京：旅游教育出版社，2011.

[20] 黄安定. 论旅游市场需求与旅游产品开发[J]. 中国商贸，2010(23).

[21] 黄宝辉. 旅游线路设计实务[M]. 长春：东北师范大学出版社，2017.

[22] 黄红英. 庐山旅游广告现状与发展对策[J]. 科技信息，2012(11).

[23] 黄玉理. 灾后旅游者消费行为特征调查研究[J]. 商业时代，2011(19).

[24] 贾玉成. 风景区旅游线路的创新设计[J]. 改革与战略，2004(10).

[25] 蒋满元，唐玉斌. 旅游景区的旅游线路优化设计问题探讨[J]. 湖南财经高等专科学校学报，2009(4).

[26] 蒋婷. 基于网络文本的京杭大运河(杭州段)旅游形象感知研究[J]. 常州工学院学报，2016(6).

[27] 康福田，张晋燕. 我国旅游线路设计中的问题及对策[J]. 市场论坛，2013(4).

[28] 赖富强，刘庆. 半自助旅游的市场需求及其规范[N]. 中国旅游报，2003-08-04.

[29] 罗文斌. 红色旅游开发原则及着眼点[N]. 中国旅游报，2006-05-29(7).

[30] 李婧，鲁娜. 主题公园发展如何破解"流星"魔咒？[N]. 中华文化报，2014-08-09(2).

[31] 李鹏升，李悦铮，江海旭. 沈阳经济区城市旅游竞争力评价研究[J]. 资源开发与市场，2014(2).

[32] 李琦. 现在出游真的很便宜，元旦前季节线路价格低[N]. 重庆晚报，2011-11-17.

[33] 李维冰. 旅行社管理[M]. 北京：中国商业出版社，2002.

[34] 李晓军. 旅行社经营技巧[M]. 北京：中国旅游出版社，2004.

[35] 李烨，张广海. 名人效应对我国旅游业发展的影响机制研究[J]. 文艺争鸣，2016(9).

[36] 厉新建，张凌云，崔莉. 全域旅游：建设世界一流旅游目的地的理念创新——以北京为例[J]. 人文地理，2013(3).

[37] 刘克帅. 红色旅游和社会记忆[J]. 旅游学刊，2016(3).

[38] 刘扬林. 旅游学概论[M]. 北京：清华大学出版社，2009.

[39] 柳青. 国内民俗旅游市场细分研究[J]. 经济研究导刊，2011(3).

[40] 罗能. 刍议旅游产品的本质特征[J]. 现代商业，2009(20).

[41] 田野，罗静，崔家兴，等. 长江经济带旅游资源空间结构及其交通可进入性评价[J]. 经济地理，2019(11).

[42] 吕俊芳. 辽宁沿海经济带"全域旅游"发展研究[J]. 经济研究参考，2013(29).

[43] 孟丽君. 南非世界杯旅游线路营销全解码[J]. 市场观察，2010(6).

[44] 庞彤彤. 国家旅游线路评价与初步设计[D]. 青岛：中国海洋大学，2010.

[45] 秦瑞鸿. 全国硕士研究生入学考试旅游经济学基础辅导全书[M]. 济南：山东人民出版社，2009.

[46] 宋瑞. 积极发挥"一带一路"的旅游力量[N]. 中国旅游报，2015-02-06(2).

[47] 宋喜林. 基于长期关系视角的体验旅游设计[J]. 商业经济，2008(8).

[48] 孙梦阳，赵晓燕. 旅行社如何开展境外旅游营销[N]. 中国旅游报，2015-05-11(11).

[49] 唐婷婷. 依托成都市交通资源的交通旅游产品开发研究[D]. 成都：西南财经大学，2009.

[50] 陶庆华. 半自助旅游产品质量的博弈分析[J]. 经济研究导刊，2007(3).

[51] 滕云，王新驰，陈肖静，等. 扬州朱自清故居网络营销初探[J]. 2017(3).

[52] 王翠平. 我国五星级酒店的空间分布及其影响因素研究[J]. 榆林学院学报，2017(2).

[53] 王红兰. 城市家庭旅游消费决策过程分析[J]. 济南职业学院学报，2009(12).

[54] 王艳，高元衡. 健康旅游概念、类型与发展展望[J]. 桂林旅游高等专科学校学报，2007(6).

[55] 吴国清. 旅游线路设计[M]. 3版. 北京：旅游教育出版社，2015.

[56] 吴金林，黄继元. 旅游市场营销[M]. 重庆：重庆大学出版社，2003.

[57] 吴蜀楠. 旅游营销渠道策略的选择[J]. 企业改革与管理，2012(5).

[58] 武瑞营，刘荣. 旅游经济学[M]. 北京：化学工业出版社，2008.

[59] 徐淑延. 旅游产品特点的研究进展[J]. 黎明职业大学学报，2009(9).

[60] 席建超，刘浩龙，齐晓波，吴普. 旅游地安全风险评估模式研究——以国内10条重点探险旅游线路为例[J]. 山地学报，2007(5).

[61] 易婷婷，梁子应. 旅行社"零负团费"现象及对策分析——香港"购物门"事件引发的思考[J]. 重庆科技学院学报：社会科学版，2011(1).

[62] 殷晓晶，贺倩. 基于旅游者需求的自助旅游线路设计方案探讨[J]. 中国城市经济，2011(9).

[63] 于洁，胡静，朱磊，卢雯，赵越，王凯. 国内全域旅游研究进展与展望[J]. 旅游研究，2016，8(6).

[64] 喻小航. 旅游产品特点的新视角——论旅游产品的本质特征[J]. 西南师范大学学报：人文社会科学版，2002(2).

[65] 约瑟夫·派恩，詹姆斯·吉尔摩. 体验经济[M]. 夏业良，鲁炜，等，译. 北京：机

械工业出版社，2002.

[66] 张涛. 红色旅游策划的"三个突出"[J]. 企业改革与管理，2010(10).

[67] 张淑君. 乌鲁木齐市体验旅游产品设计研究[D]. 乌鲁木齐：新疆师范大学，2012.

[68] 张微. 黑龙江研学主题红色旅游线路设计研究[J]. 边疆经济与文化，2019(5).

[69] 张玉香. 浅论文化旅游的体验性开发[J]. 赤峰学院学报：自然科学版，2010(10) .

[70] 张震. 基于顾客价值的旅行社旅游线路定价问题分析[J]. 旅游纵览(下半月刊)，2017(2).

[71] 张振家. 旅游线路开发正外部性问题内在化分析[J]. 沈阳大学学报，2009(2).

[72] 张振家. 新常态下辽宁沿海经济带旅游碳足迹测算与低碳旅游开发[J]. 生态经济，2016(8).

[73] 张振家. 后疫情时代我国国内旅游价值链重构路径分析[J]. 企业经济，2021(5).

[74] 赵纲. 基于旅行社需求的旅游线路设计流程研究[J]. 旅游管理研究，2011(3).

[75] 赵铎，赵阳. 半自助旅游产品发展的SWOT分析及对策研究[J]. 信息记录材料，2018(10).

[76] 中国旅游研究院. 中国出境旅游发展年度报告2015[R]. 北京：旅游教育出版社，2015.

[77] 周功梅，宋瑞，刘倩倩. 国内外康养旅游研究评述与展望[J]. 资源开发与市场，2021(01).

[78] 朱晖. 法国旅游促销对中国旅游业的启示[D]. 北京：对外经济贸易大学，2006.

[79] WEAVER D, LAWTON L. Tourism Management[M]. New Jersey: John Wiley and Sons Ltd, 2002(12).

[80] Goodrich J N, Goodrich G E. Health-care Tourism——An Exploratory Study[J]. Tourism Management, 1987, 8(3).

[81] HALL C M. Health and medical tourism: a kill or cure for global public health?[J]. Tourism Review, 2011, 66(1/2).

附　录

附录的内容是非常必要的，不仅能够拓展学生的知识面，还能为学生设计旅游线路提供真实而又鲜活的素材。在附录的选择上，本教材兼顾人文与自然旅游资源，同时结合国家旅游业发展趋势(出境游和全域旅游)，为学生开展旅游线路设计活动提供必要的支撑。

附录A　中国世界遗产名录(截至2024年7月)

世界自然遗产

黄龙风景名胜区(四川，1992年12月7日)

九寨沟风景名胜区(四川，1992年12月7日)

武陵源风景名胜区(湖南，1992年12月7日)

云南三江并流保护区(云南，2003年7月2日)

四川大熊猫栖息地(四川，2006年7月12日)

中国南方喀斯特(云南、贵州、重庆、广西，2007年6月27日一期，2014年6月23日二期)

三清山国家公园(江西，2008年7月8日)

中国丹霞(贵州、福建、湖南、广东、江西、浙江，2010年8月1日)

澄江化石地(云南，2012年7月1日)

新疆天山(新疆维吾尔自治区，2013年6月21日)

神农架(湖北，2016年7月17日)

青海可可西里(青海，2017年7月7日)

梵净山(贵州，2018年7月2日)

巴丹吉林沙漠——沙山湖泊群(内蒙古，2024年7月26日)

黄(渤)海候鸟栖息地(第一期)(江苏，2019年7月5日)；黄(渤)海候鸟栖息地(第二期)(上海、山东、河北、辽宁，2024年7月26日)

世界文化遗产

长城(分布在黑龙江、吉林、辽宁、河北、天津、北京、山东、河南、山西、陕西、甘肃、宁夏回族自治区、青海、内蒙古自治区、新疆维吾尔自治区等15个省级行政区，1987年12月)

莫高窟(甘肃，1987年12月)

明清皇宫(北京故宫，北京，1987年12月；沈阳故宫，辽宁，2004年7月1日)

秦始皇陵及兵马俑坑(陕西，1987年12月)

周口店北京猿人遗址(北京，1987年12月)

布达拉宫历史群建筑(布达拉宫，1994年；大昭寺，2000年；罗布林卡，2001年)

承德避暑山庄及周围寺庙(河北，1994年12月)

曲阜孔府、孔庙、孔林(山东，1994年12月)

武当山古建筑群(湖北，1994年12月)

丽江古城(云南，1997年12月)

平遥古城(山西，1997年12月)

苏州古典园林(江苏，1997年12月)

北京皇家祭坛——天坛(北京，1998年11月)

北京皇家园林——颐和园(北京，1998年11月)

大足石刻(重庆，1999年12月)

龙门石窟(河南，2000年11月)

明清皇家陵寝(明显陵，湖北，2000年11月；清东陵，河北，2000年11月；清西陵，河北，2000年11月；明孝陵，江苏，2003年7月；明十三陵，北京，2003年7月；清盛京三陵，辽宁，2004年7月)

青城山—都江堰(四川，2000年11月)

皖南古村落——西递、宏村(安徽，2000年11月)

云冈石窟(山西，2001年12月)

高句丽王城、王陵及贵族墓葬(吉林、辽宁，2004年7月1日)

澳门历史城区(澳门，2005年7月15日)

安阳殷墟(河南，2006年7月13日)

开平碉楼与村落(广东，2007年6月28日)

福建土楼(福建，2008年7月7日)

登封"天地之中"历史建筑群(河南，少林寺、东汉三阙、中岳庙、嵩岳寺塔、会善寺、嵩阳书院、观星台，2010年8月1日)

元上都遗址(内蒙古自治区，2012年6月29日)

中国大运河(北京、天津、河北、山东、河南、安徽、江苏、浙江，2014年6月22日)

丝绸之路"长安—天山廊道路网"(河南、陕西、甘肃、新疆维吾尔自治区，2014年6月22日)

土司遗址(湖南、湖北、贵州，2015年7月4日)

鼓浪屿：国际历史社区(福建，2017年7月8日)

良渚古城遗址(浙江，2019年7月6日)

泉州：宋元中国的世界海洋商贸中心(福建，2021年7月25日)

北京中轴线——中国理想都城秩序的杰作(北京，2024年7月27日)

世界文化与自然双重遗产

泰山(山东，1987年12月)

黄山(安徽，1990年12月)

峨眉山—乐山大佛(四川，1996年12月)

武夷山(福建，1999年12月)

世界文化景观遗产

庐山国家公园(江西，1996年12月6日)

五台山(山西，2009年6月26日)

杭州西湖(浙江，2011年6月24日)

红河哈尼梯田文化景观(云南，2013年6月22日)

花山岩画(广西，2016年7月15日)

普洱景迈山古茶林文化景观(云南，2023年9月17日)

附录B 中国AAAAA级景区名录

地区	数量	名称	评定年份
北京市	8	东城区故宫博物院	2007年
		东城区天坛公园	2007年
		海淀区颐和园	2007年
		八达岭—慕田峪长城旅游区	2007年
		昌平区明十三陵景区(神路—定陵—长陵—昭陵)	2011年
		西城区恭王府景区	2012年
		朝阳区北京奥林匹克公园(鸟巢—水立方—中国科技馆—国家奥林匹克森林公园)	2012年
		海淀区圆明园景区	2020年
天津市	2	南开区天津古文化街旅游区(津门故里)	2007年
		蓟州区盘山风景名胜区	2007年
河北省	11	承德市双桥区承德避暑山庄及周围寺庙景区(普陀宗乘之庙—须弥福寺—普宁寺—普佑寺)	2007年
		保定市安新县白洋淀景区(文化苑—大观园—鸳鸯岛—元妃荷园—嘎子印象—渔人乐园)	2007年
		保定市涞水县野三坡景区(百里峡—白草畔—鱼谷洞—龙门天关)	2011年
		石家庄平山县西柏坡景区	2011年
		唐山市遵化市清东陵景区	2015年
		邯郸市涉县娲皇宫景区	2015年
		邯郸市永年区广府古城景区	2017年
		保定市涞源县白石山景区	2017年
		秦皇岛市山海关景区	2018年
		保定市易县清西陵景区	2020年
		承德市滦平县金山岭长城景区	2020年
山西省	10	大同市云冈石窟景区	2007年
		忻州市五台县五台山风景名胜区	2007年
		晋城市阳城县皇城相府生态文化旅游区	2011年
		晋中市介休市绵山风景名胜区	2013年
		晋中市祁县乔家大院文化园区	2014年
		晋中市平遥县平遥古城景区	2015年
		忻州市代县雁门关景区	2017年
		临汾市洪洞大槐树寻根祭祖园景区	2018年
		长治市壶关太行山大峡谷八泉峡景区	2020年
		黄河壶口瀑布旅游区(山西省临汾市吉县·陕西省延安市宜川县)	2022年

地区	数量	名称	评定年份
内蒙古自治区	6	鄂尔多斯市达拉特旗响沙湾旅游景区	2011年
		鄂尔多斯市伊金霍洛旗成吉思汗陵旅游区	2011年
		呼伦贝尔市满洲里市中俄边境旅游区	2016年
		兴安盟阿尔山·柴河旅游景区	2017年
		赤峰市阿斯哈图石阵旅游区	2018年
		阿拉善盟胡杨林旅游区	2020年
辽宁省	6	沈阳市浑南区沈阳植物园	2007年
		大连市中山区老虎滩海洋公园—老虎滩极地馆	2007年
		大连市金州区金石滩景区(地质公园—发现王国—蜡像馆—文化博览广场)	2011年
		本溪市本溪满族自治县本溪水洞景区	2015年
		鞍山市千山区千山景区	2017年
		盘锦市红海滩风景廊道景区	2020年
吉林省	7	长白山景区	2007年
		长春市宽城区伪满皇宫博物馆	2007年
		长春市南关区净月潭景区	2011年
		长春市南关区长影世纪城景区	2015年
		延边朝鲜族自治州敦化市六鼎山文化旅游区	2015年
		长春市南关区世界雕塑公园景区	2017年
		通化市高句丽文物古迹旅游区	2020年
黑龙江省	6	哈尔滨市松北区太阳岛景区	2007年
		黑河市五大连池市五大连池景区	2011年
		牡丹江市宁安市镜泊湖景区	2011年
		伊春市汤旺县汤旺河林海奇石景区	2013年
		大兴安岭地区漠河市北极村旅游景区	2015年
		虎林市虎头旅游景区	2020年
上海市	4	浦东新区东方明珠广播电视塔	2007年
		浦东新区上海野生动物园	2007年
		浦东新区上海科技馆	2010年
		中国共产党一大·二大·四大纪念馆景区	2021年
江苏省	25	苏州市姑苏区苏州园林(拙政园—留园—虎丘)	2007年
		苏州市昆山市周庄古镇景区	2007年
		南京市玄武区钟山中山陵风景名胜区(明孝陵—音乐台—灵谷寺—梅花山—紫金山天文台)	2007年
		无锡市滨湖区中央电视台无锡影视基地三国水浒城景区	2007年
		无锡市滨湖区灵山大佛景区	2009年
		苏州市吴江区同里古镇景区	2010年

(续表)

地区	数量	名称	评定年份
江苏省	25	南京市秦淮区夫子庙秦淮河风光带(江南贡院—白鹭洲—中华门—瞻园—王谢故居)	2010年
		常州市新北区环球恐龙城景区(中华恐龙园—恐龙谷温泉—恐龙城大剧院)	2010年
		扬州市邗江区瘦西湖风景区	2010年
		南通市崇川区濠河风景区	2012年
		泰州市姜堰区溱湖国家湿地公园	2012年
		苏州市吴中区金鸡湖国家商务旅游示范区	2012年
		镇江市三山风景名胜区(金山—北固山—焦山)	2012年
		无锡市滨湖区鼋头渚旅游风景区	2012年
		苏州市吴中区太湖旅游区(旺山—穹窿山—东山)	2013年
		苏州市常熟市沙家浜虞山尚湖旅游区	2013年
		常州市溧阳市天目湖景区(天目湖—南山竹海—御水温泉)	2013年
		镇江市句容市茅山景区	2014年
		淮安市淮安区周恩来故里景区(周恩来纪念馆—周恩来故居—驸马巷历史街区—河下古镇)	2015年
		盐城市大丰区中华麋鹿园景区	2015年
		徐州市泉山区云龙湖景区	2016年
		连云港市海州区花果山景区	2016年
		常州市武进区春秋淹城旅游区	2017年
		无锡市惠山古镇景区	2020年
		宿迁市洪泽湖湿地景区	2022年
浙江省	20	杭州市西湖区西湖风景区	2007年
		温州市乐清市雁荡山风景区	2007年
		舟山市普陀区普陀山风景区	2007年
		杭州市淳安县千岛湖风景区	2010年
		嘉兴市桐乡市乌镇古镇旅游区	2010年
		宁波市奉化区溪口滕头旅游景区	2010年
		金华市东阳市横店影视城景区	2010年
		嘉兴市南湖区南湖旅游区	2011年
		杭州市西湖区西溪湿地旅游区	2012年
		绍兴市越城区鲁迅故里——沈园景区	2012年
		衢州市开化县根宫佛国文化旅游区	2013年
		湖州市南浔区南浔古镇景区	2015年
		台州市天台县天台山景区	2015年
		台州市仙居县神仙居景区	2015年
		嘉兴市嘉善县西塘古镇旅游景区	2017年

地区	数量	名称	评定年份
浙江省	20	衢州市江山市江郎山·廿八都旅游区	2017年
		宁波市天一阁·月湖景区	2018年
		丽水市缙云县仙都景区	2020年
		温州市文成县刘伯温故里景区	2020年
		台州府城文化旅游区	2022年
安徽省	12	黄山市黄山区黄山风景区	2007年
		池州市青阳县九华山风景区	2007年
		安庆市潜山市天柱山风景区	2011年
		黄山市黟县皖南古村落——西递、宏村	2011年
		六安市金寨县天堂寨旅游景区	2012年
		宣城市绩溪县龙川景区	2012年
		阜阳市颍上县八里河风景区	2013年
		黄山市古徽州文化旅游区(徽州古城－牌坊群·鲍家花园－唐模－潜口民宅－呈坎)	2014年
		合肥市肥西县三河古镇景区	2015年
		芜湖市鸠江区方特旅游区	2016年
		六安市舒城县万佛湖风景区	2016年
		马鞍山市长江采石矶文化生态旅游区	2022年
福建省	10	厦门市思明区鼓浪屿风景名胜区	2007年
		南平市武夷山市武夷山风景名胜区	2007年
		三明市泰宁县泰宁风景旅游区	2011年
		福建土楼(永定·南靖)旅游景区	2011年
		宁德市屏南县(白水洋·鸳鸯溪)旅游景区	2012年
		泉州市丰泽区清源山风景名胜区	2012年
		宁德市福鼎市太姥山旅游区	2013年
		福州市鼓楼区三坊七巷景区	2015年
		龙岩市上杭县古田旅游区	2015年
		莆田市湄洲岛妈祖文化旅游区	2022年
江西省	14	九江市庐山市庐山风景名胜区	2007年
		吉安市井冈山市井冈山风景旅游区	2007年
		上饶市玉山县三清山旅游景区	2011年
		鹰潭市贵溪市龙虎山风景名胜区	2012年
		上饶市婺源县江湾景区	2013年
		景德镇市昌江区古窑民俗博览区	2013年
		赣州市瑞金市共和国摇篮景区	2015年
		宜春市袁州区明月山旅游区	2015年

(续表)

地区	数量	名称	评定年份
江西省	14	抚州市资溪县大觉山景区	2017年
		上饶市弋阳县龟峰景区	2017年
		南昌市滕王阁旅游区	2018年
		萍乡市武功山景区	2020年
		九江市庐山西海风景名胜区	2020年
		赣州市安远县三百山景区	2022年
山东省	14	泰安市泰山区泰山景区	2007年
		烟台市蓬莱区蓬莱阁－三仙山－八仙过海旅游区	2007年
		济宁市曲阜市明故城三孔旅游区	2007年
		青岛市崂山区崂山景区	2011年
		威海市环翠区刘公岛景区	2011年
		烟台市龙口市南山景区	2011年
		枣庄市台儿庄区台儿庄古城景区	2013年
		济南市历下区天下第一泉景区(趵突泉－大明湖－五龙潭－环城公园－黑虎泉)	2013年
		山东沂蒙山旅游区(沂山景区－龟蒙景区－云蒙景区)	2013年
		潍坊市青州市青州古城景区	2017年
		威海市环翠区威海华夏城景区	2017年
		东营市黄河口生态旅游区	2020年
		临沂市萤火虫水洞·地下大峡谷旅游区	2020年
		济宁市微山湖旅游区	2022年
河南省	15	郑州市登封市嵩山少林寺景区	2007年
		洛阳市洛龙区龙门石窟景区	2007年
		焦作市云台山－神农山－青天河风景区	2007年
		安阳市殷都区殷墟景区	2011年
		洛阳市嵩县白云山景区	2011年
		开封市龙亭区清明上河园景区	2011年
		平顶山市鲁山县尧山中原大佛景区	2011年
		洛阳市栾川县老君山鸡冠洞旅游区	2012年
		洛阳市新安县龙潭大峡谷景区	2013年
		南阳市西峡伏牛山老界岭·恐龙遗址园旅游区	2014年
		驻马店市嵖岈山旅游景区	2015年
		红旗渠太行大峡谷	2016年
		永城市芒砀山旅游景区	2017年
		新乡市八里沟景区	2020年
		信阳市鸡公山景区	2022年

地区	数量	名称	评定年份
湖北省	14	武汉市武昌区黄鹤楼公园	2007年
		宜昌市三峡大坝－屈原故里文化旅游区	2007年
		宜昌市夷陵区三峡人家风景区	2011年
		十堰市丹江口市武当山风景区	2011年
		恩施土家族苗族自治州巴东县神农溪纤夫文化旅游区	2011年
		神农架林区神农架生态旅游区	2012年
		宜昌市长阳土家族自治县清江画廊景区	2013年
		武汉市洪山区中国武汉东湖生态旅游风景区	2013年
		武汉市黄陂区木兰文化生态旅游区	2014年
		恩施土家族苗族自治州恩施市恩施大峡谷景区	2015年
		咸宁市三国赤壁古战场景区	2018年
		襄阳市古隆中景区	2020年
		恩施州腾龙洞景区	2020年
		宜昌市三峡大瀑布景区	2022年
湖南省	11	张家界市武陵源天门山旅游区	2007年
		衡阳市南岳区衡山旅游区	2007年
		湘潭市韶山市韶山旅游区	2011年
		岳阳市岳阳楼－君山岛景区	2011年
		长沙市岳麓区岳麓山旅游区	2012年
		长沙市宁乡市花明楼景区	2013年
		郴州市资兴市东江湖旅游区	2015年
		邵阳市新宁县崀山景区	2016年
		株洲市炎帝陵景区	2020年
		常德市桃花源旅游区	2020年
		湘西土家族苗族自治州矮寨·十八洞·德夯大峡谷景区	2021年
广东省	15	广州市番禺区长隆旅游度假区	2007年
		深圳市南山区华侨城旅游度假区	2007年
		广州市白云区白云山景区	2011年
		梅州市梅县区雁南飞茶田景区	2011年
		深圳市龙华区观澜湖休闲旅游区	2011年
		清远市连州市地下河旅游景区	2011年
		韶关市仁化县丹霞山景区	2012年
		佛山市南海区西樵山景区	2013年
		惠州市博罗县罗浮山景区	2013年
		佛山市顺德区长鹿旅游休博园	2014年
		阳江市江城区海陵岛大角湾海上丝路旅游区	2015年

(续表)

地区	数量	名称	评定年份
广东省	15	中山市孙中山故里旅游区	2016年
		惠州市惠州西湖旅游景区	2018年
		肇庆市星湖旅游景区	2020年
		江门市开平碉楼文化旅游区	2020年
广西壮族自治区	9	桂林市漓江风景区	2007年
		桂林市兴安县乐满地度假世界	2007年
		桂林市秀峰区独秀峰·靖江王城景区	2012年
		南宁市青秀区青秀山旅游景区	2014年
		桂林市两江四湖(秀峰区)·象山(象山区)景区	2017年
		崇左市德天跨国瀑布景区	2018年
		百色市百色起义纪念园景区	2020年
		北海市涠洲岛南湾鳄鱼山景区	2020年
		贺州市黄姚古镇景区	2022年
海南省	6	三亚市崖州区南山文化旅游区	2007年
		三亚市崖州区南山大小洞天旅游区	2007年
		保亭黎族苗族自治县呀诺达雨林文化旅游区	2012年
		陵水黎族自治县分界洲岛旅游区	2013年
		保亭黎族苗族自治县海南槟榔谷黎苗文化旅游区	2015年
		三亚市海棠区蜈支洲岛旅游区	2016年
重庆市	11	大足区大足石刻景区	2007年
		巫山县小三峡—小小三峡旅游区	2007年
		武隆区喀斯特旅游区(天生三桥、仙女山、芙蓉洞)	2011年
		酉阳土家族苗族自治县桃花源旅游景区	2012年
		綦江区万盛黑山谷—龙鳞石海风景区	2012年
		南川区金佛山景区	2013年
		江津区四面山景区	2015年
		云阳县龙缸景区	2017年
		彭水苗族土家族自治县阿依河景区	2020年
		黔江区濯水景区	2020年
		奉节县白帝城·瞿塘峡景区	2022年
四川省	16	成都市都江堰市青城山—都江堰旅游景区	2007年
		乐山市峨眉山景区	2007年
		阿坝藏族羌族自治州九寨沟县九寨沟景区	2007年
		乐山市市中区乐山大佛景区	2011年
		阿坝藏族羌族自治州松潘县黄龙风景名胜区	2012年

(续表)

地区	数量	名称	评定年份
四川省	16	绵阳市北川羌族自治县羌城旅游区(中国羌城—老县城地震遗址—"5·12"汶川特大地震纪念馆—北川羌族民俗博物馆—北川新县城—吉娜羌寨)	2013年
		阿坝藏族羌族自治州汶川县汶川特别旅游区(震中映秀—水磨古镇—三江生态旅游区)	2013年
		南充市阆中市阆中古城旅游景区	2013年
		广安市广安区邓小平故里旅游区	2013年
		广元市剑阁县剑门蜀道剑门关旅游景区	2015年
		南充市仪陇县朱德故里景区	2016年
		甘孜藏族自治州泸定县海螺沟景区	2017年
		雅安市碧峰峡旅游景区	2020年
		巴中市光雾山旅游景区	2020年
		甘孜州稻城亚丁旅游景区	2020年
		成都市大邑县安仁古镇景区	2022年
贵州省	9	安顺市镇宁布依族苗族自治县黄果树瀑布景区	2007年
		安顺市西秀区龙宫景区	2007年
		毕节市黔西市百里杜鹃景区	2013年
		黔南布依族苗族自治州荔波县樟江景区	2015年
		贵阳市花溪区青岩古镇景区	2017年
		铜仁市梵净山旅游区	2018年
		黔东南苗族侗族自治州镇远古城旅游景区	2020年
		遵义市赤水丹霞旅游区	2020年
		毕节市织金洞景区	2022年
云南省	9	昆明市石林彝族自治县石林风景区	2007年
		丽江市玉龙纳西族自治县玉龙雪山景区	2007年
		丽江市古城区丽江古城景区	2011年
		大理白族自治州大理市崇圣寺三塔文化旅游区	2011年
		西双版纳傣族自治州勐腊县中科院西双版纳热带植物园	2011年
		迪庆藏族自治州香格里拉市普达措国家公园	2012年
		昆明市盘龙区昆明世博园景区	2016年
		保山市腾冲市火山热海旅游区	2016年
		文山壮族苗族自治州丘北县普者黑景区	2020年
西藏自治区	5	拉萨市城关区布达拉宫景区	2013年
		拉萨市城关区大昭寺景区	2013年
		林芝巴松措景区	2017年
		日喀则扎什伦布寺景区	2017年
		林芝市雅鲁藏布大峡谷	2020年

(续表)

地区	数量	名称	评定年份
陕西省	12	西安市临潼区秦始皇陵兵马俑博物馆	2007年
		西安市临潼区华清池景区	2007年
		延安市黄陵县黄帝陵景区	2007年
		西安市雁塔区大雁塔大唐芙蓉园景区	2011年
		渭南市华阴市华山风景区	2011年
		宝鸡市扶风县法门寺佛文化景区	2014年
		商洛市商南县金丝峡景区	2015年
		宝鸡市眉县太白山旅游景区	2016年
		西安市城墙·碑林历史文化景区	2018年
		延安市延安革命纪念地景区	2020年
		西安市大明宫旅游区	2020年
		黄河壶口瀑布旅游区(陕西省延安市宜川县、山西省临汾市吉县)	2022年
甘肃省	7	嘉峪关市嘉峪关文物景区	2007年
		平凉市崆峒区崆峒山风景名胜区	2007年
		天水市麦积区麦积山景区	2011年
		酒泉市敦煌市鸣沙山月牙泉景区	2015年
		张掖市七彩丹霞景区	2020年
		临夏回族自治州炳灵寺世界文化遗产旅游区	2022年
		陇南市宕昌县官鹅沟景区	2022年
青海省	4	青海湖风景区	2011年
		西宁市湟中区塔尔寺景区	2012年
		海东市互助土族自治县互助土族故土园旅游区	2017年
		青海省海北藏族自治州阿咪东索景区	2020年
宁夏回族自治区	4	石嘴山市平罗县沙湖旅游景区	2007年
		中卫市沙坡头区沙坡头旅游景区	2007年
		银川市西夏区宁夏镇北堡西部影视城	2011年
		银川市灵武市水洞沟旅游区	2015年
新疆维吾尔自治区	17	昌吉回族自治州阜康市天山天池风景名胜区	2007年
		吐鲁番市高昌区葡萄沟风景区	2007年
		伊犁哈萨克自治州阿勒泰地区布尔津县喀纳斯景区	2007年
		伊犁哈萨克自治州新源县那拉提旅游风景区	2011年
		伊犁哈萨克自治州阿勒泰地区富蕴县可可托海景区	2012年
		喀什地区泽普县金胡杨景区	2013年
		乌鲁木齐市乌鲁木齐县天山大峡谷	2013年
		巴音郭楞蒙古自治州博湖县博斯腾湖景区	2014年

(续表)

地区	数量	名称	评定年份
新疆维吾尔自治区	17	喀什地区喀什市噶尔老城景区	2015年
		伊犁哈萨克自治州特克斯县喀拉峻景区	2016年
		巴音郭楞蒙古自治州和静县巴音布鲁克景区	2016年
		伊犁哈萨克自治州阿勒泰地区哈巴河县白沙湖景区	2017年
		喀什地区帕米尔旅游区	2020年
		克拉玛依市世界魔鬼城景区	2020年
		博尔塔拉蒙古自治州赛里木湖景区	2021年
		新疆生产建设兵团阿拉尔市塔克拉玛干·三五九旅文化旅游区	2021年
		昌吉回族自治州江布拉克景区	2022年
总计	318		

附录C 国家前两批全域旅游示范区名单

北京市

□ 首批

北京市昌平区

北京市平谷区

北京市延庆区

□ 第二批

门头沟区

怀柔区

天津市

□ 首批

天津市和平区

天津市蓟州区

天津市生态城

河北省

□ 首批

石家庄市平山县

邯郸市涉县

保定市易县

保定市阜平县

保定市安新县

保定市涞源县

保定市涞水县

张家口市张北县

张家口市蔚县

唐山市迁西县

秦皇岛市北戴河区

□ 第二批

秦皇岛市

张家口市

承德市

迁安市

遵化市

武安市

山西省

□ 首批

晋中市

长治市壶关县

长治市平顺县

晋城市阳城县

朔州市右玉县

□ 第二批

忻州市

太原市阳曲县

大同市灵丘县

大同县(今云州区)

浑源县

长治市黎城县

武乡县

晋城市泽州县

临汾市洪洞县

吉县

隰县

运城市永济市

芮城县

吕梁市岚县

交城县

内蒙古自治区

□ 首批
内蒙古包头市达尔罕茂明安联合旗

内蒙古赤峰市宁城县

内蒙古锡林郭勒盟二连浩特市

内蒙古鄂尔多斯市康巴什新区

内蒙古兴安盟阿尔山市

□ 第二批
鄂尔多斯市

阿拉善盟

包头市石拐区

土默特右旗

赤峰市克什克腾旗

呼伦贝尔市满洲里市

额尔古纳市

兴安盟乌兰浩特市

锡林郭勒盟多伦县

辽宁省

□ 首批

盘锦市

沈阳市沈北新区

大连市瓦房店市

抚顺市沈抚新城

本溪市桓仁满族自治县

丹东市凤城市

丹东市宽甸满族自治县

锦州市北镇市

葫芦岛市兴城市

葫芦岛市绥中县

朝阳市喀喇沁左翼蒙古族自治县

□ 第二批

本溪市

锦州市

沈阳市浑南区

大连市庄河市

鞍山市岫岩满族自治县

营口市鲅鱼圈区

阜新市阜新蒙古族自治县

辽阳市弓长岭区

朝阳市凌源市

吉林省

□ 首批

吉林市

长白山

长春净月国家高新技术产业开发区

长春市九台区

长春市双阳区

通化市辉南县

通化市柳河县

通化市集安市

通化市通化县

白山市临江市

白山市抚松县

延边州敦化市

延边州延吉市

延边州珲春市

梅河口市

□ 第二批

四平市伊通满族自治县

通化市东昌区

延边朝鲜族自治州和龙市

延边朝鲜族自治州安图县

黑龙江省

□ 首批

伊春市

哈尔滨市阿城区

哈尔滨市宾县

大庆市杜尔伯特蒙古族自治县

黑河市五大连池市

大兴安岭地区漠河市

□ 第二批

黑河市

绥芬河市

大兴安岭地区

齐齐哈尔市碾子山区

鸡西市虎林市

佳木斯市抚远市

牡丹江市东宁市

上海市

□ 首批

上海市黄浦区

上海市青浦区

上海市崇明区

□ 第二批

松江区

江苏省

□ 首批

苏州市

南京市秦淮区

南京市江宁区

徐州市贾汪区

金湖县

盐城市大丰区

句容市

兴化市

□ 第二批

高邮市

南京市

镇江市

无锡市滨湖区

无锡市梁溪区

宜兴市

常州市新北区

常州市武进区

常州市金坛区

溧阳市

如皋市

淮安市淮安区

淮安市清河区(现淮安市清江浦区)

洪泽县(现淮安市洪泽区)

盱眙县

连云港市连云区

东海县

盐城市盐都区

东台市

宿迁市湖滨新区

浙江省

□ 首批

杭州市

湖州市

丽水市

宁波市宁海县

宁波市象山县

衢州市开化县

舟山市普陀区

台州市天台县

台州市仙居县

□ 第二批

衢州市

舟山市

宁波市奉化区

温州市文成县

永嘉县

绍兴市新昌县

嘉兴市嘉善县

桐乡市

金华市浦江县

磐安县

安徽省

□ 首批

黄山市

池州市

合肥市巢湖市

安庆市岳西县

安庆市太湖县

安庆市潜山市

宣城市绩溪县

宣城市广德市

宣城市泾县

六安市霍山县

六安市金寨县

□ 第二批

宣城市

合肥市庐江县

马鞍山市含山县

淮北市烈山区

淮北市相山区

铜陵市枞阳县

安庆市宜秀区

滁州市南谯区

全椒县

阜阳市颍上县

宿州市砀山县

福建省

□ 首批

平潭综合实验区

莆田市仙游县

三明市泰宁县

泉州市永春县

漳州市东山县

南平市武夷山市

龙岩市永定区

龙岩市连城县

宁德市屏南县

□ 第二批

厦门市

福州市永泰县

泉州市德化县

龙岩市武平县

三明市尤溪县

三明市建宁县

江西省

□ 首批

上饶市

鹰潭市

南昌市湾里区(今属新建区)

九江市武宁县

赣州市石城县

吉安市井冈山市

吉安市青原区

宜春市靖安县

宜春市铜鼓县

抚州市南丰县

抚州市资溪县

□ 第二批

景德镇市

新余市

萍乡市芦溪县

宜春市宜丰县

吉安市安福县

赣州市瑞金市

龙南市

山东省

□ 首批

烟台市

临沂市

青州市

济南市历城区

青岛市崂山区

淄博市沂源县

枣庄市台儿庄区

枣庄市滕州市

潍坊市临朐县

威海市荣成市

威海市文登区

日照市五莲县

□ 第二批

济南市

泰安市

威海市

日照市

济南市莱芜区

枣庄市山亭区

济宁市曲阜市

滨州市无棣县

聊城市东阿县

河南省

□ 首批

郑州市

济源市

洛阳市栾川县

洛阳市嵩县

安阳市林州市

焦作市修武县

焦作市博爱县

南阳市西峡县

信阳市新县

信阳市浉河区

湖北省

□ 首批

恩施土家族苗族自治州恩施市

神农架林区

仙桃市

武汉市黄陂区

黄石市铁山区

宜昌市远安县

宜昌市秭归县

宜昌市长阳土家族自治县

黄冈市麻城市

黄冈市罗田县

黄冈市红安县

咸宁市赤壁市

□ 第二批

宜昌市夷陵区

五峰土家族自治县

黄冈市英山县

咸宁市通山县

湖南省

□ 首批

张家界市

湘西土家族苗族自治州

长沙市望城区

株洲市炎陵县

湘潭市韶山市

湘潭市昭山示范区

邵阳市新宁县

岳阳市平江县

常德市石门县

郴州市桂东县

郴州市苏仙区

怀化市通道侗族自治县

娄底市新化县

□ 第二批

怀化市

衡阳市南岳区

邵阳市城步苗族自治县

永州市东安县

江永县

宁远县

岳阳市湘阴县

临湘市

郴州市资兴市

汝城县

宜章县

长沙市浏阳市

宁乡市

长沙县

益阳市安化县

桃江县

株洲市醴陵市

娄底市涟源市

广东省

□ 首批

深圳市

珠海市

中山市

江门市开平市

江门市台山市

惠州市博罗县

惠州市龙门县

□ 第二批

韶关市

惠州市

梅州市

广州市番禺区

阳江市海陵岛试验区

清远市连南瑶族自治县

揭阳市揭西县

广西壮族自治区

□ 首批

北海市

南宁市上林县

柳州市融水苗族自治县

桂林市兴安县

桂林市阳朔县

桂林市龙胜各族自治县

百色市靖西市

贺州市昭平县

河池市巴马瑶族自治县

崇左市凭祥市

□ 第二批

南宁市

贺州市

桂林市雁山区

恭城瑶族自治县

防城港市东兴市

钦州市钦南区

玉林市容县

河池市宜州区

来宾市金秀瑶族自治县

海南省

□ 首批

全省各市县区

重庆市

□ 首批

重庆市渝中区

重庆市大足区

重庆市南川区

重庆市万盛区(今属綦江区)

重庆市巫山县

□ 第二批

奉节县

武隆区

石柱土家族自治县

四川省

□ 首批

乐山市

阿坝藏族羌族自治州

甘孜藏族自治州

成都市都江堰市

成都市温江区

成都市邛崃市

广元市剑阁县

广元市青川县

雅安市宝兴县

雅安市石棉县

绵阳市北川羌族自治县

□ 第二批

成都市锦江区

蒲江县

成都市新津区

崇州市

攀枝花市

广元市

雅安市

凉山彝族自治州

巴中市

绵阳市安州区

平武县

泸州市纳溪区

绵竹市

长宁县

兴文县

宣汉县

华蓥市

贵州省

□ 首批

遵义市

安顺市

贵阳市花溪区

六盘水市盘州市

铜仁市江口县

毕节市百里杜鹃旅游区

黔西南布依族苗族自治州兴义市

黔东南苗族侗族自治州雷山县

黔东南苗族侗族自治州黎平县

黔东南苗族侗族自治州镇远县

黔南布依族苗族自治州荔波县

□ 第二批

贵阳市

铜仁市

黔西南布依族苗族自治州

黔东南苗族侗族自治州

六盘水市六枝特区

六盘水市钟山区

水城区

云南省

□ 首批

丽江市

西双版纳傣族自治州

大理白族自治州大理市

保山市腾冲市

红河哈尼族彝族自治州建水县

迪庆藏族自治州香格里拉市

□ 第二批

大理白族自治州

昆明市石林彝族自治县

曲靖罗平县

玉溪市新平彝族傣族自治县

澄江市

红河哈尼族彝族自治州弥勒市

西藏自治区

□ 首批

拉萨市

林芝市

□ 第二批

日喀则市

阿里地区普兰县

陕西省

□ 首批

宝鸡市

汉中市

韩城市

西安市临潼区

咸阳市礼泉县

渭南市华阴市

延安市黄陵县

延安市宜川县

榆林市佳县

安康市石泉县

安康市岚皋县

商洛市商南县

商洛市柞水县

□ 第二批

渭南市大荔县

铜川市耀州区

安康市宁陕县

商洛市山阳县

甘肃省

□ 首批

甘南藏族自治州

兰州市城关区

天水市武山县

张掖市肃南裕固族自治县

酒泉市敦煌市

□ 第二批

甘肃省嘉峪关市

张掖市

兰州市榆中县

白银市景泰县

天水市麦积区

陇南市宕昌县

康县

平凉市崆峒区

临夏回族自治州永靖县

青海省

□ 首批

西宁市大通回族土族自治县

海北藏族自治州祁连县

□ 第二批

海东市乐都区

海北藏族自治州

海南藏族自治州贵德县

宁夏回族自治区

□ 首批

中卫市

银川市西夏区

银川市永宁县

石嘴山市平罗县

吴忠市青铜峡市

固原市泾源县

□ 第二批

全自治区(5个市22个县区)

新疆维吾尔自治区

□ 首批

吐鲁番市

哈密市巴里坤哈萨克自治县

昌吉回族自治州木垒哈萨克自治县

博尔塔拉蒙古自治州温泉县

伊犁哈萨克自治州昭苏县

阿勒泰地区阿勒泰市

阿勒泰地区布尔津县

新疆生产建设兵团

新疆生产建设兵团第一师阿拉尔市十团

□ 第二批

喀什地区

乌鲁木齐市乌鲁木齐县

阿克苏地区乌什县

昌吉回族自治州阜康市

吉木萨尔县

巴音郭楞蒙古自治州博湖县

伊犁哈萨克自治州特克斯县

塔城地区裕民县

新疆生产建设兵团第一师16团

新疆生产建设兵团第六师青湖经济开发区101团

新疆生产建设兵团第七师126团

新疆生产建设兵团第八师石河子市

新疆生产建设兵团第九师161团

新疆生产建设兵团第九师165团

新疆生产建设兵团第十师北屯市

新疆生产建设兵团第十师185团

附录D 中国历史文化名城名录

国家历史文化名城是1982年根据侯仁之、郑孝燮和单士元三位先生的提议而建立的一种文物保护机制。由中华人民共和国国务院确定并公布的国家历史文化名城均为保存文物特别丰富、具有重大历史价值或者纪念意义且正在延续使用的城市。党和国家历来高度重视历史文化名城、名镇、名村的保护工作，《中华人民共和国文物保护法》《中华人民共和国城乡规划法》确立了历史文化名城、名镇、名村保护制度，并明确规定由国务院制定保护办法。2005年10月1日，《历史文化名城保护规划规范》正式施行，确定了保护原则、措施、内容和重点。2008年7月1日，《历史文化名城名镇名村保护条例》正式施行，规范了历史文化名城、名镇、名村的申报与批准。国家历史文化名城的布局、环境、历史风貌等遭到严重破坏的，由国务院撤销其历史文化名城称号。

国家历史文化名城按照特点主要分为七类。

历史古都型：都城时代的历史遗存物，以古都风貌为特点的城市，如洛阳、西安、北京、南京、开封等。

传统风貌型：保留了一个或几个历史时期积淀的完整建筑群的城市，如商丘、大理、平遥等。

一般史迹型：分散在全城各处的文物古迹为历史传统主要体现方式的城市，如济南、承德等。

风景名胜型：建筑与山水环境的叠加而显示出鲜明个性特征的城市，如苏州、桂林等。

地域特色型：地域特色或独特的个性特征、民族风情、地方文化构成城市风貌主体的城市，如敦煌、丽江、拉萨等。

近代史迹型：反映历史上某一事件或某个阶段的建筑物或建筑群为其显著特色的城市，如上海、延安、遵义等。

特殊职能型：某种职能在历史上占有极突出地位的城市，如景德镇、榆林、自贡等。

第一批　24座国家历史文化名城于1982年2月8日公布：

1. 北京	7. 杭州	13. 开封	19. 遵义
2. 承德	8. 绍兴	14. 荆州	20. 昆明
3. 大同	9. 泉州	15. 长沙	21. 大理
4. 南京	10. 景德镇	16. 广州	22. 拉萨
5. 苏州	11. 曲阜	17. 桂林	23. 西安
6. 扬州	12. 洛阳	18. 成都	24. 延安

第二批　38座国家历史文化名城于1986年12月8日公布：

1. 天津	11. 阆中	21. 敦煌	31. 淮安
2. 保定	12. 宜宾	22. 银川	32. 宁波
3. 济南	13. 自贡	23. 喀什	33. 歙县
4. 安阳	14. 镇远	24. 呼和浩特	34. 寿县
5. 南阳	15. 丽江	25. 上海	35. 亳州
6. 商丘	16. 日喀则	26. 徐州	36. 福州
7. 武汉	17. 韩城	27. 平遥	37. 漳州
8. 襄阳	18. 榆林	28. 沈阳	38. 南昌
9. 潮州	19. 武威	29. 镇江	
10. 重庆	20. 张掖	30. 常熟	

第三批　37座国家历史文化名城于1994年1月4日公布：

1. 正定	11. 长汀	21. 岳阳	31. 建水
2. 邯郸	12. 赣州	22. 肇庆	32. 巍山
3. 新绛	13. 青岛	23. 佛山	33. 江孜
4. 代县	14. 聊城	24. 梅州	34. 咸阳
5. 祁县	15. 邹城	25. 海康(今雷州)	35. 汉中
6. 哈尔滨	16. 临淄	26. 柳州	36. 天水
7. 吉林	17. 郑州	27. 琼山(今为区)	37. 同仁
8. 集安	18. 浚县	28. 乐山	
9. 衢州	19. 随州	29. 都江堰	
10. 临海	20. 钟祥	30. 泸州	

国家历史文化名城增补：

年份	增补名单
2001年	山海关区(2001年8月10日)、凤凰县(2001年12月17日)
2004年	濮阳市(2004年10月1日)
2005年	安庆市(2005年4月14日)
2007年	泰安市(2007年3月9日)、海口市(2007年3月13日)、金华市(2007年3月18日)、绩溪县(2007年3月18日)、吐鲁番市(2007年4月27日)、特克斯县(2007年5月6日)、无锡市(2007年9月15日)
2009年	南通市(2009年1月2日)
2010年	北海市(2010年11月9日)
2011年	宜兴市(2011年1月27日)、嘉兴市(2011年1月27日)、太原市(2011年3月17日)、中山市(2011年3月17日)、蓬莱市(2011年5月1日)、会理县(2011年11月8日)
2012年	库车县(2012年3月15日)、伊宁市(2012年6月28日)
2013年	泰州市(2013年2月10日)、会泽县(2013年5月18日)、烟台市(2013年7月28日)、青州市(2013年11月18日)
2014年	湖州市(2014年7月14日)、齐齐哈尔市(2014年8月6日)
2015年	常州市(2015年6月1日)、瑞金市(2015年8月19日)、惠州市(2015年10月3日)
2016年	温州市(2016年5月4日)、高邮市(2016年11月23日)、永州市(2016年12月16日)
2017年	长春市(2017年7月3日)、龙泉市(2017年7月16日)
2018年	蔚县(2018年5月2日)
2020年	辽阳市(2020年12月7日)
2021年	通海县(2021年3月3日)、黟县(2021年6月15日)、桐城市(2021年11月7日)
2022年	抚州市(2022年1月11日)、九江市(2022年3月28日)
2023年	剑川县(2023年3月5日)、莆田市(2023年9月30日)

注：蓬莱市今为蓬莱区、会理县今为会理市、库车县今为库车市。

附录E 中国加入世界人与生物圈保护网的34个自然保护区

1. 长白山自然保护区位于吉林省安图、抚松、长白三县交界处，1980年初被联合国纳入世界生物圈保护区。长白山的植物多达1400种，有"温带生物资源基因库"之称，野生动物有400多种。主要珍稀动植物有东北虎、梅花鹿、紫貂、金钱豹、红松、长白落叶松等。

2. 卧龙自然保护区位于四川省西部汶川县境内，1980年初被联合国纳入世界生物圈保护区。主要珍稀动植物有大熊猫、金丝猴、羚羊、小熊猫、白唇鹿、四川红杉、岷江柏、独叶草、延龄草、香樟等。

3. 鼎湖山自然保护区位于广东省肇庆市，1956年被列为我国第一个自然保护区，1980年被纳入世界生物圈保护区，它是全球17个热带生态系统定位研究站中最北的一个。保护区内植物有2400多种，动物有250多种。主要珍稀动植物有木荷、乌榄、格木、苏铁、桫椤、苏门羚、白鹇等。

4. 梵净山自然保护区位于贵州省江口、印江、松桃三县交界处，1986年被纳入世界生物圈保护区。该保护区是当今少有的亚热带完整生态系统，面积为4.1万公顷，主要保护黔金丝猴和珙桐等珍稀动植物。

5. 武夷山自然保护区位于福建省武夷山市、建阳区、光泽县境内，1987年被纳入世界生物圈保护区。保护区内高等植物有1800多种，鸟类有400多种，蛇类有56种，昆虫有20000多种，被称为"物种基因库""鸟类天堂""蛇类王国""昆虫世界"。主要珍稀动植物有银杏、石松、草鹗、厚唇鱼、角蛙、丽棘蜥、大平头胸龟等。

6. 锡林郭勒草原自然保护区位于内蒙古自治区锡林浩特市，1987年被纳入世界自然保护区。该保护区是典型的温带草原生态系统，草类资源丰富，牧草优良，是我国和世界第一个草地类型的自然保护区。代表性植物有沙地云杉、药用植物大针茅、狐芽、冰草、艾蒿、黄芪、甘草等。

7. 神农架自然保护区位于湖北省房县、兴山、巴东三县境内，1989年被纳入世界生物圈保护区。该保护区面积约为7.4万公顷，主要保护金丝猴、珙桐等珍稀动物。神农架的峰、垭、云、洞、树号称"神农五奇"。

8. 博格达峰自然保护区位于新疆维吾尔自治区中部、天山东段，1990年被纳入世界生物圈保护区。该保护区由天池自然保护区和中国科学院阜康荒漠生态站两部分组成，主要保护濒危动物(如天鹅、雪鸡、雪豹)、荒漠、森林、草原、天池风景区及荒漠绿洲。

9. 盐城自然保护区位于江苏省盐城市，1992年被纳入世界生物圈保护区。该保护区主要保护以丹顶鹤为主的珍禽。这里有盐蒿滩、草滩、芦苇沼泽7万公顷，为鸟类提供了良好的栖息地，是全球最大的丹顶鹤越冬地。珍稀动物除丹顶鹤外，还有白鹳、白鹤、白肩雕、白头鹤、白枕鹤、黑鹤、灰鹤、天鹅等。

10. 西双版纳自然保护区位于云南省西双版纳傣族自治州，1992年被纳入世界生物圈保护区。该保护区面积为20万公顷，是我国热带生态系统和多种动植物的综合自然保护区。这里的高等植物有4000多种，属于国家重点保护的一、二类植物几乎有一半分布在这里，如1975年发现的高达70米的望天树，曾轰动植物学界。动物以鸟类最为丰富，有400多种，约占全国鸟类总数的3/10。兽类62种，如亚洲象、印度虎、云豹、小灵猫、懒猴都是稀有动物，特别是白颊长臂猿，数量稀少，是国家重点保护对象。

11. 天目山自然保护区位于浙江省临安区西北部的天目山，1996年被纳入世界生物圈保护区，主要保护亚热带森林生态系统。保护区内的植物以"高、大、古、稀"而闻名。珍稀动物有云豹、穿山甲、虎纹蛙、树蛙、蝾螈等。

12. 茂兰自然保护区位于贵州省南部荔波县境内，1996年被纳入世界生物圈保护区。该保护区是我国亚热带乃至世界上同纬度地区残存下来的、绝无仅有的一片十分集中且原生性强又比较稳定的喀斯特森林生态系统。

13. 九寨沟自然保护区位于四川省九寨沟县(原名南坪县)，1997年被联合国纳入世界生物圈保护区。该保护区面积约为6万公顷，是我国第一个以保护自然风景为主要目的的自然保护区。

14. 丰林自然保护区位于黑龙江省伊春市，1997年被纳入世界生物圈保护区。保护区内植物有2000多种，其中一半为东亚特有品种，如红松、沙冷杉、臭冷杉、红皮云杉等。其中利用价值最大的是红松，红松自然生长到20～30米高需要100～200年，因而成为丰林的主要保护对象。

15. 南麂列岛自然保护区位于浙江省平阳县东南海面，1997年被纳入世界生物圈保护区。列岛风光秀丽，有各类景观180多处，宽广的大沙岙海滩，三盘尾的天然草坪，巧夺天工的天然壁画，风浪雕蚀的奇特礁石，令人神往的鸟岛、蛇岛、蜈蚣岛、水仙花岛各具特色；郑成功操练水师遗址、摩崖石刻、宋美龄的"栖凤居"等处的人文景观更丰富了南麂列岛的历史内涵。

16. 山口自然保护区位于广西壮族自治区北海市合浦县山口镇，2000年被纳入世界生物圈保护区。保护区内分布着发育良好、结构典型、连片较大、保存较完整的天然红树林，有红海榄、木榄、秋茄、桐花树等12种红树林植物，其中连片的红海榄纯林和高大通直的木榄在我国已为罕见。

17. 白水江自然保护区位于甘肃省武都区和文县境内，2000年被纳入世界生物圈保护区，主要保护对象是大熊猫等珍贵稀有野生动物及其森林生态系统。

18. 黄龙自然保护区位于四川省松潘县境内，2000年被纳入世界生物圈保护区。黄龙自然保护区与九寨沟毗邻，是一座绚丽多姿的彩池画廊。保护区内最具魅力的是池水的色彩，时而荡红漾绿、泼墨濡黄，时而叠翠流金、泛青描黛，时而似蓝假白、浓淡相宜，虽然活水同源，却是水色各异，变幻无穷。该保护区既是风景名胜区，又是以大熊猫等珍稀动物及自然景观为主要保护对象的自然保护区。

19. 高黎贡山自然保护区位于云南省保山市的隆阳区、腾冲市及怒江州的泸水市、福贡县、贡山独龙族怒族自治县，2000年被纳入世界生物圈保护区。高黎贡山国家级自然保护区核心区面积183 789.5公顷，占保护区总面积的45.3%。

20. 宝天曼自然保护区位于河南省南阳市内乡县，2001年被纳入世界生物圈保护区。区内共有植物2900余种，属国家级重点保护的有29种，省级重点保护的有26种。由于植物资源丰富，该区给野生动物提供了良好的生存环境，已发现的动物种类有260余种，金雕、金钱豹、大鲵、红腹锦鸡、香獐等30余种动物已列入国家重点保护对象。此处还有昆虫3000余种，仅蝶类就有170余种，还有野生果树110余种、野生花卉436种、野菜类植物173种、药用植物1055种，是我国的动植物基因库。

21. 赛罕乌拉自然保护区位于内蒙古自治区赤峰巴林右旗北部，2002年被纳入世界生物圈保护区。该保护区是中国大兴安岭南部山地景观的缩影，还是东亚阔叶林向大兴安岭寒温带针叶林、草原向森林的双重过渡地带，也是华北植物区系向兴安植物区系的过渡带，成为联系各大植物区系的纽带和桥梁，对研究各大植物区系相互影响、相互交流有重大意义。此外，这里还是东北、华北、蒙新三区动物区系的交会点。

22. 呼伦湖自然保护区位于内蒙古自治区满洲里市呼伦贝尔草原西部，2002年被纳入世界生物圈保护区。呼伦湖是我国第五大湖泊，内蒙古自治区第一大湖。保护区内有种子植物448种，鱼类30种，兽类35种，鸟类297种(包括丹顶鹤、白头鹤等国家一级保护鸟类8种，白琵鹭、大天鹅等国家二级保护鸟类28种)。

23. 五大连池自然保护区位于黑龙江省西北部的五大连池市，2003年被纳入世界生物圈保护区。五大连池是我国著名的火山游览胜地。保护区内有植物143科、428属、1044种，其中珍稀濒危物种47种，如国家一级保护植物东北石竹、钝叶瓦松、岳桦等。此外，区内的野生动物也十分丰富，有61科、144种，如一级保护动物秋沙鸭、丹顶鹤等。如此丰富的动植物资源，为研究、探索火山自然生态系统物种演变提供了重要依据。

24. 亚丁自然保护区位于四川甘孜藏族自治州南部，2003年被纳入世界生物圈保护区。该保护区属高原季风气候，绝大多数时间天气晴朗，阳光明媚，自然风光优美，尤以古冰体遗迹"稻城古冰帽"著称于世。

25. 珠峰自然保护区位于中国西藏自治区西南隅，2004年被纳入世界生物圈保护区。该保护区是世界上海拔最高的自然保护区。珠峰保护区主要保护对象有国家一级重点保护动物长尾叶猴、熊猴、喜马拉雅塔尔羊、金钱豹、野驴、雪豹、红胸角雉、黑颈鹤；国家二级重点保护动物小熊猫、黑熊、藏雪鸡、岩羊等；国家重点保护植物长蕊木兰、西藏延龄草、天麻、锡金海棠、参三七、长叶云杉、长叶松等。其中特有物种雪豹已被列为珠峰自然保护区标志性动物。

26. 佛坪自然保护区位于陕西省南部汉中市佛坪县境内，2004年被纳入世界生物圈保护区。佛坪保护区地处秦岭中段南坡，主要保护对象为大熊猫及其栖息地。

27. 兴凯湖生物圈保护区位于黑龙江省鸡西市密山市，2007年加入联合国教科文组织世界生物圈保护区网络。该保护区海拔-10～574米，总面积222 488公顷，主要生态系统类型为镶嵌式湿地生态系统。该保护区被列入《国际重要湿地名录》(特征类：鹤类的天堂)。

28. 车八岭生物圈保护区位于广东省韶关市始兴县，2007年加入联合国教科文组织世界生物圈保护区网络。海拔330～1256米，总面积7545公顷，主要生态系统类型为中亚热带常绿阔叶林。该保护区内有许多十字交叉的溪流，这里是过山瑶人的家园，目前世界上唯一有人类居住的火山口。

29. 猫儿山生物圈保护区位于广西壮族自治区桂林市兴安县、资源县、龙胜各族自治县，2011年加入联合国教科文组织世界生物圈保护区网络，海拔300～2141.5米，总面积23 609公顷。该保护区主要保护对象为原生性亚热带常绿阔叶林森林生态系统、珍稀濒危动植物物种、漓江源头水源涵养林。

30. 井冈山生物圈保护区位于江西省吉安市井冈山市茨坪镇，2012年井冈山国家级自然保护区被联合国教科文组织接纳为世界生物圈保护区网络成员。该保护区植被起源古老，植被类型多样，生物资源十分丰富，素有"第三纪型森林""天然动植物园"和"亚热带绿色明珠"之称。

31. 牛背梁生物圈保护区位于陕西省柞水县营盘镇朱家湾村，总面积2123公顷，其茂密的原始森林、清幽的潭溪瀑布、独特的峡谷风光是都市人休闲的好去处。保护区内景观资源丰富，生态系统完整，2012年被联合国教科文组织授予"牛背梁世界生物圈保护区"称号。

32. 蛇岛生物圈保护区位于辽宁省大连市旅顺口区，2013年加入联合国教科文组织世界生物圈保护区网络。保护区海拔高度为0～465.6米，总面积9072公顷。该保护区是蝮蛇的唯一分布地，也是东亚—澳大利西亚候鸟迁徙路线上重要的中途停歇地——"老铁山鸟栈"。

33. 大兴安岭汗马生物圈保护区位于内蒙古自治区根河市境内，2015年被正式指定为世界生物圈保护区。该保护区总面积为107 348公顷，属森林生态类型自然保护区，珍稀动植物众多，在兽类和鱼类保护中均具有重要意义。

34. 黄山国家级生物圈保护区总面积42 558.48公顷，包括黄山风景区和与景区毗邻的12个建制村及1个国有林场，总人口24 782人，2018年入选世界生物圈保护区。该保护区分布着全国6.92%的植物物种和9.55%的动物物种。时至今日，黄山成为全球首个集世界文化与自然遗产、世界地质公园、世界生物圈保护区于一身的自然保护地，也是目前我国唯一以风景名胜区为主体成功申报世界生物圈保护区的区域。

附录F 已正式开展组团业务的出境旅游目的地国家/地区

序号	国家/地区	启动时间	开展业务情况
1	中国香港	1983年	全面开展
2	中国澳门	1983年	全面开展
3	泰国	1988年	全面开展
4	新加坡	1990年	全面开展
5	马来西亚	1990年	全面开展
6	菲律宾	1992年	全面开展
7	澳大利亚	1999年	北京、上海、广州开展
		2004年7月	天津、河北、山东、江苏、浙江、重庆正式开展
		2006年8月	全面开展
8	新西兰	1999年	北京、上海、广州开展
		2004年7月	天津、河北、山东、江苏、浙江、重庆正式开展
		2006年8月	全面开展

（续表）

序号	国家/地区	启动时间	开展业务情况
9	韩国	1998年	全面开展
10	日本	2000年	北京、上海、广州试办
		2004年9月15日	辽宁、天津、山东、江苏、浙江正式开展
		2005年7月25日	全面开展
11	越南	2000年	全面开展
12	柬埔寨	2000年	全面开展
13	缅甸	2000年	全面开展
14	文莱	2000年	全面开展
15	尼泊尔	2002年	全面开展
16	印度尼西亚	2002年	全面开展
17	马耳他	2002年	全面开展
18	土耳其	2002年	全面开展
19	埃及	2002年	全面开展
20	德国	2003年	全面开展
21	印度	2003年	全面开展
22	马尔代夫	2003年	全面开展
23	斯里兰卡	2003年	全面开展
24	南非	2003年	全面开展
25	克罗地亚	2003年	全面开展
26	匈牙利	2003年	全面开展
27	巴基斯坦	2003年	全面开展
28	古巴	2003年	全面开展
29	希腊	2004年9月	全面开展
30	法国	2004年9月	全面开展
31	荷兰	2004年9月	全面开展
32	比利时	2004年9月	全面开展
33	卢森堡	2004年9月	全面开展
34	葡萄牙	2004年9月	全面开展
35	西班牙	2004年9月	全面开展
36	意大利	2004年9月	全面开展
37	奥地利	2004年9月	全面开展
38	芬兰	2004年9月	全面开展
39	瑞典	2004年9月	全面开展
40	捷克	2004年9月	全面开展
41	爱沙尼亚	2004年9月	全面开展

(续表)

序号	国家/地区	启动时间	开展业务情况
42	拉脱维亚	2004年9月	全面开展
43	立陶宛	2004年9月	全面开展
44	波兰	2004年9月	全面开展
45	斯洛文尼亚	2004年9月	全面开展
46	斯洛伐克	2004年9月	全面开展
47	塞浦路斯	2004年9月	全面开展
48	丹麦	2004年9月	全面开展
49	冰岛	2004年9月	全面开展
50	爱尔兰	2004年9月	全面开展
51	挪威	2004年9月	全面开展
52	罗马尼亚	2004年9月	全面开展
53	瑞士	2004年9月	全面开展
54	列支敦士登	2004年9月	全面开展
55	埃塞俄比亚	2004年12月15日	全面开展
56	津巴布韦	2004年12月15日	全面开展
57	坦桑尼亚	2004年12月15日	全面开展
58	毛里求斯	2004年12月15日	全面开展
59	突尼斯	2004年12月15日	全面开展
60	塞舌尔	2004年12月15日	全面开展
61	肯尼亚	2004年12月15日	全面开展
62	赞比亚	2004年12月15日	全面开展
63	约旦	2004年12月15日	全面开展
64	北马里亚纳群岛联邦	2005年4月1日	全面开展
65	斐济	2005年5月1日	全面开展
66	瓦努阿图	2005年5月1日	全面开展
67	英国	2005年7月15日	全面开展
68	智利	2005年7月15日	全面开展
69	牙买加	2005年7月15日	全面开展
70	俄罗斯	2005年8月25日	全面开展
71	巴西	2005年9月15日	全面开展
72	墨西哥	2005年9月15日	全面开展
73	秘鲁	2005年9月15日	全面开展
74	安提瓜和巴布达	2005年9月15日	全面开展
75	巴巴多斯	2005年9月15日	全面开展
76	老挝	2005年9月15日	全面开展

(续表)

序号	国家/地区	启动时间	开展业务情况
77	蒙古国	2006年3月1日	全面开展
78	汤加	2006年3月1日	全面开展
79	格林纳达	2006年3月1日	全面开展
80	巴哈马	2006年3月1日	全面开展
81	阿根廷	2007年1月1日	全面开展
82	委内瑞拉	2007年1月1日	全面开展
83	乌干达	2007年1月1日	全面开展
84	孟加拉国	2007年1月1日	全面开展
85	安道尔	2007年1月1日	全面开展
86	保加利亚	2007年10月15日	全面开展
87	摩洛哥	2007年10月15日	全面开展
88	摩纳哥	2007年10月15日	全面开展
89	叙利亚	2007年10月15日	全面开展
90	阿曼	2007年10月15日	全面开展
91	纳米比亚	2007年10月15日	全面开展
92	美国	2008年6月17日	北京、天津、上海、江苏、浙江、湖南、湖北、河北、广东正式开展
		2009年10月1日	山西、辽宁、吉林、黑龙江、安徽、山东、广西、海南、重庆、四川、云南、陕西正式开展
		2011年1月30日	内蒙古自治区、宁夏回族自治区、福建正式开展
		2012年1月30日	河南、江西、贵州正式开展
93	中国台湾	2008年7月18日	全面开展
94	法属波利尼西亚	2008年9月15日	全面开展
95	以色列	2008年9月15日	全面开展
96	佛得角共和国	2009年9月15日	全面开展
97	圭亚那	2009年9月15日	全面开展
98	黑山共和国	2009年9月15日	全面开展
99	加纳共和国	2009年9月15日	全面开展
100	厄瓜多尔	2009年9月15日	全面开展
101	多米尼克	2009年9月15日	全面开展
102	阿拉伯联合酋长国	2009年9月15日	全面开展
103	巴布亚新几内亚	2009年9月15日	全面开展
104	马里共和国	2009年9月15日	全面开展
105	朝鲜	2010年4月12日	全面开展

(续表)

序号	国家/地区	启动时间	开展业务情况
106	密克罗尼西亚联邦	2010年4月12日	全面开展
107	乌兹别克斯坦	2010年5月1日	全面开展
108	黎巴嫩	2010年5月1日	全面开展
109	加拿大	2010年8月15日	全面开展
110	塞尔维亚共和国	2010年8月15日	全面开展
111	伊朗伊斯兰共和国	2011年8月15日	全面开展
112	马达加斯加共和国	2012年2月1日	全面开展
113	哥伦比亚共和国	2012年2月1日	全面开展
114	萨摩亚独立国	2012年4月15日	全面开展
115	喀麦隆共和国	2012年12月1日	全面开展
116	卢旺达共和国	2013年7月1日	全面开展
117	乌克兰	2014年9月1日	全面开展
118	哥斯达黎加共和国	2015年8月1日	全面开展
119	格鲁吉亚	2015年8月1日	全面开展
120	马其顿(今北马其顿)	2016年2月1日	全面开展
121	亚美尼亚	2016年4月1日	全面开展
122	塞内加尔	2016年6月1日	全面开展
123	哈萨克斯坦	2016年7月15日	全面开展
124	苏丹共和国	2017年2月1日	全面开展
125	乌拉圭	2017年7月1日	全面开展
126	圣多美和普林西比	2017年9月1日	全面开展
127	法属新喀里多尼亚	2017年10月1日	全面开展
128	阿尔巴尼亚共和国	2018年3月15日	全面开展
129	卡塔尔	2018年5月1日	全面开展
130	巴拿马	2018年8月15日	全面开展
131	波黑	2019年7月31日	全面开展
132	阿塞拜疆	2019年12月1日	全面开展

附录G 签署共建"一带一路"合作文件国家名单

截至2023年1月6日，中国已经同151个国家和32个国际组织签署200余份共建"一带一路"合作文件，具体如下所述。

洲别	国家	相关新闻
非洲	苏丹	苏丹已同中国签署共建"一带一路"合作协议
	南非	南非已和中国签订"一带一路"政府间合作备忘录
	塞内加尔	中国与塞内加尔签署"一带一路"合作文件
	塞拉利昂	中国与28个非洲国家签署共建"一带一路"谅解备忘录
	科特迪瓦	
	索马里	
	喀麦隆	
	南苏丹	
	塞舌尔	
	几内亚	
	加纳	
	赞比亚	
	莫桑比克	
	加蓬	
	纳米比亚	
	毛里塔尼亚	
	安哥拉	
	吉布提	
	埃塞俄比亚	
	肯尼亚	
	尼日利亚	
	乍得	
	刚果(布)	
	津巴布韦	
	阿尔及利亚	
	坦桑尼亚	
	布隆迪	
	佛得角	
	乌干达	
	冈比亚	
	多哥	

(续表)

洲别	国家	相关新闻
非洲	卢旺达	中国与卢旺达签署"一带一路"建设相关文件
	摩洛哥	中国与摩洛哥签署共建"一带一路"谅解备忘录
	马达加斯加	中国与马达加斯加签署《中华人民共和国政府与马达加斯加共和国政府关于共同推进丝绸之路经济带和21世纪海上丝绸之路建设的谅解备忘录》
	突尼斯	中国与突尼斯签署共建"一带一路"谅解备忘录
	利比亚	中国同利比亚签署共建"一带一路"谅解备忘录
	埃及	中国与埃及签署共建"一带一路"合作文件
	赤道几内亚	中国政府与赤道几内亚政府签署共建"一带一路"谅解备忘录
	利比里亚	中国政府与利比里亚政府签署共建"一带一路"谅解备忘录
	莱索托	中莱、中科、中贝签署"一带一路"合作谅解备忘录
	科摩罗	
	贝宁	
	马里	中国和马里签署共建"一带一路"合作备忘录
	尼日尔	
	刚果(金)	刚果(金)与中国签署关于共同推进"一带一路"建设的谅解备忘录
	博茨瓦纳	博茨瓦纳同中国签署"一带一路"合作文件
	中非共和国	中国政府与中非共和国政府签署共建"一带一路"谅解备忘录
	几内亚比绍	中国与几内亚比绍签署共建"一带一路"谅解备忘录
	厄立特里亚	中国与厄立特里亚签署共建"一带一路"谅解备忘录
	布基纳法索	中国政府与布基纳法索政府签署共建"一带一路"谅解备忘录
	圣多美和普林西比	中国与圣普签署共建"一带一路"谅解备忘录
	马拉维	中国与马拉维签署共建"一带一路"谅解备忘录
亚洲	韩国	"一带一路"倡议和韩国"欧亚倡议"对接,双方签署合作谅解备忘录
	蒙古国	中国同蒙古国、新加坡、东帝汶、马来西亚、缅甸等国签署政府间"一带一路"合作谅解备忘录
	新加坡	
	东帝汶	
	马来西亚	
	缅甸	
	柬埔寨	中国与柬埔寨签署政府间共建"一带一路"合作文件
	越南	中国与越南签署共建"一带一路"和"两廊一圈"合作备忘录
	老挝	中国与老挝签署共建"一带一路"合作文件
	文莱	中国同文莱签署"一带一路"等双边合作文件
	巴基斯坦	中国同巴基斯坦等国签署政府间"一带一路"合作谅解备忘录
	斯里兰卡	商务部和斯里兰卡财政计划部签署有关共建"21世纪海上丝绸之路"的备忘录

(续表)

洲别	国家	相关新闻
亚洲	孟加拉国	中孟签署《关于编制共同推进"一带一路"建设合作规划纲要的谅解备忘录》
	尼泊尔	中国同尼泊尔等国签署政府间"一带一路"合作谅解备忘录
	马尔代夫	中国同马尔代夫签署政府间共同推进"一带一路"建设谅解备忘录
	阿联酋	中国与阿联酋签署共建"一带一路"谅解备忘录
	科威特	科威特是最早同中国签署共建"一带一路"合作文件的中东国家
	土耳其	中国与土耳其签署"一带一路"谅解备忘录
	卡塔尔	中国同卡塔尔签署"一带一路"等领域合作文件
	阿曼	中国与阿曼签署共建"一带一路"谅解备忘录
	黎巴嫩	中国同黎巴嫩签署共建"一带一路"合作文件
	沙特阿拉伯	中华人民共和国和沙特阿拉伯王国关于建立全面战略伙伴关系的联合声明
	巴林	中国与巴林签署共同推进"一带一路"建设的谅解备忘录
	伊朗	中华人民共和国和伊朗伊斯兰共和国关于建立全面战略伙伴关系的联合声明
	伊拉克	中华人民共和国和伊拉克共和国关于建立战略伙伴关系的联合声明
	阿富汗	中华人民共和国和阿富汗伊斯兰共和国联合声明
	阿塞拜疆	中阿签署《中阿关于共同推进丝绸之路经济带建设的谅解备忘录》
	格鲁吉亚	中国与格鲁吉亚启动自贸区可行性研究并签署共建"丝绸之路经济带"合作文件
	亚美尼亚	中华人民共和国和亚美尼亚共和国关于进一步发展和深化友好合作关系的联合声明
	哈萨克斯坦	发改委与哈萨克斯坦共和国国民经济部签署关于共同推进丝绸之路经济带建设的谅解备忘录
	吉尔吉斯斯坦	中华人民共和国和吉尔吉斯共和国关于建立全面战略伙伴关系联合声明
	塔吉克斯坦	中塔签署《关于编制中塔合作规划纲要的谅解备忘录》
	乌兹别克斯坦	中乌签署共建"丝绸之路经济带"合作文件
	泰国	中泰签署《共同推进"一带一路"建设谅解备忘录》
	印度尼西亚	中印尼已签署推进"一带一路"和"全球海洋支点"建设谅解备忘录
	菲律宾	中华人民共和国与菲律宾共和国联合声明
	也门	中国政府与也门政府签署共建"一带一路"谅解备忘录
	叙利亚	中国和叙利亚签署"一带一路"合作谅解备忘录
	巴勒斯坦	中国政府与巴勒斯坦政府签署共建"一带一路"谅解备忘录
	土库曼斯坦	中国政府与土库曼斯坦政府签署共建"一带一路"谅解备忘录

(续表)

洲别	国家	相关新闻
欧洲	塞浦路斯	中国与塞浦路斯签署共建"一带一路"合作文件
	俄罗斯	中华人民共和国与俄罗斯联邦关于丝绸之路经济带建设和欧亚经济联盟建设对接合作的联合声明
	奥地利	中国同奥地利签署"一带一路"合作文件
	希腊	中国与希腊签署共建"一带一路"合作谅解备忘录
	波兰	中华人民共和国政府与波兰共和国政府签署《关于共同推进"一带一路"建设的谅解备忘录》
	塞尔维亚	中国同塞尔维亚、捷克、保加利亚、斯洛伐克分别签署政府间共同推进"一带一路"建设谅解备忘录
	捷克	
	保加利亚	
	斯洛伐克	
	阿尔巴尼亚	中国同克罗地亚、黑山、波黑、阿尔巴尼亚签署政府间"一带一路"合作谅解备忘录
	克罗地亚	
	波黑	
	黑山	
	爱沙尼亚	中东欧16国已全部签署"一带一路"合作文件
	立陶宛	
	斯洛文尼亚	
	匈牙利	中华人民共和国政府与匈牙利政府签署《关于共同推进丝绸之路经济带和21世纪海上丝绸之路建设的谅解备忘录》
	北马其顿(原马其顿)	中马签署《中华人民共和国商务部和马其顿共和国经济部关于在中马经贸混委会框架下推进共建丝绸之路经济带谅解备忘录》
	罗马尼亚	中罗已签署《关于在两国经济联委会框架下推进"一带一路"建设的谅解备忘录》
	拉脱维亚	中拉签署共建"一带一路"政府间谅解备忘录
	乌克兰	2015年中乌签署"一带一路"框架下合作协议
	白俄罗斯	中白签署共建"丝绸之路经济带"合作议定书
	摩尔多瓦	中东欧16国已全部签署"一带一路"合作文件
	马耳他	中国与马耳他签署中马共建"一带一路"合作文件
	葡萄牙	中华人民共和国和葡萄牙共和国关于进一步加强全面战略伙伴关系的联合声明(全文)
	意大利	中国与意大利签署"一带一路"合作文件
	卢森堡	中国同卢森堡签署共建"一带一路"谅解备忘录
大洋洲	新西兰	中华人民共和国政府和新西兰政府关于加强"一带一路"倡议合作的安排备忘录
	巴布亚新几内亚	中国与巴布亚新几内亚签署共建"一带一路"合作文件
	萨摩亚	萨摩亚与中国签署"一带一路"倡议合作谅解备忘录

(续表)

洲别	国家	相关新闻
大洋洲	纽埃	中国与纽埃签署"一带一路"合作谅解备忘录
	斐济	中国与斐济签署共建"一带一路"合作谅解备忘录
	密克罗尼西亚联邦	中国已同密克罗尼西亚联邦、库克群岛、汤加等签署共建"一带一路"合作协议
	库克群岛	
	汤加	
	瓦努阿图	中瓦签署共同推进"一带一路"建设谅解备忘录
	所罗门群岛	中国与所罗门群岛签署共建"一带一路"谅解备忘录
	基里巴斯	中基两国政府签署共同推进"一带一路"建设合作文件
南美洲	智利	中国与智利签署共建"一带一路"合作谅解备忘录
	圭亚那	中国与圭亚那签署"一带一路"合作文件
	玻利维亚	中玻签署共建"一带一路"等双边合作文件
	乌拉圭	中国与乌拉圭签署共建"一带一路"谅解备忘录
	委内瑞拉	中国同委内瑞拉签署共建"一带一路"合作文件
	苏里南	苏里南与中国签署共建"一带一路"合作文件
	厄瓜多尔	中厄签署"一带一路"合作文件
	秘鲁	中国政府与秘鲁政府签署共建"一带一路"谅解备忘录
	阿根廷	中国政府与阿根廷共和国政府签署共建"一带一路"谅解备忘录
北美洲	哥斯达黎加	中国同哥斯达黎加签署共建"一带一路"谅解备忘录
	巴拿马	中国与巴拿马签署《关于共同推进丝绸之路经济带和21世纪海上丝绸之路建设的谅解备忘录》
	萨尔瓦多	中国与萨尔瓦多签署共建"一带一路"合作谅解备忘录
	多米尼加	中国与多米尼加签署共建"一带一路"合作谅解备忘录
	特立尼达和多巴哥	中国与特立尼达和多巴哥签署共建"一带一路"合作文件
	安提瓜和巴布达	中国与安提瓜和巴布达签署《关于共同推进丝绸之路经济带与21世纪海上丝绸之路建设的谅解备忘录》
	多米尼克	中国与多米尼克签署《中华人民共和国政府与多米尼克政府关于共同推进丝绸之路经济带与21世纪海上丝绸之路建设的谅解备忘录》
	格林纳达	中国与格林纳达签署共建"一带一路"谅解备忘录
	巴巴多斯	中国与巴巴多斯签署共建"一带一路"合作谅解备忘录
	古巴	中国政府与古巴签署《关于共同推进丝绸之路经济带和21世纪海上丝绸之路建设的谅解备忘录》
	牙买加	中国与牙买加签署共建"一带一路"谅解备忘录
	尼加拉瓜	中国政府与尼加拉瓜共和国政府签署共建"一带一路"谅解备忘录